忠诚的心

杨永康 主编
邓真 陈珍 编著

山西出版传媒集团 山西教育出版社

图书在版编目（CIP）数据

忠诚的心 / 杨永康主编. — 太原 ：山西教育出版社，2022.3（2023.12 重印）
ISBN 978-7-5703-1681-6

Ⅰ. ①忠… Ⅱ. ①杨… Ⅲ. ①中国共产党—模范共产党员—先进事迹 Ⅳ. ①D263

中国版本图书馆 CIP 数据核字（2021）第 125743 号

忠诚的心
ZHONGCHENG DE XIN

出版人 李 飞
责任编辑 崔 璨
复 审 刘晓露
终 审 郭志强
装帧设计 薛 菲 宋 蓓
印装监制 蔡 洁
封面书法 魏玉平
出版发行 山西出版传媒集团・山西教育出版社
（太原市水西门街馒头巷 7 号 电话：0351-4729801 邮编：030002）
印 装 山西新华印业有限公司
开 本 850 mm×1168 mm 1/32
印 张 8.875
字 数 216 千字
版 次 2022 年 3 月第 1 版 2023 年 12 月山西第 9 次印刷
书 号 ISBN 978-7-5703-1681-6
定 价 32.00 元

目 录

大爱无声

爱国艺人——常香玉 /2

世界以痛吻我，我要报之以歌——张海迪 /10

敦煌的女儿——樊锦诗 /19

让梦想飞越大山——张桂梅 /27

最美女教师——张丽莉 /35

用爱筑起学生的生命之墙——谭千秋 /43

新中国的第一个世界冠军——容国团 /51

白衣天使

牺牲在抗击“非典”战场上的护士——叶欣 /60

挂帅出征，国士无双——钟南山 /69

科学栋梁

以身许国，不忘初心——邓稼先 / 78
一切都是为了国家需要——于敏 / 87
核潜艇的奠基人——黄旭华 / 95
中国本土首位诺贝尔医学奖得主——屠呦呦 / 104
给地球做CT的科学家——黄大年 / 113

军人楷模

烈火练就真英雄——邱少云 / 124
为美好明天献身——黄继光 / 130
心里装着人民——雷锋 / 137
中国飞天第一人——杨利伟 / 145
排雷英雄——杜富国 / 151
火海英雄——杨科璋 / 159

劳动模范

打出石油献祖国——王进喜 / 168
矿山铁人——马万水 / 175
当代中国工人的榜样——窦铁成 / 183
马班邮路上的忠诚信使——王顺友 / 192
新时期的“雷锋精神”传人——郭明义 / 200

基层干部

党的好干部，人民的好公仆——焦裕禄 / 210

中国共产党的忠实拥护者——申纪兰 / 219

家是玉麦，国是中国——卓嘎和央宗 / 227

击退万亩沙，留下一抹绿——王有德 / 235

为民筑起绿色屏障——杨善洲 / 243

为民服务，党员本色——才哇 / 251

守岛夫妇——王继才与王仕花 / 257

情系于民，为民谋利——买买提江·吾买尔 / 265

化作春泥更护花——黄文秀 / 271

大爱无声

DA AI WU SHENG

爱国艺人——常香玉

一、爱国情怀，心怀人民

1952年的春节刚过，一对年轻的夫妇来到了抗美援朝总会设立的捐赠点前，他们的身后跟着一辆卡车，车内大大小小装了好几十个箱子。年轻夫妇径直走到捐赠点前，向工作人员表明来意，他们是唱戏的民间艺人，想为国家出份力，决定捐赠一架米格-15战斗机，钱都带来了，约15.2亿元，想麻烦工作人员代为购买。工作人员听完来意后非常惊讶，民间艺人竟要捐赠战斗机。

1950年朝鲜战争爆发，中共中央和毛主席果断决策，决定抗美援朝，保家卫国。1950年10月19日，中国人民志愿军雄赳赳气昂昂跨过鸭绿江，开赴朝鲜战场。1951年的一天，从朝鲜战场传来令人震惊的消息，我志愿军某高地遭受百余架敌机的狂轰滥炸，全体战士壮烈牺牲，阵地失守。当晚，时任“香玉剧社”的副团长常香玉辗转反侧、难以入眠，心里暗暗下定决心要为国家做点事情。次日，她对丈夫陈宪章说明想法，丈夫也十分支持，于是夫妇俩决定捐献一架飞机，为国家抗美援朝贡献力量。

当时一架飞机需要十几亿元，这对于年仅28岁的常香玉来说无疑是天文数字，他们夫妇便决定进行义演，并且卖掉了自己的房子和唯一一辆卡车。为了不影响演出活动，她将3个年幼的孩子送到了托儿所，带领香玉剧社全体员工踏上了义演募捐的征程，并向社会宣布，全剧社员工不拿一分钱工资，所有义演募捐所得都用来捐赠飞机。为了早日完成飞机捐赠，他们省吃俭用，历时半年辗转开封、郑州、新乡、武汉、广州……走遍了大半个中国，行程超过万里，演出180余场，场场爆满，观众多达30万人次，每到一地演出，便掀起一股爱国的热潮，终于义演募捐金额达到旧币15.2亿元，达到购买一架战斗机的金额。这件事极大地鼓舞了全国人民的爱国情怀，同时也首次将豫剧推向全国。

正如《花木兰》新剧中的台词“谁说女子不如男”一样，这样一位将家国情怀展现得淋漓尽致的奇女子，用豫剧唱出了爱国最美妙的声音。为了表示感谢，中共中央把这架战斗机命名为“香玉剧社号”战斗机，如今，这架战斗机在北京航空博物馆展出。当时，这件事引起了全社会的轰动，时任广东省省长的叶剑英为常香玉题词“爱国艺人”，此事甚至还震动了中南海，引起了毛主席的关注。1952年4月，全国文艺会演期间，观看完常香玉演出的《拷红》后，毛主席与她握手，并兴奋地说道：“你这个香玉了不起嘛，我该向你学习。”这一年，常香玉只有28岁，在漫长的人生路程中，这也仅仅是她荣誉的一小部分。

义演捐机之后，浴血奋战在朝鲜战场的战士们依然让常香玉牵挂不已，于是她请求到抗美援朝第一线去演出慰问。1953年4月，常香玉带着满腔的爱国热情，率领剧社全员跨过鸭绿江，在朝鲜的土地上为祖国的战士们演出。在慰问演出的5个月中，她带领剧社全员下坑道、上前沿，辗转在各个部队之间。面对坑道被炸穿，戏箱子被炸掉的危险时，她表示："志愿军同志在这里流血流汗，我们要给他们鼓劲加油，就是要和美国鬼子对着干，天天演，天天唱!"

捐飞机和赴朝鲜慰问演出仅是常香玉心系人民的一生的开端，事实上，伴随着常香玉演艺生涯的一个活动就是"义演"。她对社会的无私奉献绝不是一两句话就能说得清的，她心怀人民的高尚品德也并不是一两件事就能完全表现出的。她在大庆油田初创期间和其他重大的活动中，都会率团慰问演出。最令人感动的是，她在病中依旧坚持参加慰问奥林匹克中心建筑工人的演出，这次她在家人的搀扶下登上舞台，虚弱的她清唱了一段《柳河湾》，这也成了她舞台生涯的绝唱。1998年初，为唤起社会各界对下岗职工的关爱，75岁高龄的常香玉携弟子在河南人民剧场进行义演，后将所得6万多元票房收入全部捐给"河南省送温暖工程基金会"。2003年"非典"时期，常香玉捐赠1万元用于河南省农村"非典"防治工作，为抗击疫情做出贡献。

戏曲音乐家朱超伦回忆常玉香时说道："让我印象最深的是常大师对下岗职工的关怀。20世纪八九十年代，有一年，常大师拿到了1万块的奖金，那时候1万块钱可是个天文数字，但是常老师当场把钱全部捐给了一个下岗职工组织。她对弱势群体的这种关注，与人为善的这种善意，不是常人能够做到的。"常香玉心中始终怀揣着人民，大爱无疆，一直用她的点滴行动来践行。

二、苦难童年，学有所成

"吃透勤与苦，才能到高峰。"常香玉的一生与豫剧有着不解之缘，甚至常香玉这个名字也是因戏而起。常香玉原名张妙玲，1923年出生在河南巩义的一个贫苦家庭，父亲是民间艺人，唱豫剧勉强度日谋生，常香玉从小跟着父亲东奔西走，颠沛流离，基本上是吃百家饭长大的。1932年，9岁的张妙玲被一个大户人家看中，于是托人找到她的姑姑上门提亲，要买她做童养媳。在那个贫苦的年代，穷人家的女儿因养不起而被送到富人家做童养媳的事情比比皆是。但她的父亲并不同意那么做，而是早就想好了应对之策——让她学唱戏。父亲教给了常香玉谋生的本事，这一决定影响了她的一生。

在那个年代，民间艺人的社会地位很低，唱戏的女子更是如此。女孩子学戏抛头露面被当成家族的大忌，为此，姑姑和父亲大吵一架，夺门而去，临走前扔下一句话："你要是让她学唱戏，她就不能再姓张，咱们从此一刀两断。"族长听说本家宗族出了个女戏子，认为这是奇耻大辱，对他们百般欺辱，并放言将他们逐出宗族，死后也不能入祖坟安葬。为了能让孩子学个吃饭的本事，父亲不得不远走他乡，可孩子不能姓张怎么办？正好父亲有一位常姓好友也是民间艺人，父亲便让她拜了师，改了常姓，起名香玉。玉者，高雅纯洁、坚固之意。这个名字从此伴随了她艺术之花常开不败的一生。

众叛亲离，居无定所，常香玉和父亲一无所有，除了学戏，他们已经无路可退，甚至活下去都是问题。所以常香玉学戏之路要比其他艺人艰难得多，多的是血和泪的经验。父亲多年漂泊的经验告诉他，没有过硬的本领是换不来饭吃的，所以，他对常香玉要求极为严格。常香玉经常是边哭边唱，稍有变调，便惹得父亲打骂一顿。幼小的她不懂父亲为什么这么苛刻，平时对她疼爱的父亲，怎么一到学戏的时候就跟换了个人似的。

不过，父亲严厉的教育并没有让常香玉放弃，反而更加坚定了她学好豫剧的信心。经过一年认真努力的潜心学习，常香玉没让父亲失望，年仅10岁的她开始在台上崭露头角。12岁那年，常香玉和父亲随戏班闯荡开封，既有天赋又勤学苦练的她进步飞快，不仅在戏班里的地位日益提高，而且在周边村镇已经小有名气，之后便在戏班里唱起了压轴戏。13岁时，她更以演出新改编的豫剧《西厢》而闻名开封，场场座无虚席。

剧场门口“常香玉”三个字越写越大，然而“树大招风”，越来越大的名气也给她带来了杀身之祸。当时，河南开封一代，“梆子戏”众多，名角荟萃，竞争激烈，而年纪轻轻的常香玉到来后，竟然青出于蓝，声名远播，请她唱戏的人越来越多。常香玉经常感到分身乏术，总是答应了这家，别家就去不了，可在当时请常香玉唱戏的人家大多有钱有势，屡请不到必心生不满。有一次，常香玉化好了妆，出门寻找衣服，一颗手榴弹从窗外扔进来掉在刚刚化妆的桌子上，就听见一声巨响，炸死了刚好在桌子附近的一位艺人，常香玉日后谈起这次爆炸事件总是心有余悸。

与苦难并行，常香玉小小年龄就展现出了惊人的力量，对于父亲严厉的要求，她总是咬住牙继续练习，力求达到父亲最满意的标准。在戏场上面对地痞流氓的挑衅，常香玉总会用她的柔弱之躯有力回击，就像她塑造的花木兰一样，坚韧有力，乐观豁达，心怀家国。

三、戏比天大，艺术人生

回顾常香玉的艺术人生，她把豫剧艺术无止境的追求当作自己生命的全部，让豫剧成为中国第一大地方剧种，她不仅把豫剧唱遍黄河两岸、大江南北，更是让豫剧走出国门，走向世界。常香玉创立的“常派”在豫剧各派中独树一帜，这也与她童年的磨炼分不开。她9岁开始拜师学艺，分别拜了翟燕身、葛燕亭、周海水为师，三人当时都是有名的豫剧演员，跟随他们学习武丑、小生、须生，后专演花旦。10岁时就登台演出，凭借练就的一副“金嗓子”，13岁就得到“文武全才之伶童”的美誉，在开封崭露头角。

在之后的人生旅途中，常香玉经常会说：“人间悠悠万事，我就是觉得戏比天大！”从艺70多年，她用字正腔圆、韵味醇厚的常派唱腔，细腻大方、刚健清新的表演风格，塑造出穆桂英、花木兰、白素贞等一个个光鲜照人的艺术形象，让豫剧传遍祖国的大江南北。舞台上，常香玉扮演的白娘子柔肠寸断的形象深深打动了场下的观众，她那“柳梢点点离人泪，桃花朵朵空缠绵”的哀伤演绎博得了许多青年的怜爱之情。舞台下，她勤勉练功、大胆创新、勇于借鉴，将豫东、豫西、沙河、祥符等多地的声腔派系熔于一炉，并且广泛借鉴河南曲剧、越调、京剧、昆剧的剧种和曲艺的声腔技巧，形成特点鲜明的常派唱腔，也吸引着众多戏剧演员纷纷前来学习。

常香玉不但对唱腔进行大胆创新，同时为了让戏“顺民心，反映时代”，她和丈夫一起寻找对策，在对传统戏曲题材演绎的同时，也在积极演绎现代戏。对《拷红》《白蛇传》《大祭桩》等这些传统戏曲的改编，让历史与时代产生共情，使它们成了常香玉的代表作。艺术来源于生活，对《朝阳沟》《李双双》《红灯记》这些现代戏的探索创作符合当时的现实情况，激发了我国人民的爱国热情，同时也让豫剧焕发出新的光彩。正是常香玉对唱腔和戏曲题材孜孜不倦的追求，豫剧在全国愈加闻名，而她本人也因此成为现代豫剧的一代宗师。

著名豫剧表演艺术家柳兰芳曾接受过常香玉的指导，收获良多。她曾在2014年常香玉逝世10周年时回忆道："记得当时出去巡演，她晚上登台演出，白天就亲自教我吐字、行腔，真是让我受益匪浅。我看她唱戏，不管舞台大小、人多人少，都一点不打折扣，吐字非常清楚，不打字幕都能听清；并且每场演《大祭桩》都是眼含热泪，从第一天哭到最后一天。"常香玉心里想的只有群众和戏，她一直认为观众排队买票，她演不好，良心过不去；只有她切身体会戏中情形，真正入戏，观众才会感动。常香玉对艺术的忘我追求，对每场戏的认真演绎，对人民的热心关切，都在一幕幕戏剧表演中化为中国戏曲史上最美的篇章。

1987年10月，常香玉参加了首届中国艺术节演出，她在艺术节上的表现受到观众的热烈欢迎。最后，艺术节组委会颁给她一只"香玉杯"。捧着这只奖杯，她备受鼓舞，突然想到若是能把"香玉杯"代代传承下去，培养豫剧人才，让豫剧之花常开不败，不是更好？有了这个想法，常香玉和丈夫陈宪章开始付诸行动，她首先向河南省文化厅书面汇报了自己的想法，提出自筹资金设立"香玉杯"艺术奖，每年评奖一次，受评对象是河南地方戏曲剧种的优秀人才。文化厅对此大力支持，时任国家主席的杨尚昆同志特意为"香玉杯"题写了杯名。

此后，常香玉以个人巨大的影响力和顽强的拼搏精神，带领豫剧团员进工厂、下农村、上矿山、到军营，辗转河南、陕西，历时9个多月，顺利为"香玉杯"奖项筹集到22万元奖金。在1988年和1989年两届"香玉杯"艺术奖的评选现场，常香玉都作为评委进行点评，在隆重的颁奖仪式上，她激动地说道："为促进戏剧事业的繁荣与发展，我甘愿做一块铺路石。"是的，桃李不言，下自成蹊。今天已经无从知道当时常香玉筹集奖金的艰辛细节，但历史从未忘记，常香玉的独特唱腔穿越了时空，历久弥新。

1998年，由于病魔缠身，75岁高龄的常香玉恐时日无多，但只要一有时间她便把自己长期积累的艺术经验传授给后人，并把她早年的几出戏的录音磁带送给时任河南省南街希望戏剧学校校长孙菊英，要她时常把这些磁带放给孩子们听。她把弟子虎美玲叫到家中，想再讲讲《花木兰》；她会在电话中给弟子们说戏词，只争朝夕地贡献着。

2004年4月7日，身患癌症的常香玉在河南省人民医院做完手术，看到医院住院部走廊里住着病人，为自己独占三人间的病房而过意不去，执意要搬出去。4月20日，她对医护人员说："国家花钱不少了，我心疼哟，没用了，不要再给我用值钱的药了。"5月14日，她立下遗嘱，遗嘱中写道："感谢党和政府对我的关心和照顾，感谢医务工作者给予我最好的治疗。"并在最后交代自己的子孙，国家有难，匹夫有责，无论什么时候，都不能利用她的名义和社会影响力去做不利于国家和人民的事情。直到生命弥留之际，她都在叮嘱子女，后事一定要从简、从速，不发讣告，不能耽误其他人的工作。

2004年6月1日，常香玉与世长辞，她虽离我们远去了，但她的传奇艺术人生、崇高的爱国主义精神和高尚的人格都将化作阵阵春雨，长久滋润大地。

世界以痛吻我，我要报之以歌
——张海迪

一、从未停下生命之舞

“如果我能站起来的话，我想我试试跳舞，真的，这是我内心深处的一种最大的愿望。虽然我这么多年没有跳过舞，但是我一直没有停止生命的舞蹈，我想生命的舞蹈可能比现实的舞蹈更美丽。”

一张圆圆的脸蛋上挂满温和的笑容，面对生活带给她的痛苦与困难，她总是嘴角上扬，以微笑面对。虽然常年戴着眼镜，但我们仍然能透过镜片，看到她那充满坚定、自信的眼神。她总是那么的神采飞扬，谈笑自若间仿佛马上就要像蝴蝶一样翩翩起舞，是的，她正在起舞，她的生命之舞是那么的张扬与鲜活，在现实生活中她舞出了一个色彩斑斓的精彩人生！她就是残疾人作家张海迪，文章第一段话就出自她的口中。勇敢面对生活的态度使她成为许多“70后”“80后”的偶像，如今提起张海迪，人们会想到两个字——

坚强。

1955年9月16日，张海迪出生在山东济南一个有着浓厚文学气息的幸福家庭，她的父亲是济南文联的领导干部，母亲也是一位文艺工作者，受父母的影响，小小的张海迪也喜欢上了文学，从小就在文学艺术方面表现出一股灵气。5岁前的张海迪无忧无虑，聪明伶俐的她充满着童真童趣，从小就树立了长大后成为一名优秀作家的理想。张海迪的父母也对她寄予厚望，希望她能健康成长，追随他们的脚步，成为一名文艺工作者，尽自己所能贡献一份力量，为祖国文化事业添砖加瓦。

张海迪的家人和她自己从来也没想到，病魔会突然降临在张海迪身上……一天，张海迪正同小伙伴们愉快地玩耍，当她在操场上打闹奔跑时，突然感到双腿失去了知觉，自己好像掌控不了自己的下半身了。张海迪瞬间倒在了地上，怎么努力也爬不起来，小伙伴们惊慌失措，在一片慌乱中，张海迪被好心人紧急送往医院。在此之前，她的身体非常健康，没有生过什么大病，家人都以为小海迪摔倒可能只是因为低血糖贫血而已，但医生却告诉张海迪的家人一个犹如晴天霹雳的消息：张海迪患上了脊髓血管瘤。

脊髓血管瘤别名血管母细胞瘤，是一种隐匿性脊髓血管畸形，发病的严重后果会导致身体截瘫或四分之一瘫痪。发病后，小海迪共经历了三次大的手术。这一年，张海迪刚满5岁，美好鲜活的生命才刚刚开始，却已经在凋零倒计时了，因为医生说她可能活不过27岁。因为身患脊髓血管瘤，张海迪不得不进行胸部以下高位截瘫，从此与轮椅相依为命。5岁的孩子，本应该在操场上与小伙伴一同游戏，自由奔跑，享受着最美好的童年生活，而不是孤独地坐在轮椅上眺望远方，旁观他人的快乐。

张海迪的父母知道，外面的世界让小海迪无比向往，那是她曾经拥有的，她本该与其他孩子一样读书学习、嬉戏玩闹，但老天爷却无情地将这扇门关上了。期望越大，失望越大，如果她不知道花朵有多么芳香，那么她就不会想要亲自去摘一朵，嗅一嗅；如果她不知道蝴蝶有多么美丽，那么她就不会想要亲自去捕一只，看一看；如果她不知道小草有多么嫩绿，那么她就不会想要亲自去采一棵，摸一摸。但这些，都是张海迪5岁前已经体会过的，她知道外面的世界是丰富多彩的，是五彩斑斓的，她向往外面的世界。为了减少孩子的期望，张海迪的父母开始避免她外出，也不再让她去学校，希望她能逐渐淡忘外面的世界，让内心世界不再在痛苦中挣扎。

高位截瘫并没有令张海迪一蹶不振，虽然自己的身体与别人不一样，但心却是自由的。不去学校，她让父母将学校的课本买回来在家自学，无法亲自去外面的世界看一看，她就在文学的世界里遨游，借他人的文笔，看多彩的世界。无缘学校，但张海迪通过自学自主完成了小学与中学的全部课程，在没有网课的那个年代，她的老师不是别人，正是她自己，有时候遇到实在不会的问题，她也会请教父母。张海迪的爸爸妈妈看着女儿如此积极努力地学习，拼命地生活，心里百感交集，既欣慰又心酸。完成中小学课程后，张海迪并没有就此止步，躺在病床上的她通过镜子反射，以惊人的毅力学会了英语、日语、德语以及世界语四种语言，又继续攻读了大学和硕士研究生课程。

15岁时，张海迪跟随父母下乡，来到了山东莘县，完成自学课程的她甚至给当地的孩子们当起了老师，为孩子们教授音乐课，歌声回荡在乡间，爱心回荡在心间。来到乡下的张海迪又开始自学医学，一方面能更了解自己的身体，另一方面可以帮助别人摆脱病痛的折磨，为此，她先后自学了《针灸学》《人体解剖学》《内科学》《实用儿科学》等医学书籍。学习针灸时，没有实验对象，为了能更精确地体会到针感，张海迪在自己的身体上反复扎针练习。自学医学后，张海迪经常给村里人看病，短短几年间，她竟成了当地的名医。有一位耿大爷瘫痪多年，口不能言，在张海迪的精心救治下，终于可以开口说话且下床走路了。

尽管生活残酷，但张海迪从未想过彻底放弃，作为高位截瘫患者也许死亡对她来说是一种解脱，偶尔脆弱的时候，她也会想，要不就这样吧，就在这里停下吧。但这样的想法只是一闪而过，她仍然感激生活，想用自己的笔向世人诉说自己的顽强，自己如何在痛苦中与命运抗争，以此激励那些和她一样被命运捉弄的人们。命运束缚了她的双腿，却禁锢不了想要翱翔的心，那颗向往天空的种子，即使落在岩石缝中也能汲取阳光与水分开出花来。成为医生，成为翻译家，成为作家，成为哲学硕士，成为慈善家，成为残联主席……她获得了太多太多的成就。1983年，张海迪受到党组织肯定，获得“优秀共青团员”的称号，2018年9月16日，张海迪通过中国残疾人联合会第七次全国代表大会选举，当选为中国残疾人联合会第七届主席团主席。在张海迪小小的身体里蕴含着无限的能量，她是温柔而又坚定的女性，她的生命之舞从来没有停止。

二、在写作中放飞心灵

“我感谢生活给了我一支能说话的笔，它让我去倾诉，去抗争，我不仅活着，而且在写作中放飞了心灵。”

从乡下回到城里的张海迪重新拾起童年时的梦想，投身文艺工作当中，从1981年8月开始参加工作，1983年起进行文学创作，张海迪翻译、创作出了许多优秀作品。小时候坐在家中的轮椅上，在翻阅一本本书之后，知识悄悄地改变了她的命运。是文学开拓了张海迪的眼界，丰富了她的精神世界，增强了她的精神力量，带她走出残疾的阴霾。如今她用手中的这支笔去倾诉自己的心声，同命运抗争，这不仅仅是张海迪一人的抗争，她要用这支笔写出自己的心路历程，自己的人生感悟，去鼓励那些同样因为身体残疾而沮丧失落的人，她要用这支笔带领所有残疾人同命运做抗争！

1983年，张海迪28岁。医生曾说她活不过27岁，可想而知，在这22年来张海迪的家人有多么的小心紧张，时时刻刻都在担心着是不是下一秒自己的宝贝女儿就要永远离开了。在这22年来，张海迪把生命的每一天都当成最后一天来过，计算着自己还有多久时间。但是，27岁这一年，无事发生，平静地就像5岁之后的每一年，现实被张海迪打了一记耳光，她仍然活着，还活得非常精彩！

张海迪作为一名高位截瘫患者想要专注文学创作，从身体方面来说是巨大的挑战，因为对于她来说，仅仅坐在轮椅上就很痛苦了。写作的时候，她需要长时间坐着，局部组织在长期的压力下溃烂坏死，得了大面积褥疮，而褥疮过于严重，使得张海迪的骨头都露了出来，但她依然笔耕不辍，继续顽强地坚持着。在写作的过程中，身体是痛苦的，但心灵是满足的，收获的成果是令人快乐的。

多年来，张海迪沉浸在文学艺术当中，翻译了《海边诊所》《小米勒旅行记》《丽贝卡在新学校》《莫多克——一头大象的真实故事》等16部外文著作，创作了《向天空敞开的窗口》《生命的追问》《轮椅上的梦》《绝顶》《鸿雁快快飞》《我的德国笔记》等优秀文学著作。从1983年张海迪从事文学创作工作开始，她创作、翻译的作品已经超过了100万字，并且创作的文学作品获得过多次奖励，张海迪被誉为“当代保尔”，后供职于山东省作家协会，继续她的文学创作生涯。

张海迪在《生命的追问》里写了自己参加运动会的经历，那是1994年9月，第六届远东及南太平洋地区残疾人运动会在北京召开，张海迪作为中国残疾人体育代表团成员参加了此次运动会，比赛项目是女子气手枪坐姿三级比赛。在此之前，张海迪没摸过枪，更别提参加射击比赛，并且她只有短短两个月时间训练，这怎么可能完成呢？当然可能。残疾虽然限制了她的行动，但她的心仍然可以飞翔，在心中，她可以在天空遨游，也可以跑得比奔驰的骏马还快，轮椅不能阻止她的梦想。训练的过程是艰辛的，射击运动要求保持手臂平稳伸直，但张海迪举枪的手却止不住地发抖，在不断地举枪与放下的过程中，她累得大口喘气，甚至需要教练捶打她的脊背帮助她进行呼吸，正常人的呼吸，对运动后的她来说却充满了痛苦与挣扎，最终，在张海迪以顽强毅力坚持完训练后，她终于看见了成效。在最后的比赛中，张海迪打出了338环的好成绩，平均每局8.45环，这是她人生中一次十分值得纪念的体验。这次运动会后，她又重新埋头于文学创作。

这本《生命的追问》出版不到半年就重印了4次，并获得了中宣部精神文明建设“五个一工程”图书奖。此后，张海迪又花了四年时间创作了《绝顶》。《绝顶》一书荣获多种奖项，2002年10月被中宣部和新闻出版总署列为向“十六大”献礼重点图书；2002年12月获第三届全国奋发文明进步图书奖；2003年10月获首届中国出版集团图书奖；2003年12月获第八届中国青年优秀读物奖、第二届中国女性文学奖与中宣部精神文明建设“五个一工程”图书奖。

张海迪并不是一个人在奋斗，陪同她一起创作的，还有她的丈夫。在朋友的牵线搭桥下，张海迪与丈夫王佐良相识相知，1982年二人喜结良缘。是爱情的力量让她无所畏惧，对未来充满信心，当她怀疑自己的时候，丈夫总是肯定地告诉她：“你能行。”在生活中，张海迪与王佐良相互搀扶；在工作上，他们共同合作，努力让日子过得更好一些，他们的生活与普通夫妻的生活并没有什么不同。1998年，张海迪与丈夫合作翻译了《莫多克——一头大象的真实故事》，并且获得了第四届全国优秀外国文学图书奖，之后他们还合作翻译了哲学著作《达尔文的蚯蚓》。

2016年12月，张海迪当选中国作家协会第九届全国委员会委员。张海迪是个作家，虽然她深知这些年来，文学之外的名声大于文学创作本身，但她从不在意，她在意的只有这本书有没有创作好，自己的思想有没有通过这本书传递给人们。无论什么时候，张海迪都坚持创作，疾病带来的痛苦，生活上的困难，这些一直在锤炼着张海迪的思想，因为比常人经历得更多，张海迪的思想更有内涵，文笔也更有深度。

三、我像颗流星，要把光留在人间

“我是一个有理想的人，不愿意一生无所作为，做一个无聊的人。不多学些东西，我就不舒服。我愿把我的一生献给我喜爱的事业。我的腿虽然不好，可是多年我一直是那样的乐观，对美好的生活充满激情。”

在张海迪看来，活着就要为人民群众做事，做一个对社会有益的人，去帮助更多的人。多年来，张海迪一直在为社会贡献自己的一份力量，积极从事社会工作，用行动来回馈社会。由于张海迪高位截瘫，不能生育，因此无法拥有自己的孩子，但她也幻想过，如果自己有孩子，那他（她）肯定学习成绩特别好，也一定会像自己一样特别愿意帮助别人。母爱是博大的，虽然她没有自己的孩子，但是她可以爱更多的孩子。张海迪在自己曾经下乡的地方捐建了一所小学，让贫困的孩子和残疾的孩子都能读上书，并且捐钱为这些孩子治病。张海迪还经常带着小礼物去福利院、特殊教育学校与残疾人家庭看望残疾儿童，给他们带去关心与帮助。为了支援灾区，她将当时自己的稿酬所得6万余元全部捐献了出来，只要是她力所能及的事，她都愿意尽全力付出，去帮助那些需要帮助的人。

2008年11月13日，张海迪当选为新一届中国残联主席，促使她接受这一职位的原因是组织的信任，作为残疾人她比谁都更能理解残疾人的需要。为了残疾人事业，当上主席后的张海迪没有一刻停歇，她总是在工作的路上奔波着，视察各个地方的残疾人工作，慰问残疾人，给他们带去鼓励与关爱。从北京到黑龙江，从都江堰到绵阳，从重庆到澳门，她几乎跑遍了整个中国。有了生存才能谈发展，在这些工作中，张海迪最关注的还是残疾人的生存问题，同时她也非常关注残疾人出行，关注无障碍设施的基础建设，残疾人机动车驾驶等，只有消除残疾人精神上与物质上的障碍，他们才能活得更加有尊严。精神上的障碍也许很难消除，但物质上的障碍是可以通过基础建设以及公德心去减少的，张海迪一直希望，能早日帮助残疾人消除物质障碍，让每个残疾人都能平等、自由地去往每一个场合。

许多残疾人都会写信向张海迪倾诉自己的困境，张海迪就像一位知心姐姐，总会第一时间给他们回信。坐在书桌前，张海迪不知道已经回了多少封信，通过回信，她激励这些残疾人要对生活充满希望，要自强自立，不要轻言放弃。遇到特别困难的残疾人，张海迪还会想尽办法帮助他们，她将众人的痛苦记在心上，努力抚平他们的创伤。2012年，张海迪作为中国残联主席荣获“亚太残疾人权利领袖奖”，这个奖不仅是对张海迪的认可，更是对中国残疾人事业的肯定！

邓小平同志曾说：“学习张海迪，做有理想、有道德、有文化、守纪律的共产主义新人。”张海迪作为中国共产党员，永远奔波在工作前线，她是共产党人的骄傲，也是我们学习的榜样。

敦煌的女儿——樊锦诗

一、初见敦煌

在遥远的戈壁大漠深处，风沙日夜吹拂着莫高窟不老的容颜，在夕阳下的驼铃声中，一位83岁的老人默默地守护在这里，她将青春无怨无悔地交给敦煌，一坚守就是半个世纪。她就是敦煌研究院名誉院长樊锦诗。

1938年，樊锦诗出生在北平协和医院。她从小身体孱弱，常因低血糖晕倒，还曾经患上过小儿麻痹症，但樊锦诗的童年还算幸福，在家人的悉心呵护下，她获得了良好的家庭教育。由于父亲爱去博物馆，樊锦诗从小对文物也特别感兴趣，中学时她在课本上读到一篇文章，里面写道：在祖国的西北部，有一颗璀璨明珠——莫高窟。樊锦诗被那些精彩绚烂的彩塑、壁画深深吸引，自此，敦煌，便成为她少年时期一个美丽的梦。或许在这种机缘巧合之下，樊锦诗的命运便和敦煌连在一起，与敦煌的缘分冥冥之中早已注定。

高中毕业后，凭着对考古的热爱，樊锦诗来到北京大学历史系，当时，考古专业还是历史系的分支。在去北大前夕，父亲对樊锦诗说："你考上了北大，未来的人生将会是另外一个天地，你将有更加广阔的视野。"樊锦诗入学后，多次参加田野考古。因为考古专业的师生经常一同外出考察，师生感情十分深厚，多位前辈、老师都对樊锦诗产生了深远影响，宿白先生就是其中一位。

当时，宿白先生根据三座宋墓的发掘，撰写出了《白纱宋墓》一书，此书颠覆了学界对考古报告的认识。在取得如此成就的情况下，宿白先生对只被评为副教授一事，却从未曾抱怨，反而一直在说："大浪淘沙，你不要看现在。一二十年后，谁能沉得下心，谁才能做出大的学问。一个社会一定要有人潜心做学问。"宿白先生的治学态度令樊锦诗深受鼓舞，多年之后在敦煌的深夜中撰写莫高窟考古报告的樊锦诗，也从未忘记宿白先生对她的教诲。

1962年，樊锦诗报名到敦煌研究院实习，她在日后的访谈中坦言，自己选择去敦煌，可以说是"目的不纯"，在物资匮乏、交通不便的情况下，她想借此机会去看看向往已久的大漠深处的莫高窟。

24岁的樊锦诗带着美好的想象来到敦煌，来之前她期待见到那些栩栩如生的壁画，期待见到敦煌研究所里那些研究学者的风采。来到敦煌后，一半惊喜一半现实，让樊锦诗惊喜的是满山大佛，万洞千窟，的确让人心灵震撼。她在这里攀援崖壁，顶着风沙感受莫高窟无声的魅力，从北魏到隋唐，从山水到人物，光影交错、绮丽多姿，满壁风动、天衣飞扬，让人恍惚之间进入另一个世界。

然而现实也总不尽如人意，所谓的敦煌研究院，仅仅是个土坯房，充溢着永远也清理不干净的沙子。当时的环境极度恶劣，在缺水的情况下，一日只吃两餐，渴了就喝苦咸的盐碱水。实习生没有固定住所，樊锦诗只能在破庙里将就，半夜老鼠绕着她肆意乱跑，吓得她彻夜难眠，白天要去悬崖峭壁的洞壁中实习。研究所搭建了简易的蜈蚣梯，在晃晃悠悠中艰难爬上去，为了减少攀爬次数，她也不下来吃饭，兜里装着干馒头，饿了就啃几口。

在这样艰苦恶劣的条件下，樊锦诗在这片梦归之处，尽情感受着精彩绝伦的千年壁画，抬头仰望，她与壁画上的人物进行着一次次的心灵对话。在这里，她如痴如醉。然而到了实习的第三个月，她最终没能抵挡住大漠极端天气的折磨，得了重病不得已提前结束实习返回学校，60个小时车程后，她拖着浮肿的双腿站在北京火车站，心里想的是：再也不去了。

二、又见敦煌

1963年，樊锦诗大学毕业。毕业分配时，敦煌研究所来信，想要之前来过的4位学生，樊锦诗的名字赫然在列。对于学校的分配安排，父亲心疼女儿，担心女儿吃不消，于是便向学校写信请求改派。然而这封信却被樊锦诗偷偷扣下，再也没有交上去。樊锦诗说：“自己已经向学校表态，会服从毕业分配，到国家最需要的地方去。这时怎能反悔?”到祖国最需要的地方去，这是20世纪五六十年代的大学生都有的家国情怀。他们经历了抗日战争和解放战争，知道今日的和平来之不易，知道祖国的建设任重道远，他们每个人的身上都具有强烈的主人翁意识，“天下兴亡，匹夫有责”，他们把自己的命运同祖国的命运紧紧联系在一起。樊锦诗就是一个鲜明的例子。

但摆在樊锦诗面前的还有这样一个难题，此时，樊锦诗和彭金章的恋情已经浮出水面。彭金章是樊锦诗的大学同学，两人之间的情愫在大学时就已种下。毕业后，两人名正言顺地走到了一起，但彭金章被分往武汉大学，这就意味着两人将分离两地，千里相隔。樊锦诗舍弃了在北京的安逸日子，舍弃与彭金章的甜蜜生活，舍弃自己的小爱，明知敦煌环境恶劣，明知前路不易，却依旧坚定奔赴敦煌，奔赴梦之归处。这是一种大爱，是一瞬间的闪念，也是一辈子的执念。

真正的报效祖国，不是空喊口号，而是用信念坚守承诺，樊锦诗用半个世纪如一日的行动默默践行，无须言语却掷地有声。樊锦诗再一次踏上了前往敦煌的路程，1963年的敦煌依旧无水无电，上个厕所都要走很远的路，居住的房子依旧简陋至极，整个研究所里只有一部手摇电话，而且信号极差。当时敦煌的医疗条件也非常落后，樊锦诗曾因为青霉素过敏而不省人事，但她早已习惯了，习惯房间永远有打扫不干净的沙子，习惯从纸糊的天花板上掉下一两只老鼠。在这样的日子里，樊锦诗依旧坚持自己所热爱的，那壁画里衣袂飘飘的飞天，金刚怒目的力士，安详微笑的佛陀都久久在她心头挥之不去。

在漫天黄沙里，樊锦诗日日守望的，只有洞窟里精彩绝伦的千年壁画；在一片云蒸霞蔚下，她将小我舍弃得一干二净；在莫高窟的每个清晨和夕阳下，都有她认真工作的身影。研究工作十分乏味，就是对壁画进行管理临摹以及治理保护。苦闷时，樊锦诗就会走进158窟看看卧佛，“佛陀泰然自若、恬静美好的神情，能让人瞬间忘却许多烦恼。有时候，甚至觉得佛陀在对自己讲话”。这种庄重与温情一次次抚平她的烦恼。有时她也会一个人走上九层楼，听着铃铎声，眺望远处的三危山，痛痛快快地哭一场。日子在大漠孤烟中，虽也过得飞快，但樊锦诗心中始终有着对远方恋人的牵挂。而彭金章也在等着她，有人劝他算了，让他重新找一个伴侣，但他始终只有一句话："我等她。"

两人在异地恋5年后，终于在1967年举办了简单的婚礼。在武汉彭金章的宿舍里，他的同事见证了两人的幸福时刻。樊锦诗和彭金章买了糖果、茶叶、香烟招待同事，同事也送去美好的祝福。在武汉短暂的相处之后，樊锦诗便匆匆赶回敦煌，立刻又投入工作，从此开始了19年的分居生活。

1968年，樊锦诗在敦煌生下第一个孩子。临盆前她还在农田里摘棉花，后来被人抬到一间破烂不堪的病房里，在这里，樊锦诗成了一位母亲。接到电报喜讯的彭金章在7天后才赶到敦煌与他们母子团聚，一路的风尘仆仆，一身的疲惫不堪在见到樊锦诗和孩子后立刻烟消云散，喜悦难以言表。但相逢短暂，樊锦诗还没坐完月子，彭金章只能依依不舍地匆匆返回武汉。

在工作的时候，樊锦诗便把襁褓中的儿子放在床上，等孩子大一些了，便把被子叠起来放在床沿，防止他翻身滚下来。这样的日子让樊锦诗分身乏术，独木难支，于是便将孩子送回了彭金章的老家，托人照顾。等樊锦诗第二个孩子出生后，考虑到教育问题，彭金章便把两个孩子都接回了武汉，他又当爹又当妈，但从未抱怨过妻子一句。

1986年，樊锦诗终于能被调离敦煌，可她却早已离不开敦煌了。丈夫需要妻子，孩子需要母亲，但敦煌更需要樊锦诗，她毅然选择了后者，她对敦煌的爱战胜了一切，她在后来回忆时说道："我在敦煌待越久，对敦煌的感情也就越来越深。而且我的脑海里一直有着这样的念头：我在敦煌没做什么，难道就这么走了？"对于樊锦诗的决定，彭金章一如既往地支持，他甚至放弃已有的研究工作，从武汉大学调离，加入敦煌研究所，来到敦煌陪伴樊锦诗。

樊锦诗带着对敦煌的热爱和保护敦煌强烈的使命感，用专业的考古方法，完成了莫高窟北朝、隋、唐代前期的分期断代，取得了卓越的研究成果，由她主持编写的26卷大型丛书《敦煌石窟全集》，成为研究敦煌石窟的权威著作。

三、扎根敦煌

樊锦诗对莫高窟中735个大小洞窟都如数家珍，始终铭记在脑海中，随意指出哪幅壁画，她都能精确地说出年代、特点、风格。樊锦诗用了一生去践行对敦煌的热爱，她做了两件大事，一是让敦煌闻名，二是于危难之际，拯救了敦煌。

1998年，敦煌迎来了旅游热潮，莫高窟当年的参观人数破了20万人次。面对这样的旅游盛况，樊锦诗一半欢喜一半忧，敦煌的魅力吸引来众多游客，这是非常值得高兴的事情，但当樊锦诗进入充斥着汗味、香水味的洞窟中，想到二氧化碳渗进每幅壁画，侵蚀每座彩塑时，她便开始思索：洞受得了吗?

“我们拿出1908年拍摄的莫高窟照片与现在做对比，发现100多年间变化很大。现在的壁画很模糊，颜色也在逐渐褪去，壁画和人一样，不能永葆青春。”面对这种老化趋势，樊锦诗很伤感，“我们只能延缓，不能逆转。”樊锦诗依稀记得她初见敦煌时的美丽景象，壁画栩栩如生，整个画面就像巨大的镶满珠宝玉翠的锦绣展现在她的面前，让她的心灵受到震撼。

面对游览人数剧增的情况，樊锦诗开始积极寻找对策，她对敦煌有着深深的爱，因此想尽一切办法去保护它。她首先想到控制游客的数量，但敦煌犹如一幅宝卷，每个人都应该欣赏到它的精美绝伦，领悟从北魏到盛唐的历史胜景。

在一个机缘巧合下，樊锦诗接触到电脑。63岁的她提出“数字敦煌”的大胆设想，为莫高窟的洞窟、壁画、彩塑建立数字档案，利用数字技术让它们“青春永驻”。这一设想在2003年时变成提案，由樊锦诗在全国政协十届一次会议上提出，建议利用现代数字技术，展现莫高窟精美的洞窟艺术。经过5年的探索，2008年底，投资2.6亿元的历史上规模最大、涉及面最广的莫高窟保护工程开始实施。

人们说樊锦诗不识大体，不考虑地方经济，但樊锦诗说：“我一个年近80岁的老人，为什么敢于坚持这样的事情？因为我没有私心杂念，我热爱莫高窟。”是的，她这一热爱便是半个世纪，也正是因为这份热爱，她比前辈们走得更远。在2016年4月，“数字敦煌”上线。30个经典洞窟、4.5万平方米壁画的高清数字化内容向全球发布。“数字敦煌”的全景漫游功能让游客随着鼠标移动到他想到的每一处，大大缩短了在洞中的停留时间，减少了对文物不可逆的伤害，这一数字化成果背后的推动者，是如今已83岁的樊锦诗老人。

樊锦诗陪伴敦煌半个世纪，从年少走到沧桑，敦煌在樊锦诗的努力下保护得当，声名远扬。同时敦煌陪着樊锦诗经历人生风雨，最终柳暗花明。有人曾问樊锦诗，人生的幸福在哪里，她答道：“我觉得就在人的本性要求他所做的事情里。一个人找到了自己活着的理由，有意义地活着的理由，以及促成他所有爱好行为来源的那个根本性的力量。正是这种力量，可以让他面对所有困难，让他最终可以坦然地面对时间，面对生活，面对死亡。”对于樊锦诗而言，她的根本性力量的来源便是对敦煌的热爱和保护敦煌的使命感，这种使命感深深刻在樊锦诗的心中，让她用无声的行动阐释使命，这也是共产党员的风骨。

当樊锦诗第一次见常书鸿、段文杰等老先生时，她的心中有过疑问，他们都是从一线城市过来，都拥有优越的就业背景，为何走到没水没电的戈壁沙漠，爬进伸手不见五指的洞窟，没日没夜地临摹着壁画？这个答案在她夜以继日陪伴敦煌的时候，逐渐明晰起来。在敦煌的背后，总是站着一代又一代的莫高窟人。其实，通过敦煌的现状能看到的是大批考古工作者对文化遗产的保护，不仅仅是敦煌，每个文化遗产的背后都饱含着考古工作者的辛勤努力，才有了这穿越历史千年的美丽光景。

樊锦诗在写给北京大学新生的信中提到，“我几乎天天围着敦煌石窟转，不觉寂寞，不觉遗憾，因为值得。我这一辈子就做了一件事，无怨无悔”。是的，热爱可抵岁月漫长，使命可抵艰难险阻。樊锦诗半个世纪的“文化苦旅”让人唏嘘不已，她面对困难时坚韧不拔的优秀品质是众多默默无闻的共产党员的真实写照。她是自己的英雄，是保护敦煌的英雄，更是我们心中的英雄。

让梦想飞越大山——张桂梅

我生来就是高山而非溪流，我欲于群峰之巅俯视平庸的沟壑。我生来就是人杰而非草芥，我站在伟人之肩藐视卑微的懦夫。

——张桂梅

一、梦想铸就成才路

2020年，一位身材瘦弱，面色蜡黄，步履蹒跚的老人走进了公众的视野，一时间她的名字通过互联网媒体传遍中华九州，享誉千家万户，她就是现任丽江华坪女子高级中学的书记兼校长——张桂梅。

张桂梅于1957年6月出生在黑龙江省牡丹江市一个农民家庭，东北辽阔的黑土地哺育了她，在这片黑土地上成长的张桂梅有着吃苦耐劳、乐于助人、坚毅不屈的品性。为建设祖国，使祖国的明天更加美好、富强，张桂梅积极响应国家号召，小小年纪便同姐姐一起参加“三线建设”，远离东北故土，奔赴位于故乡对角线的云南，从东北跨越万水千山，一路来到了位于西南边陲的云南省，支援祖国的边疆建设。从此以后，张桂梅便扎根云南，云南俨然成了张桂梅的第二个故乡。

虽然张桂梅十多岁便投入到了建设祖国边疆的工作中，但她没有放弃继续学习深造，在工作之余，她认真学习课本知识，顺利考入了丽江教育学院中文系。从丽江教育学院毕业后，张桂梅的职业方向便是成为一名合格的人民教师，从此，她一心致力于教育事业，并在1998年4月正式加入中国共产党，成为中国共产党的一份子。成为教师后的张桂梅曾在多所中学任教，位于云南大理白族自治州喜洲镇第一中学是她自丽江教育学院毕业后任教的第一所学校。

1996年8月，张桂梅自愿调往条件比较艰苦的丽江山区任教，丽江山区是当时中国教育资源比较匮乏的地区，整个地区都比较贫困，但是她并没有被艰苦的条件吓退，一颗心便扑在了丽江山区的教育事业上，一心想的是让当地的学生能够通过学习知识走出大山，飞得更高更远。在简陋的校舍里，她发挥了中国共产党人不怕困难、勇往直前的品质，认真、仔细地做好每一项教育教学工作。在丽江华坪开展工作的这些年，让张桂梅感触颇深，她深知生活在偏远山区的孩子们一无所有，唯有好好学习，考上大学，才能飞越大山。通过学习走出大山，这是当地孩子们的唯一的路，也是张桂梅和山区孩子们的唯一的梦想。

这些孩子求学不易，尤其是这里的女孩子，她们在求知道路上受贫困束缚，受观念束缚，让这条求学之路阻碍重重，张桂梅下定决心要做女孩子们飞越大山的引路人，让更多的学生通过学习获得更好的人生。因此，她要办一所女子高中，一所免费的女子高中，要用知识斩断山区女孩的贫困路，给山区的女孩们一个翻身的机会。建立一所免费学校，少不了钱，筹措建校经费是张桂梅的心头大事，但钱没筹到，五年间只得到了口水与谩骂，甚至还被人放狗咬。就在张桂梅有些想要放弃时，一则关于她穿破洞牛仔裤参加中国共产党第十七次全国代表大会的新闻给了她新的希望，正是这则新闻，让政府与社会各界知道了原来张桂梅一直在为当地山区教育做着这样一件令人敬佩与感动的事，因此，在政府及社会各界的资助下，2008年8月，丽江华坪女子高级中学终于竣工并投入教学，这是全国第一所免费女子高中，只要想读书的女孩子就可以来这里。

创建华坪女高只是开始，课堂上的知识传授，课外的人格培养才是更重要的，同时也是更困难的。每当想要放弃时，张桂梅便会回想自己所写的入党申请书，她曾在自己的入党申请书中写道：要做“焦裕禄式的人”，为了践行对党的诺言，遇到再困难的事，她都不怕，她永远相信自己能够战胜困难。不仅如此，张桂梅还总是用中国共产党人的光辉事迹来激励同事们，她最喜欢的书是《红岩》，这本书她翻看了一遍又一遍，无数革命先烈抛头颅、洒热血的感人事迹时刻激励着她，她也用这些事迹教育着华坪女高的孩子们，让她们懂得报效祖国。

一心投入教育工作的张桂梅校长获得的荣誉一年多过一年，这些荣誉一年比一年规格高，党和人民爱护这个为学生付出自己青春的老师。1997年，张桂梅被查出患有子宫肌瘤，这在当时的医疗水平下被诊断为癌症，需要进行手术，一贫如洗的张桂梅决定放弃治疗，但学校和县里自发组织为她捐款，筹得资金让她成功做了手术。张桂梅感慨道：“我没有为党、为人民做出什么贡献，党和人民却给了我这么深厚的爱。”为了回报党和人民的爱，她将华坪当成自己的家，为华坪的教育事业尽心竭力，鞠躬尽瘁。

二、她带领孩子们“揽月摘星”

从丽江教育学院毕业后，张桂梅同丈夫来到了美丽的大理，并在大理市白族自治州喜洲镇第一中学任教。遗憾的是，张桂梅的丈夫来到大理没几年便身患癌症，于1996年8月离开人世，为忘却逝去至爱的伤痛，张桂梅主动提出调离原工作岗位，从繁华的大理市来到贫困的丽江山区，在这里，她找到了人生的价值所在，那就是让山里的孩子们通过接受教育飞出大山，为中国共产党培养出合格的共产主义接班人。

张桂梅明白，要让山区孩子走出大山，读书上学是唯一的路，上学对山里的孩子来说是百分之百的重要，不能出去上学，孩子们就会被困在山里面。在学校工作中，通过家访，张桂梅了解到山区女孩子求学路的艰难，许多女孩子在本该读书的年龄早早地结婚生子，或者正上着学就被父母叫回家干农活。这些年轻的女孩子本应在学校的课堂上大声朗读，在学校的操场上尽情奔跑，她们本应该有自己选择的人生。这时的张桂梅意识到自己应该做些什么来改变山里女孩们的现状。2001年，张桂梅接手华坪县儿童福利院，成为这所福利院的院长。接手福利院后，张桂梅发现，许多孩子的不幸同她们母亲的不幸息息相关，这进一步促使张桂梅为改变现状做出实际行动。张桂梅创立的丽江华坪女子高级中学专门针对偏远山区的女孩子，让她们在九年制义务教育结束后也能继续上学，从根源上切断山里的女孩们面临的困境。这所女子高中实行免费就读，为的就是不让家长担心学费问题，不让孩子们因贫困读不成书。这所高中的女孩子大多来自偏远的山区，她们有的中考落榜，有的来自单亲家庭，有的是残疾人，有的是孤儿，只要她们想读书，渴望知识，就能进入华坪女高学习。

这些来自山区的女孩子学习基础差，薄弱科目多，学起来很费力，老师们教起来也很费力，许多老师打了退堂鼓，离开华坪女高。就在华坪女高因为师资力量不足不能支撑下去时，张桂梅校长发现，剩下的老师当中绝大部分是党员，这个发现给了她很大的底气。有党员就有希望，中国共产党不会因为困难而丢掉自己的阵地，她带领几名党员教师重温入党誓词，坚决守住华坪女高这块扶贫阵地，不再轻言放弃。在日常教育活动中，张桂梅校长坚持每周一次让孩子们学习有关党的理论知识，使她们立志长大后成为有用的人，来报答党的培养。

自2008年丽江华坪女高建立以来，1000多名女孩子从这里考进大学，成为医生、教师、警察……面对女高在高考中创造的佳绩，张桂梅校长仍然摇头说不满意，她说她的目标是女高的孩子们人人都能考上一本，并且有百分之十的孩子进入全国重点大学，如果能考进清华北大那就再好不过了。十几年来，华坪女高一直在为这个目标努力着，张桂梅校长将这个历程称为“登天”，因为实现这个目标甚至比“登天”还难。女高的孩子们常喊的口号是“上清华揽月，进北大摘星”，这正是张桂梅校长的梦想与目标，她希望自己学校的孩子能够考上清华北大，进入最好的学校学习。

“女高是孩子们的一个家，更是孩子们梦想起飞的基地，助孩子们起飞的是党和人民”，这是华坪女高校园中写的一句话，在党和人民的助力下，这些女孩子身上寄托着张桂梅对山里人的希望——山里的女孩子，也能考上好大学。为了孩子们能考进大学，能“揽月摘星”，让社会的爱心没有白献，让老师的辛苦没有白费，张桂梅校长对学生们要求十分严格。为了有更多的时间学习，补足短板，张桂梅为女高的学生制订了精确的学习生活计划表并严格执行。这里的每个女孩都留着同校长一样的齐耳短发，什么时间起床，什么时间就寝，就连吃饭也要争分夺秒。“吃得苦中苦，方为人上人”，孩子们的辛苦张桂梅校长看在眼里，她知道孩子们在这种高压学习环境下非常辛苦，她也心疼孩子，但没有办法。这些来自山区的女孩子基础太差，只有抓紧每一分每一秒，不懈怠地坚持学习，才有可能在考试中脱颖而出。

12年来，张桂梅带领丽江华坪女子高级中学的女孩们“揽月摘星”，为着一个梦想而努力拼搏，她是孩子们的老师，是孩子们的引路人，飞越大山的路上，她为孩子们指明了怎么飞，往哪儿飞，飞出去之后的路该怎么走，她们在校长的培育下都成为善良坚强、爱国爱党的好青年，祖国哪里需要她们，她们就去往哪里。

三、她是孩子们的高山

张桂梅是孩子们的精神支撑。在儿童之家，张桂梅也是孩子们的“老妈”，在丽江华坪女子高级中学，张桂梅还是女孩们的张老师和张妈妈，这些孩子的成长离不开张桂梅无微不至的照顾。生活上，她温柔贴心，用自己的真诚之心去温暖每一位孩子。爱是相互的，孩子们感受到爱，又将爱回馈给张妈妈。而在学习上，张桂梅不允许孩子们有丝毫懈怠，她鞭策着她们努力读书，为自己拼一个美好的未来，搏一个满意的前程。张桂梅校长就是孩子们的高山，在她们心中，这是一座值得依赖和信任的高山，她们愿以高山为旗帜，朝着所希望的目标前进。

对于张桂梅来说，她最自豪的事情莫过于自己所教的班级没有一个学生是因为贫困而辍学的。丽江山区的许多学生家庭条件很差，有些学生上着上着，突然就消失了。张桂梅知道后心情特别焦急，总是立刻放下手上的事，赶往这些学生的家。学生们住在山区里，云南的山一座连着一座，往往是在一大片山区找一户人家，当时交通不发达，有的离得近，半天就到了，离得远的却要走上六七天。张桂梅来到学生家中进行家访，同学生家长进行交流，以心换心，劝家长不要放弃孩子，让孩子继续读书。有的家庭穷得没有办法，出不起生活费，张桂梅就自掏腰包给这些学生提供生活费，长期、持续地捐助她们。为了多资助几个学生，让这些学生能够走出大山，她只能尽量压缩自己的生活需求，将自己的工资、奖金以及津贴与大家一起分着花。

张桂梅是温柔细腻的。2001年华坪县儿童福利院建成，邀请她当院长，她思考着这个孤儿院究竟是叫儿童福利院还是儿童之家。最后，这所孤儿院定名为儿童之家，因为如果名为福利院的话，别人一听就会觉得这是一所孤儿院，可能会对孩子们的心理造成不好的影响。2008年8月，丽江华坪女子高级中学建成后，学校招收的学生大多是偏远山区的贫困女孩，但张桂梅说，她从不提贫困，不称她们为贫困生，因为她觉得贫困对女孩子来说也是种隐私。为了保护女孩子敏感的心，张桂梅称她们为“大山里的女孩儿”。

女高每一天的学习生活枯燥而又紧凑，张桂梅也日复一日地陪伴着她们。早上5点，张桂梅就睡不着了，她习惯了早起，但偶尔从床上起来会很费劲，长年累月的高强度工作，再加上她也不太在意，不愿意将钱花在自己身上，使得她身患多种疾病，这些疾病折磨着她，曾有一个月她瘦了近30斤。在每个被疼醒的早上，她都想着放弃算了，就这样躺着吧，但因为担心学生们，她每次靠着意志力，努力从床上爬起来。云南山区温热湿润，很适合动物栖息，因此教学楼里偶尔会有一些走错路的“访客”，这些“访客”多半是蛇类，甚至是有毒的眼镜蛇。为了学生们的安全，张桂梅起床后就开始到教学楼一层一层地巡视开灯，在楼道里，张桂梅故意弄出叮叮咚咚的响声，好将那些迷路的“小迷糊”惊走。因为身体状况不太好，上下楼梯时，张桂梅总是双手扶着楼梯，慢慢地，小心翼翼地，一步一挪。

“起床喽，姑娘们”，这是张桂梅在用喇叭叫学生们起床，凌晨5点20分，女高的学生开始了一天的学习。张桂梅始终陪伴在孩子们的身边，在蟋蟀叫声与读书声中，张桂梅佝偻着背，巡视督促着每一位同学，提醒她们认真学习，不要走神，直到夜色深沉。

张桂梅被人们亲切地称为“燃灯校长”，她用自己的生命点燃了求知之路，她从不在乎自己付出了多少，不在乎流逝的青春，她用自己的生命与青春换来了1800多名女孩子的青春。办学12年来，作为一名优秀的共产党员，她一如既往地坚持初心，用教育斩断贫困，帮助山区的女孩儿实现了飞越大山的梦想。

最美女教师——张丽莉

诗人李商隐曾经写过这样一句诗："春蚕到死丝方尽，蜡炬成灰泪始干。"后人将这句诗用来比作教师，这是对一位尽职尽责的教师最贴切的评价。做一名用知识和爱来照亮他人的教师，是会永远受到学生爱戴和尊重的，也会永远被人民铭记在心中。

古往今来，一直有很多这样优秀的教师，他们用自己的爱和知识浇灌着学生，并且在危急关头挺身而出，将学生护在身后。曾经有这样一位年轻的教师，她在货车冲过来的那一刻，全然不顾自己的生命，舍己去救学生，却被撞得高位截肢。张丽莉老师的感人事迹虽然已经过去一段时间了，但无论何时提及，都能唤醒我们对于教师的尊重和认可，她用自己的行动向人民诠释了大爱与大美。

一、教书育人

1984年，张丽莉出身于一个教育世家，由于家庭的熏陶，成为一名优秀的人民教师的种子从小就深深地扎根在了张丽莉心中。后来她得偿所愿，成了大庆师范大学的一名学生。在校期间，张丽莉认真学习，经常向身为教师的伯母请教，该如何成为一名好老师，如何更好地将知识传授给学生，如何建立良好的师生关系。在张丽莉的不断思考和学习之下，她慢慢摸索出成为一名优秀教师的方法，将自己无限的热情投入到教师这一行业中去。

在读大学期间，张丽莉曾在大庆油田宣教中心实习，因为她认真上进，踏实肯干，宣教中心希望张丽莉能留在这里，但她拒绝了邀请，选择回到家人身边。大学毕业后，张丽莉回到了自己的家乡，成为佳木斯第四中学的一名初中语文老师。在任教期间，张丽莉兢兢业业，将自己的全部热情投入到教学中。显然，她的努力没有白费，据她的学生回忆，在他们读书期间，最喜欢的老师就是张丽莉，因为张老师亦师亦友，在课堂上，张老师认真讲课，私下里，张老师又像大姐姐一样关心他们的生活。

“要么不做，要做就做到最好”，这是张丽莉的座右铭。在教学工作中，为了成为一名好教师，她一直虚心向老教师请教学习，与资深的老师交流教学经验，不断改进教学工作。面对班里对语文不感兴趣的学生，她就特意让这些学生在上课时大声朗读，给予学生肯定，让学生在赞美中获得自信，产生兴趣。久而久之，在张丽莉的不断努力下，他们班的语文成绩一直在不断地进步。平时批改作业时，张丽莉细致入微，把每个学生的薄弱部分都记录在册，上课时着重进行讲解。对于学生不太懂的地方，她会把学生叫来单独进行辅导。担任班主任期间，张丽莉每天早早去学校，陪伴学生上早自习，即使在自己怀孕期间也从未间断过。张丽莉的努力很快使她在教学工作中脱颖而出，成为骨干教师，受到学校领导和学生的一致好评。

张丽莉在抓教学工作的同时，也不忘关心学生的生活。她教的班里有一名学生，父亲不幸去世，和妈妈靠着低保勉强生活。张丽莉在了解了该学生的家庭情况后，就从自己微薄的工资中拿出一部分来帮助这个孩子，担心他会因此感到自卑，张丽莉每次都会偷偷把钱塞给他。班里有学生生病了，张丽莉总是第一个前去看望。遇到比较害羞的学生，张丽莉就一直鼓励他们，让他们勇于展现自己。张丽莉用自己的行动诠释着一名人民教师对职业的尽责和对学生的爱。学生在张丽莉老师的教导下收获的不仅仅是知识，更是一份沉甸甸的爱。正是这份沉甸甸的责任心与爱心熔铸了师魂。

张丽莉曾说："无论亲情、友情、师生情，每一份情都需要我们以无私的付出去维系，以真诚的沟通去经营，只要我们用心去关爱每个人，我们的世界就永远充满阳光。"张丽莉不仅是一名优秀的老师，还是父母的好女儿、丈夫的好妻子、同事眼中的好战友。据张丽莉的同事回忆，在他们下课时，时常会收到张丽莉递来的一杯热水，在午餐时间，也经常看到张丽莉帮忙打回的热腾腾的饭菜。她团结同事，用自己的真诚来融入学校这个大家庭中。在父母和长辈的眼里，她还是个乐观孝顺的孩子。她照顾着年迈的姥姥，姥姥喜爱的食物，姥姥的换季衣物总是她第一时间送给姥姥。在灾难发生后，她还安慰自己的父亲，告诉他不要担心。在丈夫眼里，张丽莉是位温柔体贴的妻子，无论工作还是家庭都安排得十分周到。

张丽莉用自己的言行彰显着人民教师的良好形象，用自己的热情谱写着新时代的青年赞歌。

二、用大爱铸师魂

如果这场灾难没有发生，张丽莉可能还会日复一日、孜孜不倦地坚守着自己的岗位，播撒着爱心。然而，天妒英才，2012年5月8日，张丽莉还像往常一样，在学校门口送放学的学生出校门，但灾难已经渐渐逼近。据事发目击者回忆，车祸发生时，张丽莉正在路上疏导学生放学，但是路边一辆客车突然失控，向5名学生冲了过来，就在那一瞬间，张丽莉将已经吓傻的5名学生推到了路边，而自己却被无情的车轮压在了下面。

当天21时05分，气若游丝、处于休克状态的张丽莉被救护车送往医院，医务人员立即将她推至急症室进行专家会诊，并启动了“佳木斯市中心医院突发应急预案”，决定用一切力量，将这位令人敬佩的老师从死神手中拉回来。当时张丽莉的情况异常危急，由于受到车轮碾压，她的心脏受损，身体多处骨折，尤其是双腿，受伤极其严重。经过治疗专家组的会诊讨论，最终专家一致认为只有截肢手术，才有希望保住张丽莉的生命。一位年仅29岁，身材高挑、相貌美丽的女教师，将永远失去她的双腿……在得到家属的同意后，进行手术的医务人员开始一丝不苟地奋战，尽可能地减轻张丽莉的痛苦。据当时的医生回忆，就在张丽莉生命垂危之际，她还惦记着自己的学生。在张丽莉昏迷多天后，醒来的第一句话是：“那几个孩子没事吧！”当张丽莉得知自己被截肢后，还安慰父亲说：“当时车祸的场景我还记得，很幸运，如果车轮从我的头上碾过去，你就看不到我了，我救了学生，也保住了命，今后一定会幸福的。”张丽莉的乐观和爱心让在场的每一个人无不为之感动。

截肢手术虽然顺利完成，但张丽莉还有严重的并发症，经过专家们的商议，她被转送到了医疗条件更好的哈尔滨医科大学附属第一医院进行进一步的治疗和康复。医院为了方便其家属休息和社会媒体对张丽莉老师的采访宣传，在房间紧张的情况下，特意建立了“张丽莉老师爱心接待处”，号召社会各界像张丽莉学习，学习她在危急关头舍己救人的大无畏精神。

经过两个月不间断的治疗，张丽莉的病情全面好转，进入康复训练阶段。但截肢后，张丽莉的部分残端皮肤非常敏感，身体素质也很差，严重影响着康复训练，而康复训练又关系到其未来的生活质量。为此，10多位来自各学科的康复专家为张丽莉老师制定了缜密的治疗方案，力求让她获得最有效的康复治疗，减少痛苦。哈医大运用了先进的物理因子疗法，逐步改善了残端疼痛等手术后遗症和并发症，还安排了营养师为她配餐，以便为她下一步装假肢打下良好基础。康复训练的过程极其痛苦和艰辛，但张丽莉都坚强地忍过来了。经过一段时间的恢复训练，张丽莉的上臂、腰、背部肌肉力量，关节的活动等都有了大幅度的提高，坐位平衡功能等也都得到了改善，在8个月的康复中，张丽莉在假肢的帮助下可以缓慢行走了。

在医务人员和社会各界的关心呵护下，在人们的殷切希望中，张丽莉终于出院了。虽然乐观的她逐渐接受了自己失去双腿的事实，但看着为自己付出了很多的丈夫，她心里还是一阵酸楚。张丽莉害怕自己拖累丈夫，便向丈夫提出了离婚。面对张丽莉的离婚要求，她的丈夫不假思索就拒绝了，并且坚定地对她说，他对她的感情不会因她失去双腿就被冲淡，不管发生什么他都是她坚强的后盾，都会陪在她的身边。丈夫的话深深地感动了张丽莉，从此，她也不再提离婚的事。而上天还给张丽莉准备了一份惊喜。她一直渴望有一个自己的孩子，失去双腿后，她本以为自己已经失去了成为母亲的机会，但是在2014年，张丽莉惊喜地发现自己怀孕了。第二年，张丽莉生下了一个漂亮的男孩，夫妻为其取名为“派派”，因为张丽莉认为这是上天派给她的一份礼物。

三、用心奉献，发光发热

“别哭，孩子，那是你们人生最美的一课。你们的老师，她失去了双腿，却给自己插上了翅膀；她大你们不多，却让我们学会了许多。都说人生没有彩排，可即便再面对那一刻，这也是她不变的选择。”这是2013年“感动中国”给张丽莉的颁奖词。张丽莉用自己的大爱在危急关头给学生撑起了生的希望，她将爱撒向学生时，社会也将爱回报给了她。有人曾问过她，为了5个孩子失去自己的双腿，有没有后悔过，张丽莉笑着说：“这是我的本能，我已经度过了30年的快乐时光，可那些孩子还小，他们的快乐时光才刚刚开始。”

爱的牵挂没有距离。张丽莉住院期间，党和政府以及社会各界都对张丽莉高度关注。事发后，市长特意到医院探视张丽莉，并做出“不计成本，不惜代价，全力以赴，救治英雄教师”的指示。国务委员刘延东也亲自向张丽莉及其家人表示慰问，并高度赞扬了张丽莉在危急关头所展现出的一切以学生为重的奉献精神，后来又亲自赴医院探望张丽莉，刘延东说，张丽莉在生死攸关的危急关头，将生的希望留给学生，将危险留给了自己，用无私的爱谱写了一曲生命赞歌。中国残联主席张海迪惊闻张丽莉舍己救人的事迹后，向张丽莉发去了慰问信，在慰问信中，张海迪说：“张丽莉老师在危难时刻舍己救人，体现了一个人民教师的崇高风范，她爱自己的学生，不惜用自己的生命保护他们。她让孩子们懂得了什么是高尚的品德，什么是勇敢的精神。张丽莉老师是一个真正的女英雄，也是我们大家学习的好榜样。”在2012年7月1日，哈医大举办了“教师楷模，时代英雄”张丽莉的入党宣誓仪式。张丽莉一直梦想成为中国共产党员的愿望终于实现了，她的行动无愧于党，无愧于人民！医护人员对于这位优秀的人民教师也是关怀备至。护士长为了减轻张丽莉的心理负担，专门叮嘱护士们“注意张丽莉的腿和脚，别碰着它们”，让其有一种腿脚还在的错觉。在后续的治疗中，重症监护室的主任更是将张丽莉当作自己的女儿来看，经常叮嘱医护人员，要尽量减少张丽莉的痛苦。

张丽莉勇救学生的事迹传遍全国，她本人也多次受到表彰，被评为“全国优秀教师”、“三八”红旗手、“佳木斯见义勇为英雄”，并获得全国五一劳动奖章、“五四青年奖”等许多荣誉。同时，张丽莉被选为政协委员，以及黑龙江残联执行理事会兼职副理事长。从此，张丽莉走下讲台，将她的一腔热血投入到为社会和残疾人服务中去，努力去改善残疾人的生活。对于这项新的工作，张丽莉说，这只是角色的转换，本质上都是一样的。过去是为学生和家长服务，现在是为残疾人服务，只要有一腔热情在，做什么事情都会得心应手。张丽莉在担任政协委员时，做了大量的调研，用自己的亲身感受来体会残疾人的冷暖。通过调研，她亲眼看到了贫困残疾人的艰难生活，更加增强了自己为残疾人服务的责任感和使命感。她提出补齐影响残疾人生活品质的短板，增加无障碍厕所等相关的人性化措施，让残疾人如厕更加方便，还提出完善能够满足残疾人需求的网络购票系统等，希望通过改善社会基础设施来改善残疾人的生活，让他们生活得更加有尊严，让他们感受到社会的爱。

张丽莉回顾自己的事迹，她说自己感到非常的幸运，能够生活在这样一个时代。她要把自己扎根基层，把自己的工作做实做细。如今，张丽莉在新的岗位上继续发光发热，家庭也幸福美满。虽然她失去了双腿，但她播撒下的星火，必将照亮前行的人。张丽莉老师以自己柔弱的身躯为学生打开了一道光明通道，用无畏的行动谱写了一首爱的赞歌，她给了我们每个人最真实的感动，她塑造了新时代优秀人民教师的光辉形象，她铸造了一代师魂，让我们在一次次的感动中感受到了人性的光辉，感受到了教师的伟大。张丽莉所传递出来的正能量值得我们每一个中华儿女学习。

用爱筑起学生的生命之墙
——谭千秋

那是一个有些阴沉的午后，太阳躲在厚厚的云层后面，雨将下未下，太阳也没有想冲破层层阻碍出来探探头的意思，初夏的中午竟然沉闷得厉害。开始一切都同往常一样，这只是一个普通的星期一，新的一周开始，即使天气有点令人不适，但四川的夏天不就是这样吗，闷热中带着潮湿，每个人都按部就班地做着自己的事情，午睡、开会、上课、浇花……没有人会多想些什么，因为之前的每一天都是这样过的。

在14时28分到来前，有的学生刚从午睡中醒来，有的学生还在操场上嬉戏打闹，也有迟到的学生正在来学校的路上拼命奔跑。而有的学校已经开始上课了，比如谭千秋老师所在的东汽中学。东汽中学是东方汽轮机厂下的一所学校，在“5·12”大地震之前，东方汽轮机厂与其所属学校均位于四川省绵竹市。大地震之后，这个厂子与这所学校全都在地震中化为一片废墟，到处是残片碎瓦，不能再继续投入使用，所以在进行灾后重建时，将这二者的地址重新选建在了四川省德阳市旌阳区。

谭千秋是湖南人，1957年9月27日出生在湖南省祁东县步云桥镇岩前村的一个贫苦家庭中。家里一共有5个兄弟姐妹，而他是家中的老大。虽然谭千秋家庭贫寒，但他从未想过放弃学习，相反，因为家庭条件不好，他读书更加认真，成绩非常好，因为他想通过知识改变自己的命运，改变整个家庭的命运。1977年恢复高考之后，20岁的谭千秋立刻开始投入备考学习中，一点也不敢耽搁，对他来说，这是一个好机会。在起早贪黑的紧张备考后，谭千秋终于迎来了高考。也许他已经记不清考场上的每一道题了，但他一定记得考试铃响的那一刻，握笔的手因为心情太过紧张、激动而止不住地颤抖，最后收笔的那一刻又是何其的放松与潇洒。在心急如焚的等待后，结果不负所望，1978年3月，谭千秋以优异的成绩考入湖南大学政治学专业。

当时还是工作包分配的年代，谭千秋从湖南大学政治学专业顺利毕业。之后，他被分配到了距家乡湖南省1000多千米的四川省，在四川绵竹参加了工作。谭千秋所属单位为东方汽轮机厂，业务为重工业生产，但他并不在厂里工作，而是在其下属的学校任职。分配到四川绵竹东方汽轮机厂后，谭千秋先在其职工大学任教，后又被调到东汽中学。

谭千秋的工作能力很强，教学成果十分优异，受到大家的肯定与赞扬。他不仅是东汽中学的教导主任，还获得了四川省“特级教师”的称号。这样一位既能做学生工作，又懂得教学工作的老师，被单位和学校寄予厚望。普遍来说，学生在学校里最害怕的人莫过于教导主任，学生见了教导主任，就像老鼠见了猫，但谭千秋老师却和其他学校的教导主任不一样，学生们不仅不害怕他，还特别喜爱他，总喜欢往他身边凑，这是怎么回事呢？这是因为谭千秋将自己全部的爱都灌注给了学生们。

或许是因为谭千秋是家中的长子，从小就习惯了照顾弟妹们，因而也习惯了这种照顾别人的生活。血脉亲情浓于水，来到四川绵阳参加工作的谭千秋远离了自己的父母与手足，他无时无刻不在内心深处想念着他的家人们。到东汽中学任教后，看见这些活泼可爱的孩子们，谭千秋觉得自己就像见到了远在湖南的弟弟妹妹一样，觉得他们需要自己的关爱与呵护。他将自己无法表达的爱倾注在了这些学生身上，把这份爱渗透进了学校日常工作的每一处细节当中。当谭千秋老师在校园里散步时，看见路中央有一粒石子，他想到如果孩子们在嬉戏打闹时不注意，一定会被这粒石子绊倒摔伤，于是赶忙将这粒石子捡起来，放回花坛里。

学校的老师们都说谭老师是最疼爱学生的老师，而谭老师也是孩子们最喜欢的老师，他发自内心地尊重每一个学生的自由成长。孩子的爱是纯粹的，他们能体会到谁在用心爱他们，并回报以相同的爱。

2008年5月12日14时28分，谭千秋老师正在给学生们讲课。他讲得非常投入，闷热的天气使他挥汗如雨，学生们听得专心致志，谭老师的粉笔在黑板上飞舞，学生们的钢笔在书本上跳动，师生之间的互动让整个课堂充满了活力。突然，教学楼一阵剧烈的摇晃将谭千秋从课本中拉回到现实，站在讲台上的他被晃得几乎站不住脚。墙壁上粉刷的白灰在这晃动中一层层地簌簌掉落，在这剧烈的晃动中，房子马上就要坍塌了！

在此之前学生们只知道地震这个词，但不知道地震发生时究竟是什么样的，他们感受着猛烈的晃动，一张张稚嫩的小脸上带着不知所措的惊慌和迷茫。而谭千秋老师在这之前也没经历过大地震，但作为成年人，同时又是一名老师，他知道这是大地震，非常危险，自己不能坐以待毙，还有那么多学生需要他。孩子们愣在原地，不知道该怎么办，谭千秋老师来不及有多余的思考，马上拼命大喊："大家快跑！什么也不要拿！快！"同学们听见老师焦急的催促声后，回过神来，在惊慌中冲出了教室，许多同学都顺利跑到了操场上。

一次强烈的地震之后，四川的大地稍微平息了一会儿，但紧接着又来了震感更加剧烈的余震，不给人们喘息的机会。地震使得教学楼左摇右晃，建筑物眼看就要坍塌，地面上的尘土被震波扬起，加上建筑物落下的灰尘，整个教室里尘土弥漫。塌下来的建筑物阻挡了孩子们求生的路，最后的4位同学被隔在教室里，已经出不去了。难道年轻又朝气蓬勃的生命就要在这里止步了吗？孩子们还小，他们的未来无限光明，他们还有很长的路要走，还想要看看这世间的万般美好。

谭老师还在教室里！为了疏散学生，给学生留出生命通道，谭老师一直站在讲台上，看着孩子们一个个跑出去，获得生的希望。这一刻，他作为老师，以学生的生命安全为先；这一刻，他作为中国共产党员，以人民群众的利益为先。他将自己的生命安全排在第二位，而把学生的生命安全排在了第一位，他一心想的是孩子们跑快点，再跑快点，都能跑出去脱离危险，然而，剩下的4名同学已经被困在教室了。为了保护这4个孩子，谭老师赶紧将他们召集到讲桌下面，当时的讲桌中间是空的，孩子们可以躲在里面。但是一张小小的讲桌里却容纳不下4名学生，有的学生的身体还是露在了外面，如果教学楼被震塌了，这名学生势必要被砸到。面对坍塌的建筑物，掉落的钢筋水泥，容不得有丝毫犹豫，谭老师在讲桌外面张开了双臂，他弓着背，撑起一片空间，将4个孩子护在了自己的臂弯之下。

谭老师虽然很瘦，但他张开的手臂却把4名学生好好地护在了身下。讲桌外面地动山摇，天崩地裂，讲桌与谭老师的怀里，却是安全的港湾。学生们害怕地蜷缩着，他们的大脑一片空白，他们的心脏加速跳动，生死一刻，是谭老师保护着他们。随着一阵阵的轰鸣声，原来敞亮的教学楼终于全部坍塌了，刚刚还传来朗朗读书声的教学楼，转瞬间成了一片废墟……

2008年5月12日14时28分，四川省阿坝藏族羌族自治州汶川县映秀镇发生8.0级大地震。这次地震波及大半个中国以及亚洲多个国家和地区，中国国内北至内蒙古，东至上海，西至西藏，南至香港均有震感，中国之外的泰国、越南、菲律宾和日本等国也有震感。距离汶川较近的几个市县的房屋都受到地震的波及而变成废墟，昔日的高楼大厦也在这一刻被夷为平地，在倒塌的房屋下，掩埋着无数鲜活的生命。

雨终于淅淅沥沥地下起来了，仿佛在为四川哭泣，为死去的生命哭泣，为谭千秋老师哭泣。是的，谭千秋用自己的生命换来4名学生的平安无事。一方有难，八方支援，在四川发生特大地震灾害后，中国人民解放军和中国人民武警部队紧急启动应急措施，日夜兼程赶往四川重灾区驰援。除了国家部队派遣以外，无数志愿者也自发赶往四川灾区；得知四川缺乏生活物资，全国人民及海外华人、留学生都积极为四川捐款捐物，并号召人们一起支援四川，卡车、直升机带着部队、医务人员、志愿者，载着大量的物资披星戴月赶往灾区，展现出一幅幅生动感人的抗震救灾图景。

由于受灾面积非常大，需要大量救援人员，而地震不仅造成房屋倒塌，也阻断了交通线。“蜀道之难，难于上青天”，难就难在入蜀的道路难走。四川多山岭，地震造成大量山体滑坡，滑落下的泥土与碎石阻挡在了入蜀的公路要道上。入川交通线被阻，救援队伍也被拦在了川外，而直升机能运输的救援人员只是很少的一部分，在这样极度缺乏人手的情况下，学校被排在抢先救援的前列。

得知东汽中学在地震中坍塌，救援人员火速赶往现场展开救援，许多家长也自发帮忙，有的徒手搬砖，有的转移受伤人员。经过两天一夜的挖掘救援后，救援人员终于看见了谭千秋老师的身影，听见了他身下学生的细微的呻吟声。救援人员发现他们时，谭老师的身体已经有些僵硬，他的双臂仍张开着趴在讲桌上，后脑被楼板砸得深凹下去，血肉模糊，在他身下死死地护着的4名学生，都还活着！这是怎样的付出与牺牲，这是怎样一种伟大的爱！他用自己的血肉之躯为学生筑起了生命之墙，在楼板塌陷的那一刻，他用自己的身体作墙壁，将危险拦在讲桌之外！被谭老师护着的4名学生没有受任何伤，但因为两天一夜没吃没喝，身体非常虚弱，被医务人员紧急送往了医院。

救援人员将谭老师安置在操场南边，和其他遇害者放在了一起，灾难面前，生死无常，他们来不及感伤，因为还有太多的人等待着他们去救援。在谭千秋的遗体旁边，有一位女子正为谭千秋整理遗容，将他脸上的灰擦干净，为他换上一件干净的衣服。她就是谭千秋的妻子张关蓉。得知东汽中学倒塌后谭千秋没能立刻逃出来，张关蓉马上赶到学校，守着教学楼的废墟，等待着救援人员将被埋的丈夫挖出来，那个时候，她坚信丈夫一定会没事。13日22时12分，当谭千秋被找到，救援人员告诉她谭千秋已经去世时，张关蓉的心脏仿佛瞬间停止了跳动，不敢相信深爱着她的丈夫就这样离开了她，离开了两个女儿，他怎么舍得就这样离去。然而逝者已矣，张关蓉再怎么不舍、再怎么埋怨，丈夫已经离去了，现实就是如此残忍……正在张关蓉为谭千秋整理时，记者过来告诉张关蓉，她的丈夫舍弃自己的生命拯救了4名学生，张关蓉听后捶打着丈夫的胸膛号啕大哭起来，可是这一次，谭千秋再也不能抱抱妻子，安慰她了。

谭千秋的感人事迹在2008年5月14日当晚由新华网四川频道编辑刊发，第二天，这则名为《那一刻，他张开双臂护住四个学生》的新闻引发多家媒体竞相转载，短短一篇不足一千字的文章，描述了一位在普通岗位上的老师坚守师魂，保护学生的真实感人事件，引起全国人民的共鸣与哀悼。2008年5月20日，新华网刊发了《谭千秋——大爱无声铸师魂》，同年6月18日，又刊发了《谭千秋采访纪实》。谭千秋的母校湖南大学也赶赴其家乡采访调查，搜集素材，撰写了《大爱千秋——记汶川大地震抗震救灾英雄谭千秋》一书，并收录了《最后一课：人生的价值》一文。苏教版小学语文六年级上册第六课的课文《最后的姿势》也是根据新闻媒体报道改写的谭千秋老师的事迹，这个感人至深的故事应该讲给所有人听。

2008年5月17日下午，谭千秋的遗骨回到了家乡湖南省祁东县步云桥镇岩前村，长沙市的50辆出租车司机自发来到机场接谭千秋老师回家，车队排了3千米长。家乡的群众也都挂起横幅迎接谭千秋回家。祁东县委、县政府为谭千秋举行了仪式，并为其家人送去5万元慰问金。

在“5·12”汶川大地震中，像谭千秋这样用生命保护学生的老师还有很多，在地震来临时，他们毫不犹豫地奔向学生，将学生护在自己的羽翼之下。这既是人民教师的职业操守，更是一种人格品性的伟大，在大难之前，谭千秋的心中只有学生，却将自己的生死置之度外。如今，距离2008年5月12日汶川大地震已经过去十多年了，曾经的废墟早已经变成了高楼大厦与繁荣的商业街道。东汽中学也重新建成了东汽八一中学，在新学校教学楼走廊的宣传栏上，张贴着一幅幅关于谭千秋老师英勇救人的海报；在食堂旁边，有一座谭千秋老师的金属雕像，这是海外华侨捐献的，在这座雕像的背后有一首小诗："保佑孩子们，让他们在世界上获得保护，让他们拥有春天。"

新中国的第一个世界冠军
——容国团

这是胸怀祖国、放眼世界、为国争光的精神，这是发愤图强、自力更生、艰苦奋斗的精神，这是不屈不挠、勤学苦练、不断创新的精神，这是在中国的乒乓健儿身上总结出来的一种激励人心、永攀高峰的实战精神。而在这些精神的背后，始终站着一位把乒乓球带出国门的运动健将，他就是容国团。

一、意气风发战胜世界冠军

容国团出生在1937年的夏天，8月的香港天气依旧闷热烦躁，狭小又简陋的家中，一个婴儿呱呱坠地。小婴儿的出生为这个家庭带来许多喜悦。父亲容勉之喜不胜收，给这个孩子起名“国团”。这位参加过省港大罢工和广州起义的香港爱国同胞希望有一个强大团结的国家作为自己在香港的坚强后盾，因此，“国团”这个名字带着丰富的含义，也印证了容国团为国争光的辉煌一生。

1941年冬天，日本侵略者占据了香港，容勉之一家回到老家广东珠海南屏镇，家里生活拮据，但也可勉强度日。1943年秋天，荣国团进入南屏甄贤学校读书，学习十分认真，成绩也很优异。后来，这个孩子被白色赛璐珞球（一种空心玩具球）吸引了，或许，在那个时候，容国团与乒乓球便结下了不解之缘，成为他一生的热爱。7岁的他个子小小的，非常清瘦，比乒乓球案子高不了多少，但打起球来有着一股英气与认真，一下子成为学校的“乒乓小球王”。

1945年抗日战争胜利后，容勉之回到香港当了海员，在那个刚刚经历战争创伤的香港，人们因生计问题常常眉头紧锁，战争的残酷给每个人都带来沉重打击，容勉之一家也不例外，15岁的容国团被迫辍学，在香港东区一家渔行做童工。由于父亲是香港工人进步组织工联会属下的海员工会会员，容国团便有了来之不易的可以去工联会俱乐部练球的机会。

这是一个让人迷茫的时代，也是一个让人热血澎湃的时代。有了练球场地，容国团在打工之余，便把自己所剩的精力全部投入练习乒乓球上。他的天资聪慧，加上刻苦练习，很快让他成为香港顶尖水平的球员。1957年2月，香港举行全港乒乓球锦标赛，容国团代表工联会参赛，并与队友一举夺得男子团体和单打、双打三项冠军，从此容国团在乒乓球坛崭露头角。

让容国团一举成名的是在1957年4月，日本乒乓球队访问香港，容国团意气风发，用初生牛犊不怕虎的勇气与世界冠军荻村伊智朗对阵，爆出一个大冷门——他以21:19、21:13连胜两局，在全场的惊叹和唏嘘声中，将世界冠军拉下马。容国团打败世界冠军荻村伊智朗，一夜之间消息传遍香港，他成了家喻户晓的新闻人物。

二、回归祖国怀抱，为国争光

容国团的成名也给他带来了一些烦恼。1954年春天，香港一年一度的乒乓球埠标赛开始。17岁的容国团代表年轻的“公民队”参赛。赛前，他被香港乒乓球总会邀请到一个茶楼谈话，让他打假球故意输了比赛，以促成南华队蝉联冠军，并答应给他丰厚的报酬。正直的容国团果断拒绝了这一龌龊不堪的行为。1956年，香港乒乓球总会在亚洲乒乓球锦标赛上对容国团的名字做了手脚，使得容国团无法参赛。香港乒乓球总会的行为让容国团大失所望，自己满身抱负无法施展，于是想到既然在香港不行，便对父亲口中的祖国内地心生向往，一腔热血总归会有地方挥洒。在身边人的建议下，1956年底，容国团向广东省体委递交了一封申请书，请求报效祖国，虽然过程曲折，但这些阻挡不了他报效祖国的迫切之心。

1957年11月，此时的容国团身患肺结核，他背着简单的行李，拖着病体，在工联会工作人员的陪同下，走过了深圳罗湖桥，投入了祖国的怀抱。在此之前，容国团数次思考着一个问题，他该为谁打球？父亲对家国深深的眷念对他影响颇深，也让他在一次次的打球练习中开始明确这个问题的答案，他要回到祖国去，回到让他深深牵挂的地方。新生的中国需要他这样的年轻人来建设，而他也想为祖国的体育事业贡献自己的一分力量。

容国团在日记本上记下了他当天到达广州的心情：“这是我走向新生活的第一天。当我踏进广州体育学院所在地时，早已相识的乒乓球运动员纷纷向我握手问好，表示热烈的欢迎。这时候，我心里充满了幸福感。很久以前，我就想成为他们当中的一个，现在终于如愿以偿。”这是一种发自内心的感慨，容国团历经波折回到祖国，祖国需要他，而他也需要祖国。容国团在广州体委的大会上立下了“三年夺取世界冠军”的誓言，这是他对自己的要求，同时也是他对祖国的回报。

1958年10月，容国团被选送到国家乒乓球队进行集训，备战第二十五届世界乒乓球锦标赛。容国团加入国家队后，立即投入紧张的训练之中，北京的冬天干燥寒冷，这对于生长在南方的容国团来说是一个不小的挑战，训练馆里没有暖气，条件简陋，尤其是到了晚上，北风顺着门缝吹进来，馆内更是寒气逼人。对于容国团，更大的挑战是清晨的长跑训练，要在零下20多摄氏度的外面跑步，有时他跑得喘不过气了，却还在嘶哑着声音为自己加油：“挺住，一定要挺住，把困难压下去！”这种面对困难依旧奋勇前行的坚韧毅力早早地为乒乓球精神增添了一抹色彩。

自容国团回到内地的第一天起，他就享受到前所未有的优厚待遇。在生活上，他领着在运动员中少见的86.5元的高薪；在国家队里，他的陪练使用多种打法让他技术进步飞快。没过多久，容国团的身体素质也变强了，技术方面也因其抽、杀、削、吊、拉、搓、推、挡样样精通，被称为“八臂哪吒”。经过体力和技术上高强度的训练，容国团的身体素质达到了他职业生涯的巅峰状态。

1959年4月，第二十五届世乒赛在德国多特蒙德拉开帷幕，在中国乒协确定的参赛名单中，容国团的名字赫然在列，他第一次代表国家参加比赛，21岁的他带着祖国和人民的期望，顶着巨大的压力，表现得十分出色。在世乒赛前半程，国家队首次闯入四强。贺龙发来贺电鼓励他们，周恩来每天无论多晚都要亲自过问一下比赛情况，在下面八进四的比赛中，中国队的选手纷纷落马，只剩容国团在男子单人赛中继续战斗，并挺进了决赛。最终，在4月5日，容国团超常发挥，以3:1的优秀成绩战胜了匈牙利老将西多，夺得了男子单打世界冠军。这是一场被中国人铭记的比赛，这是中华民族有史以来第一次获得金牌，改变了乒乓球项目在中国体育体系中的地位，也从此打开了中国乒乓通向世界冠军的大门。

也就是在容国团夺冠的这天，国际乒乓球联合会以37票对5票通过一项重大决议，宣布下届世界乒乓球锦标赛在中国北京举行，这也是第一场大型国际赛事在中国举行，乒乓球从此被奉为国球，渐渐成为民族感情的寄托。1959年9月，北京西城区举办的职工、干部万人乒乓球冠军赛中，报名人数超过2万，乒乓球开始在我国全面流行开来，这一切的背后，离不开一个个像容国团这样的乒乓健儿。

在容国团身载世界冠军荣誉回国后，迎接他的是铺天盖地的欢迎，时任国务院副总理的贺龙亲自到机场接机并送花；毛主席多次接见容国团；周恩来将容国团夺冠和十年国庆一起列为1959年的两件喜事。这个冠军对当时的中国意义非凡，它极大地鼓舞了中国人民的士气，让国人相信：外国人能做到的，我们中国人同样能做到。在这样的殊荣之下，容国团一直保持低调冷静的态度，继续认真训练，他知道自己内心深处想要的是什么，他一直希望自己能够报效祖国，是的，他做到了。同时，他也在继续前行，在随后的第二十六届世乒赛男团决赛的最后一场，容国团在上场前喊出豪言壮志："人生能有几回搏，此时不搏何时搏？"最终以2:1击败对手，力助中国队夺得男团冠军。

"人生能有几回搏"这掷地有声的呐喊也逐渐成为中国乒乓球

队、中国体育人的力量源泉。在这句口号的带动下，中国乒乓球队员都将这份拼搏之心铭记心间，成为他们的力量源泉。这句话直到今天还在激励着中国体育健儿们前行。

三、转战女队教练，依旧光彩夺目

在容国团参加两届世乒赛为祖国夺冠后，他的身体开始走下坡路了，身体机能下降是每个人的正常规律，更不用提像容国团这样经过高强度高密度的体能训练的运动员。

这时的中国乒乓球在中国体育体系中已经有男子单打和男子团体的冠军，中国乒乓球女队却一直徘徊不前，进展不大，这让当时的体委领导们着急了，思考或许应该换一位女队教练了。由于毛主席之前多次观看容国团比赛，并且在百忙之中注意到这个问题，所以建议让容国团来担任女队的教练。

容国团受命于危难之际，马上就任女队教练。此时，离第二十八届世乒赛只有4个多月了。时间紧迫，容国团将全部心血倾注在女队训练上，看着她们辛勤训练的身影，容国团好似回到他在训练场的日子。他分别找每个女队队员讲话，总结特点，进行有针对性的训练。从实际出发帮助她们解决思想上和技术上的问题，很快，女队士气大振，技术突飞猛进。

1965年4月19日，在南斯拉夫举行的第二十八届世乒赛上，容国团带领中国女队以3:0的优异成绩战胜了站在冠军宝座8年之久的日本女队，夺得了女队团体的第一次世界冠军，并且获得了女子双打、混合双打冠军。容国团创造了一个奇迹，终于，中国的乒乓球队实现了男女队双冠军。

四、一代球星陨落，乒乓精神永存

本来是在天空中升起的璀璨明星，本来是将拼搏精神首次呐喊出来的运动先锋，然而这美好的一切，却在1966年戛然而止。

但历史从未忘记容国团的光荣时刻，也从未忘记他报效祖国的一颗赤子之心。1978年6月23日，国家体委召开大会，为容国团这样对中国乒乓事业做出杰出贡献的运动员平反，恢复名誉，并且举行追悼会，将容国团骨灰移至八宝山革命公墓安葬，在这里，容国团睡得很安详。

在国家体委给容国团的悼词里这样写道："热爱党，热爱社会主义和体育事业……为人耿直，襟怀坦白，光明磊落……为发展我国社会主义体育事业忠心耿耿，兢兢业业，为加速提高我国乒乓球运动技术水平，为培养年轻一代乒乓球运动员贡献了毕生的精力。"他为乒乓球所生，满腔热爱，用拼搏精神报效祖国，他的生重如泰山，他对我国的乒乓球运动的发展功不可没。

容国团给中国乒乓球注入鲜活的生命力，乒乓球在中国生根发芽，根深叶茂，让乒乓的拼搏精神代代相传，时时延续。现任中国乒乓球协会主席刘国梁时常怀念容国团："60年来，容国团给我们中国乒乓球队整个团体注入的精神与灵魂生生不息，传承至今，半个多世纪在世界乒坛长盛不衰，更是成为中国体育界的一面旗帜。"

2019年6月，习近平总书记在给北京体育大学2016级研究生冠军班的回信中说道："每当看到我国体育健儿在重大国际赛事上顽强拼搏、勇创佳绩、为国争光时，我从心里面为大家喝彩。新时代的中国，更需要使命在肩、奋斗有我的精神。”2021年是中国共产党成立100周年，以“国球”乒乓球为代表的中国体育精神仍在扮演着重要角色，乒乓精神给每一个苦难中的人们以精神动力，中国乒乓人代代传承下来的乒乓精神，是敢于拼搏、勇于创新，以乒乓精神为代表的中国体育精神与时俱进、历久弥新。

白衣天使

BAI YI TIAN SHI

牺牲在抗击“非典”战场上的护士
——叶欣

在可怕的疾病与死亡中，我看到人性神圣英勇的升华。

——弗洛伦斯·南丁格尔

2002年11月16日，首例非典型性肺炎病例出现在广东省佛山市。随后，一场突发的呼吸道传染性疾病开始袭击医疗系统，一场没有硝烟的战争开始了……在这场特殊的战斗过程中，医护人员用血肉之躯筑起了一道阻击病毒的坚固城墙。因为“非典”具有极强的传染性，所以，一个“非典”重症患者的抢救往往伴随多名医护人员的倒下。面对肆虐的非典型性肺炎，危险和死亡那么真切地走向医务人员。在党中央的正确领导与全国人民、国际社会的共同努力下，2003年7月13日，“非典”患者人数、疑似病例人数均不再增长，这场持续约8个月的战“疫”工作基本结束。在抗击“非典”疫情的过程中，涌现出许许多多身先士卒、舍己为人、乐于奉献的英烈，他们无惧病毒、无畏牺牲，在危险之中迎难而上，叶欣便是他们其中的一员。

1956年，叶欣出身于广东省湛江市徐闻县一个医学世家，她的外祖父与父母都是医生，从小的耳濡目染使得她对医学有着很深的情感。1974年她被招进广东省中医院卫训队。毕业以后，品学兼优的叶欣被留院工作。1983年，因为工作态度积极认真，叶欣被提升为广东省中医院二沙岛分院急诊科护士长，是当时医院最年轻的护士长。1996年，叶欣又成为一名光荣的中国共产党员。2003年3月初，她在抗击“非典”的过程中不幸感染。为了救治叶欣，医院成立了治疗小组。当时，从中央到省里的各级领导都非常关注叶欣的救治情况，一些领导还亲自到医院了解治疗情况。但大家的努力与呼唤没能挽救回叶欣宝贵的生命，3月25日，叶欣的生命永远地定格在47岁。她是首位在疫情中殉职的医护人员，她的牺牲在社会上引起了极大反响。为了弘扬叶欣的感人事迹，2003年，她被广州市授予抗击“非典”英雄称号，并先后获国际红十字会授予的“南丁格尔奖”——这是国际医学界对护士的最高荣誉和褒奖；人事部、卫计委授予的“白求恩奖章”；同时，她还被卫计委追认为“人民健康好卫士”，被中共中央组织部追认为“全国优秀共产党员”，被广东省人民政府追认为“革命烈士”，荣获全国五一劳动奖章。2009年9月，在新中国成立60周年之际，经中央批准，中央宣传部、中央组织部、全国总工会、全国妇联等有关部门共同组织开展了“100位为新中国成立作出突出贡献的英雄模范人物和100位新中国成立以来感动中国人物”的活动，叶欣在该活动中被评为“感动中国”人物之一。在她的护理生涯中，无论是在现场营救跳楼的民工，抑或是护理艾滋病患者，还是抢救“非典”病患，她都从未退缩，用行动书写着“大医精诚”。

一、“你们还小，这病危险。”

在叶欣的职业生涯中，她的温情护理和自我牺牲的奉献精神令许多患者和同事印象深刻，救死扶伤已成为她生命的一部分，护理工作对她而言是一项神圣的事业，在她的护理生涯中，有着许多为人称道的事迹。2001年，福建某山区的一位重症患者来到广东省中医院二沙岛医院急诊科治疗，在病情刚稳定时就急着要回家。叶欣反复劝阻，为病人陈述利弊，但仍无法改变病人的想法，无奈之下科室决定用救护车送病人回家。为了防止回乡途中病人病情发生恶化，叶欣又主动申请沿途护理。经过22小时的颠簸和护理，病人终于安全到家了，可她自己却累得直不起腰来。为了尽快赶回医院上班，第二天一早她就起身返回广州。

由于急诊科特殊的工作性质，叶欣和同事们常常会与死神赛跑，努力为病人争取生还的希望。作为一名护士长，她总是身先士卒，冲锋在前，时刻做好表率。加班、调班对她来说几乎是家常便饭，甚至在节假日，她也尽量把休息机会留给其他同事，主动给自己排班。这种对工作兢兢业业、不辞辛劳的态度也让她的家人受到很深的触动，他的爱人在受访时曾动容地说：“我和叶欣结婚22年了，但只有结婚那年我们一起在家过了春节，其余时间她全是在医院度过的。”

院长吕玉波对叶欣也有印象，记得叶欣是知青返城后和他同时进入省中医院卫训队的，而在他当院长后，叶欣只在电话里找他约谈过两次。一次是二沙分院刚建立，她主动请缨，提出到二沙急诊科担任护士长，负责繁重的护理组建工作；另一次是因为来医院就诊的病人不满科里一位刚参加工作的小护士的服务，为了平息患者的怒气，叶欣主动到病人家里登门道歉，然后打电话给他作自我批评。她这种对工作认真负责、敢于承担责任的态度，深深地折服着身边的同事和亲友。对于有些经济困难的病人，叶欣甚至主动出钱为他们买东西，把关爱送到病人的心坎里。她常常对护士们说："病人得了传染病已经够不幸了，但社会的歧视给他们心理造成的伤害也许比病痛更难受！作为护士，我们一方面要解决他们身体的痛苦，更要给他们爱的力量，生活的力量。"除了对病人照顾有加，叶欣也常常使身边的同事感受到温暖。有时急诊科也会有传染性疾病患者前来就诊，每当这时候，叶欣总是冲在前面，对年轻护士说："你们还小，这病危险。"可她忽略了自己也是一个血肉之躯的普通人。在"非典"肆虐的时期，为了增强大家的防御能力，她不顾工作的辛劳，每天上班总会亲自打来开水，叮嘱大家吃预防药，落实各项防御措施。对于那些急危重的"非典"病人，叶欣也尽可能地包揽对他们的检查、抢救、治疗、护理工作。有时甚至会把同事关在门外，自己只身在病房进行护理，尽最大努力减少让其他同事置身危险的可能。尽管她很清楚，也许自己有一天会倒下，但她觉得这样做是正确的、是值得的。

二、"告诉他，我在班上，没事。"

2003年2月上旬，叶欣所在的广东省中医院二沙岛医院开始收治"非典"确诊以及疑似病例，最多的时候一天有5例。从2月8日起，叶欣便开始日夜颠倒地加班，早已经没有节假日或周末的概念了。特别忙的时候，甚至没有时间接听家人的来电，只能对接听电话的同事说："告诉他，我在班上，没事。"在对非典型性肺炎患者的救治中，叶欣凭借多年的护理经验敏锐地注意到许多病情危重的患者往往很容易引发其他的并发症。那些原本带有身体基础疾病的患者与健康的患者相比，明显更加难以战胜“非典”，多脏器衰竭的危险随时可能发生。因此对于他们这些医护人员来说，挽救生命不仅需要高度的责任心，更要有精湛的技术和医护的通力协作。原先就有冠心病史且处于心脏搭桥术后阶段的患者梁先生因发热咳嗽前来急诊，随即被确诊为“非典”患者。由于身体状况不是很好，他在短期内病情急转直下：呼吸困难，面部呈紫绀色，出现心力衰竭和呼吸衰竭等症状。叶欣闻讯后立即赶来，娴熟地将病床摇高使患者呈半坐卧位，同时给予面罩吸氧，接上床边心电图、血压血氧饱和度监测仪，静脉注射强心药、血管活性药、呼吸兴奋药，监测患者心率、血压、呼吸……两个小时过去了，患者终于脱离了危险，叶欣顾不上休息，拖着疲惫的身躯又投入到对其他患者的抢救中去。因为还有上了呼吸机的7床危重病人和9床病人的护理工作等着她去检查……就这样，高风险、高强度、高效率的工作一直伴随着叶欣。她像一台永不疲倦的机器高速运转着，与死神争分夺秒，挽救着一个又一个患者的生命。对于那些呼吸困难的患者，为了保持他们呼吸道通畅，必须将堵塞在他们身体里的大量脓血痰排出来，而这又是最具传染性的，但她没有退缩。“其实，叶欣知道这次抗击‘非典’是危险的。她病倒前两周，我们连周末去老人那的聚餐都取消了。当病魔袭来时，叶欣是迎着上去的。她没有当逃兵，我们为她骄傲!”叶欣的丈夫曾这样说道。

三、“不要靠近我，会传染。”

2003年2月24日，对叶欣来说是一个再普通不过的日子，她仍按部就班地做着自己的本职工作，尽心呵护着每一位患者。由于长时间的高强度工作，使得她从前几天值夜班的时候便觉得全身有些酸痛，常常会感到困乏，但也并未过多在意，近一段时期以来，她明显地感觉到自己的精力有些不济，尤其是颈椎病、腰椎病和膝关节痛似乎凑热闹般一齐袭击着她的身体，可高度的责任心又使她放心不下科里的事务。她也不敢将自己的病痛告诉同事和领导，否则她又要被“强迫”休息了。

这天上午，一位怀疑肠梗阻的急腹症患者被送到了急诊科，需要进行紧急手术。由于是特殊时期，患者的某些症状也引起了医务人员的高度警觉。随着检查结果的反馈，怀疑终于被证实——非典型性肺炎！之后患者的病情急剧恶化，一切严重的症状都出现了，这是一位传染性极强的重症患者！叶欣与专家组的成员迅速展开了抢救工作：气管插管、上呼吸机……时间一分一秒地过去了。终于，患者从死亡线上被拉了回来。可“非典”病毒就在这个时候悄悄侵入了已经在抗疫一线连续奋战多天的叶欣的身体。2003年3月4日清晨，叶欣像以往的每一天早早来到医院，开始了紧张的工作：巡视病房，为病人测试体温，关注危重病人病情，布置隔离病房……虽然在上班前她就觉得身体状态不佳，但由于科里太缺人，她没有抱怨，还是硬撑着虚弱的身体忙碌在各个病房，密切注意每一个患者的病情。她像个不停旋转的陀螺奔波了一上午，甚至连一口水也顾不上喝。到了吃午饭的时间，她感到全身乏力，不得不费力地爬到床上短暂地休息一会。中午刚过，极度疲倦的叶欣开始出现发热症状，于是她被安排到隔离病房留待观察。尽管体温一直居高不下，但她依旧十分记挂科室里的那几个危重病人。通过呼叫仪，急诊科的同事们仍然可以感受到她对病人的关切：9床上呼吸机后，血氧饱和度上去没有？下午每隔两小时的吸痰量多不多？7床每两个小时尿量有多少？危重病人可要按时翻身并做好皮肤、口腔护理啊！

很快，坏消息传来了……经院里检查，叶欣确诊为非典型性肺炎，她不得不住进了她为之工作了27年的广东省中医院总部。在她刚进呼吸科的那几天，总会叮嘱为她检查和治疗的同事们多穿一套隔离服，多戴几层口罩。为了尽量避免自己感染其他人，她甚至提出自己护理自己："我是老护士长了，什么不行?"院里领导前来探望，她首先不是向他们陈述自己的病情，而是检讨自己的不足，责怪自己工作不小心，给医院和领导添了麻烦。因为放心不下，她甚至询问同科室的医生看看还有没有自己可以力所能及干的工作，可以让她在病床上完成。为了救治叶欣，院长吕玉波要求院里用最好的治疗方法和药物；医院在短时间内迅速成立治疗小组，制定可行的治疗方案，还特别邀请了中山大学医学院、广东省人民医院、广州医学院的专家参与了整个治疗方案的制定；同时积极向全国寻求支援，并临时抽调了一名主任医师全程负责治疗方案的实施。一次专家会诊时，吕玉波院长听说天津有位医学专家对治疗多脏器衰竭有独到心得，当晚就打电话给这位远在天津的专家，专家被吕院长的急切和真情所感动，第二天上午立即乘早班飞机赶到广州。

叶欣的病情牵动着许多人的心，很多同事一上班就关切地询问："叶护士长怎么样了，好转了吗？"然而事与愿违，叶欣的病情始终没有好转，医院不得不将她转入ICU病房。因为戴上了面罩，这个时候她已经不方便讲话了。一天，面对前来治疗的医生，她忽然急切地示意护士递给她纸和笔，颤颤巍巍地写道："不要靠近我，会传染。"护士含泪把纸递给了同事们，大家都被她这种时刻为他人着想的精神所感动，都想努力从死神手里将她拉回来。院长吕玉波回忆道："叶欣刚入院时，我去看她，为怕我靠近，隔着老远她就说：'我39摄氏度，能顶住！'"同样被感染、通过治疗已经痊愈的张忠德主任哽咽着说："当时我和叶欣都被传染了，同住在ICU病房，我们常写纸条，互相鼓励。"但大家的努力和呼唤并没有挽留住叶欣的生命。2003年3月25日凌晨1时30分，年仅47岁的叶欣永远地离开了她所热爱的岗位、战友和亲人。在抗击"非典"的战场上，她献出了宝贵的生命，被广东省人民政府追认为革命烈士。

叶欣走了，但"患者至上、爱岗敬业、团结协作、牺牲奉献"的"叶欣精神"已然成了广东省中医院不可或缺的文化印记。每年一到清明节，广东省中医院都会组织医务人员前往叶欣烈士墓祭扫。2008年，在汶川大地震中，院里的医务人员再次直面危险，勇闯灾区，挽救了一个又一个濒危的生命。2020年，新冠肺炎疫情肆虐之际，广东省中医院又多次组织医疗队援鄂，许多以前和叶欣一样奋战在一线的同事也争相请战，他们再次披甲上阵，逆行出征，抗击在疫情的最前线。在叶欣的墓地，常常可以看到这样感人的一幕：一位母亲牵着孩子的小手，在叶欣的遗像前轻轻送上一束鲜花，动容地告诉孩子："这就是白衣天使叶欣阿姨。"小学的教室里也常常传来朗朗的读书声，那是孩子们翻开了语文课本，在诵读这位永远被世人铭记的“非典”斗士。叶欣，这个圣洁的名字以这样一种方式被孩子们所认识和铭记。为弘扬“叶欣精神”，广东省中医院自发把3月25日确立为“叶欣纪念日”。尽管“非典”已经渐行渐远，但叶欣永远与我们同在，她的音容笑貌将永远定格在人们的心中，她的精神将永远铭刻在历史的丰碑上，激励广大医务工作者勇敢前行。

多难兴邦，尽管“非典”这一突发性的公共卫生灾难已经过去了近20年，但诸如叶欣这样的英烈们的事迹永远不会被历史所湮没。今天，当我们站在时代的浪头上回溯，可以清楚地看到新中国成立以来的历史，就是一部奋斗史，正是因为有千千万万个像叶欣一样的“逆行者”，我们才能不断创造奇迹，中华民族才能永远生生不息！

挂帅出征，国士无双

——钟南山

一、生命至上，同心抗疫

“以前我以为钟南山是一座山，后来才知道是一位老人，如今我又感觉钟南山确实是一座山。”钟南山，一个在2003年变得家喻户晓的名字，在2020年时再度出现在全国人民的视野中，给足了人们安心和信心。2020年春节前夕突然暴发的新型冠状病毒肺炎将全国人民的情绪带入一片紧张氛围中，此时的钟南山临危受命，于1月18日北上，前往病毒最初发现地武汉了解当地的实际情况，他凭借几十年呼吸病研究经验，敢医敢言，首度提出病毒存在“人传人”现象，叮嘱人们不要去武汉，对全国人民敲响了警钟。此后的三个月里，以习近平同志为核心的党中央带领全国人民开始了抗击疫情的斗争，从发现病毒传播开始到制定出系统的疫情防控措施，全国人民众志成城，同心协力，共同谱写了一曲振奋人心的凯歌。在这场没有硝烟的战争中，在钟南山等众多医学专家的共同努力下，中国的医护人员用自己的行动在中国抗疫史上书写了一幕幕感人场景，歌唱了一首首英雄赞歌。

生命至上、举国同心、舍生忘死、尊重科学、命运与共的伟大抗疫精神正是通过每个人的无私奉献表现出来的。从一线的医护工作者到城乡社区的守护者，每个人都是战士，每个人都临危不惧，每个人都在困难面前毫不退缩，关键时刻冲到最前面，中华民族伟大的团结精神在这其中体现得淋漓尽致，在这场抗击疫情的战争中所体现的抗疫精神令无数人为之动容，值得我们颂扬。

从确认病毒类型开始，生命至上便是中国社会抗击疫情的第一要求。2020年1月20日，习近平总书记对疫情防控做出了指示："为了保护人民生命安全，我们什么都可以豁得出来！"在这样强有力的号召下，以钟南山为代表的医护人员在面对防护服不足、休息时间短以及未知的困难，依旧坚持自己的赤子之心，用生命赴使命，用大爱护众生。奋勇前行的背后是他们牢记作为医生护士的本职，是全国人民对他们的殷切期望，是整个中华民族伟大精神对他们的有力支持。国难当前，没有从天而降的英雄，只有挺身而出的凡人。

二、青年熏陶，醉心医学

1936年10月20日，钟南山出生在南京中央医院，而这家医院正好坐落在钟山的南面，于是父母便为他取了南山这个名字。这个颇具意义的名字似乎预示着钟南山攀越高山，克服困难的伟岸形象。家庭对钟南山的影响潜移默化，他在《一个院士的生命历程》一文中，详细阐述了父亲对他的深刻影响。钟南山13岁时，当时任广州中央医院院长的父亲断然拒绝了国民党南京卫生署让他携巨款撤去台湾的胁迫，而是义无反顾地选择留下，用满腔热血来建设刚刚成立的新中国。父亲用坚定有力的行动阐释了爱国的含义，这无疑给年幼的钟南山上了一堂生动的爱国课。

1955年，钟南山考入北京医学院，在校期间他不仅努力学习专业知识，同时也酷爱体育运动。他的体育成绩非常好，曾被抽调到北京市集训队训练，他还作为第一届全运会运动员参加了比赛，并且打破了男子400米跨栏的全国纪录。正是因为钟南山热爱体育运动、坚持锻炼，磨炼出了强健的体魄，才为他以后繁忙复杂的医疗科研工作打下了坚实的身体基础，直至现在，钟南山仍保持着运动健身的习惯。

而对钟南山影响很大的还有妻子李少芬。钟南山能够两次在抗疫前线心无旁骛地工作都离不开李少芬的支持与鼓励。李少芬年轻时曾担任中国女篮副队长，两人因同样热爱体育运动而结缘，但更多的时候，他们聚少离多。1963年，经历8年的恋爱长跑后，两人在北京不到10平方米的新房里结婚了，结婚仪式虽简朴但温馨。他们在以后的岁月里相知相爱，相濡以沫。现在，84岁的李少芬依旧会在篮球场上运球投篮，正如也同样热爱运动的钟南山一样，他们的绰约风姿依旧不减当年。

钟南山的从医旅程真正开始是在“文化大革命”后，在这期间他做过许多工作。“我当过农民，干过宣传队，当过锅炉工人，当过北医校报的编辑，什么都干过。我并不觉得后悔，因为这些经历让我懂得了社会的酸甜苦辣，知道珍惜自己的时间，知道珍惜得到的学习机会。”苦难对钟南山来说是磨炼，所以无论在多大的困难面前，他始终保持着自己的正直和善良。

1971年，钟南山调回了阔别多年的广州，被安排在广州医学院第一附属医院的急诊室，由于他毕业后临床经验不足，将一名有结核病史的胃出血病人误诊为“结核性咳血”，险些误了事。此事对钟南山的影响巨大，从此他刻苦钻研医术，每一个深夜都能看到他在台灯下努力学习的身影。他迎难而上，用满腔热血和踏实努力来弥补自己的不足。“穿了白大褂，当医生却不太合格。”后来钟南山常常提起当年的“误诊事件”，也正是这件事让他明白做医生光有心是不够的，还要有一身好本事，才可以真正帮助到他人。1972年，广州医学院第一附属医院成立了慢性支气管炎防治小组，钟南山从此开始了对呼吸疾病的系统研究。在当时仪器不够、技术不精的情况下，他们努力抢救了一个又一个“呼衰”的病人，抢救率高达80%。

三、精通专业，勇于担当

1978年，改革的春风吹遍了中国的每一片土地，中国的知识分子也迎来了春天，我国科技创新成果不断涌现。这年，钟南山和一批优秀的医务工作者作为广东省的代表参加了第一届全国科学大会，他们小组根据慢性支气管炎病人痰液的特点进行了中西结合分型诊治研究，获得全国科技大会一等奖。1979年至1981年，钟南山带着强烈想学习国外先进医疗技术的愿望，远赴英国留学。留学期间，面对导师对中国医生先入为主的轻视观念，为了给中国人争口气，他用半年时间攻破语言关并全身心投入到学习和科研中。在进行“吸烟（一氧化碳）对人体影响”的课题时，钟南山为了获取第一手资料，自己连续吸入一氧化碳并多次抽血测定浓度，一直坚持到血红蛋白中的一氧化碳浓度达到22%时才停止。实验结果不但证实了他的导师的一个演算公式，还发现了其推导的不合理性。这次实验让导师对他刮目相看，钟南山对待科学严谨的态度和勤奋的品质令导师改变了之前对中国医生群体的轻视态度。

在英国学习的两年，钟南山与英国同行合作先后取得了六项科研成果。在钟南山回国前，他的导师致信中国驻英大使馆，信中写道："我与国外很多学者共事了这么多年，从来没有遇到一个学者像钟医生那么勤奋，跟我们协作得那么好，出了那么多成果，我衷心地表示祝贺。"钟南山的严谨与努力证明中国医生的钻研精神，留学期间的学校向他发出聘用邀请，而他面对学校和导师的盛情挽留，面对高薪待遇和稳定的生活都一一谢绝了，他曾说："是祖国送我来的，祖国需要我，我的事业在中国。"钟南山对祖国的一片赤诚之心正如他日后在面对"非典"和新冠肺炎疫情时的坚定从容一样，从未改变，也从未退缩。

2003年春天，我国暴发了"非典"疫情，在最早发现疫情的广东省，钟南山的声音坚定又清晰，在致病原因不明、无特效药的情况下，钟南山提出了一套行之有效的救治办法，即"三早三合理"，把感染的病人从生死线上拉了回来，有力地粉碎了"怪病蔓延，无药可救，染病必死"的谣言，这无疑给慌乱中的人们吃了一颗定心丸。这场没有硝烟的战争惊心动魄，从开始收治第一例患者开始，67岁的钟南山以非凡的勇气站在了抗击疫情的第一线，他提议把各医院不幸感染倒下的医护人员和最危重的病人都送到自己所在的呼吸疾病研究所来……这落地有声、铿锵有力的话语宛如阵阵春风，抚平了"非典"时期人们皱起的眉头，让人们在一片混乱中平静下来。

“非典”疫情正在肆虐之时，有权威机构传来消息说在病例中发现了典型衣原体，并建议对同类病例使用抗生素进行治疗，钟南山对此表示质疑，他敢医敢言：“到目前为止，我们所有的临床实践都不支持衣原体是‘非典’致病病原体这一结论。”他的话成为抗击“非典”疫情的分水岭。2003年“感动中国”给钟南山的颁奖词这样写道：“面对突如其来的SARS疫情，他冷静、无畏，他以科学家实事求是的科学态度应对灾难。他说‘在我们这个岗位上，做好防治疾病的工作，就是最大的政治’。这掷地有声的话语，表现出他的人生准则和职业操守。他以令人景仰的学术勇气、高尚的医德和深入的科学探索给予了人们战胜疫情的力量。”

2020年春节前夕，新冠肺炎疫情在武汉暴发，84岁高龄的钟南山院士再度出现在人们的视野中，他犹如在无边阴霾中生出的丝丝光线，驱赶了黑暗，也驱赶了人们不安的情绪。他告诫我们不要去武汉，自己却逆行出征，作为国家卫健委高级专家组组长，赶往武汉了解疫情。他不畏困难，面对疫情深入调查，用最快速度做出核酸检测试纸，用心研究对策，寻找良药。《广州日报》这样写道：“从‘非典’到‘新冠’，钟南山一直站在抗疫一线，成为公共事件应急体系建设的推动者，促成了国家多项政策法规的制定，更成为突发公共卫生事件的代言人，成为稳定民心的科学家代表。”这就是钟南山，有妙手仁心的医者本色，有不断进取的学者风范，是义无反顾的勇敢战士，更是迎难而上的共产党员。

四、医者仁心，止于至善

如今，钟南山仍坚持每周三上午“院士大查房”、每周四下午半天门诊。钟南山的医者仁心体现在细微之处，到冬天给病人看病听诊时，他总会先把听诊器捂热，慢慢扶着病人躺下，等检查完后再慢慢将病人扶起。他常说：“从医几十年，我最大的幸福，是始终站在治病救人的一线。”他用几十年如一日的点滴行动来践行着这句话。

面对新冠肺炎疫情，钟南山更是事无巨细，就连如何洗手、戴口罩等细节也要亲自示范、普及。当他看到疫情防控难度增加时，劝诫人们一定要尊重医学、尊重知识，加强自我隔离。钟南山始终是那个尽职尽责的先锋勇士，是实事求是的正直之人，是“为天地立心，为生民立命”的无双国士。

在2020年9月的《开学第一课》上，钟南山结合个人的成长经历和真实感悟，对全国青少年讲述了自己在战火中出生、在父母的影响下学医、在“非典”时挺身而出、在新冠肺炎疫情发生后奔赴一线的故事。他讲道，武汉是一个非常英雄的城市，在大家的共同努力下，武汉战斗了76天，换来了让中国减少感染70万人。他说：“什么东西是最大的人权？人的命是最重要的人权。我们保住了这么多人的命，这是我们最大人权的表现。”在互动环节中，钟南山也对我国青少年寄予了厚望，医者传承大爱，我国医疗事业的迅速发展也同这种情怀紧密相连。

大医精诚写大爱，钟南山不仅为国内的疫情防控做出杰出贡献，也为全球共同抗击疫情积极贡献力量，他先后参加了32场国际远程连线，与来自美国、法国、德国、意大利、印度、西班牙等13个国家的医学专家及158个驻华使团代表深入交流探讨，分享中国经验，与各国医学专家合作抗疫。在全球疫情肆虐的情形下，共产党人钟南山体现出来的正是命运与共的情怀，同时中国也用实际行动彰显了大国的担当。

在钟南山获得“共和国勋章”后，他继续参与疫情防控平台的建设。在谈及获得勋章的感受时，他说：“更大的感受是责任，没想到这么高规格地给予我们这样的一个荣誉，不过我觉得更多的还是对整个医务人员的肯定，这几个人只是一个代表，很多的医务人员比我们做得还多。另外就是，给你‘共和国勋章’就说明你需要承担更多责任，我们是有这个愿望，希望能建立一个更好的平台，让我们这个年轻的团队为国家的抗疫防治工作做得更深入，这是我的愿望。”面对众多荣誉，他感受到的仍是党和国家对医务工作者的关怀，党带领全国最美“逆行者”，用一个个实际行动来书写医者大爱。

习近平总书记在2020年12月31日全国政协新年茶话会上发表重要讲话，号召新的一年要发扬“为民服务孺子牛、创新发展拓荒牛、艰苦奋斗老黄牛”的精神。而在2020年抗击新冠疫情的过程中，这样的精神时刻上演着：全国的医务工作者始终发扬着不畏艰苦的服务精神，陈薇院士的疫苗研制团队表现出的创新精神，钟南山院士在耄耋高龄仍挂帅出征的奋斗精神，都在诠释着中国精神。中国人民在疫情中的抗争让流动的时光有了精神的刻度，伟大的抗疫精神也将继续被伟大的人民用实际行动来谱写。

科学栋梁

KE XUE DONG LIANG

以身许国，不忘初心
——邓稼先

邓稼先生于1924年6月25日，安徽省怀宁县人。他是我国著名的物理学家，组织、领导了我国核武器的研发工作，是我国核武器研制工作的开拓者和奠基者，在他的带领下，中国成功设计并研制出了原子弹和氢弹，大大增强了我国的国防力量，使我国的国防处于世界领先水平。作为一名优秀的共产党员，邓稼先为中华民族“强起来”而奉献终生，他将自己的生命献给了祖国的核武器事业，并取得了卓越的成就。邓稼先一生中获得过多项国家级荣誉，最令人耳熟能详的，当数1999年国家追授的“两弹一星”功勋奖章。

一、书香世家，年少不凡

在那个战火纷飞的年代里，邓稼先出生了，他在家排行老三，在他之前，还有两个姐姐，之后又有一个弟弟。邓稼先出生后不久，便同自己的母亲和姐姐们来到了北平即现在的北京生活学习。

邓稼先生长在世代读书的家庭里。安徽怀宁县邓氏一族自邓稼先六世祖邓石如到邓稼先父亲邓以蛰这一代，精研书法、篆刻，邓石如开邓派篆刻一派，其家庭书香气息浓厚。不仅如此，邓稼先的祖父、父亲、叔父还都是颇有名气的教育家，祖父邓艺孙曾任安徽教育司司长，父亲邓以蛰则是清华大学、北京大学、北京医科大学等高校的哲学系教授，是我国现代美学的奠基人之一。出身于书香世家，在家庭的熏陶下，邓稼先学习成绩优异，但他并未同自己的先辈一样选择文学、书法，而是转向了物理科学，并在此领域深入地研究探索。

生于战乱频仍的年代，邓稼先少年时的求学路可谓坎坷多艰，历经波折。邓稼先于1936年考入北平崇德中学就读初中二年级，为自己今后的学习打下了良好的基础，特别是英语、数学以及物理三科，邓稼先还同高自己两级、后来的物理学家杨振宁成为好友，在崇德中学的成长经历与邓稼先后来在研制核武器方面取得的成就密不可分。然而好景不长，由于日军侵略并占领了北平，这所中学于1939年停办，此时的邓稼先还是一名高中一年级学生，只能被迫从崇德中学退学。邓稼先一家本应在日军占领北平后撤往大后方，却因父亲病情不乐观而滞留北平，于是邓稼先又在北平志成高中继续读高中二年级，直至1940年5月，邓稼先不得不再次退学，从北平撤退前往昆明，并最终在四川江津国立第九中学完成了自己的高中学业。

经历了波折的高中生涯后，邓稼先于1941年进入了国立西南联合大学，开始了自己四年的大学生涯。国立西南联合大学是抗战时期位于昆明大后方的一所综合性大学，由战时迁往昆明的国立北京大学、国立清华大学、私立南开大学等高校组成。在战争时期，国立西南联合大学是不可多得的学习之地，它汇集了当时中国大半先进知识分子在其讲课、学习、著述……虽然学习条件艰苦、简陋，但学术氛围浓厚，在这样良好的学习环境下，邓稼先在王竹溪、郑华炽等著名物理学教授的指导下，以优异的成绩完成学业，顺利毕业。此后，邓稼先又决定去科技水平更为先进的美国学习，并于1947年远赴美国参加研究生入学考试，最终进入美国印第安纳州的普渡大学攻读物理硕博学位，并在短短两年时间里通过了博士论文答辩，此时的邓稼先年仅26岁，因为他获得博士学位时太过年轻，被称为“娃娃博士”。

“故天将降大任于是人也，必先苦其心志，劳其筋骨，饿其体肤”，邓稼先的求学之路不可谓不艰难，为了继续自己的学业，邓稼先辗转南下；为了学到更先进的知识，邓稼先又克服万难，前往美国深造。刚开始，在美国求学的日子十分艰难，没有奖学金的邓稼先在吃饭上都要精打细算，需要“按钱吃饭”。但正是少年时这种困苦日子的磨炼，坚定了邓稼先的心性，让他能快速完成学业归国，为祖国建设贡献自己的一分力量。

二、国难深重，立志报国

1937年7月7日，随着卢沟桥事变的爆发，日军开始了全面侵华的侵略战争，并迅速占领了北平。1940年，正在北平志成高中读高二的邓稼先再也无法忍受这种民族屈辱，悲愤的他将日本国旗踩在脚下。由于校长害怕此事会被汉奸告诉日本人，置邓稼先于危险之中，便对邓稼先的父亲说让孩子躲一躲，于是，邓稼先由其大姐带到了四川江津，投靠他的四叔并完成了高中学业。

邓稼先出身于文学世家，却在核武器开发、研制领域做出了一番成就，是什么原因让他选择了物理科学？那是因为父亲的叮咛。在邓稼先临行前往四川江津时，父亲邓以蛰曾嘱咐过他，要学科学，只有科学才能救中国。日军在北平的暴行令邓稼先悲愤不已，这样的民族屈辱激励着邓稼先，他想尽自己的一点微薄之力为中国做些什么。于是，在此后的读书生涯中，邓稼先选定攻读物理，并投入了全部的精力，进而能够又快又好地完成学业。

邓稼先大学毕业时，刚好也是抗日战争的尾声，在无数中华儿女的奋力拼搏下，抗日战争终于取得了胜利。但是，战争还未结束，国共第二次内战一触即发，邓稼先于昆明投身中国共产党的外围组织“民青”，同国民党做斗争，反对国民党的独裁统治。1946年，邓稼先回到阔别已久的北平，并在北京大学担任物理系助教，又在学生运动中担任北京大学教职工联合会主席。

邓稼先并没有止步于此。第二次世界大战中，美国是唯一一个拥有核武器的国家，1945年，美国在日本投放的两颗原子弹，其威力之大令人心惊。邓稼先深感中国的科技落后于其他国家，必须要奋起直追，赶上发达国家的发展速度，使我国屹立于世界民族之林。怀着报效祖国的激愤之心，邓稼先毅然放下在北京大学的工作，前往美国攻读物理学硕士与博士。

在攻读硕博学位期间，邓稼先的刻苦努力是大家有目共睹的，他的聪明才智也受到了美国政府的注意，美国开出了优厚的条件待遇，希望邓稼先能留在美国，为美国效力，他在美国的老师与同学也极力挽留，希望他不要回国。虽然留在美国会有更好的生活条件以及工资待遇，但邓稼先仍然婉拒了恩师与同门，辞别了美国普渡大学。他知道，在遥远的大洋彼岸，新中国百废待兴，祖国更需要他，为了国家强盛，民族兴旺，他要回去。新中国成立的十个月后，也就是邓稼先在美国普渡大学获得博士学位的第九天，他与一百多名爱国学子毅然回到了祖国的怀抱。

三、以身许国，笃行致远

回到北京后的邓稼先立刻投入到工作当中，同他的老师们一起建设中国近代物理研究所，开启中国原子核物理理论研究工作的新局面。接着，邓稼先又与多位同事合作，在《物理学报》上发表了多篇高质量的论文。同时，邓稼先于1956年正式加入中国共产党，成为一名共产党员。

1953年，邓稼先同自己青梅竹马的妻子许鹿希完婚，婚姻生活非常幸福，两人孕育了一双儿女，一家人的生活其乐融融。但此时的新中国没有开发研制出自己的核武器，且正处于美国的核威胁之下，以美国为首的“联合国军”总司令道格拉斯·麦克阿瑟叫嚣着要将美国的原子弹投到中国的空军基地与其他敏感点。为了改变受制于人的被动局面，能在国际社会上发出中国的声音，1955年1月15日，毛泽东在中南海召开中共中央书记处扩大会议，将中国原子能研制事业提上了日程。

1958年，风华正茂的邓稼先被选中参加国家核武器的研制开发计划，时任二机部副部长的刘杰告诉邓稼先：“国家要放一个大炮仗”，询问他是否愿意参加这项计划。邓稼先明白，这里的“大炮仗”指的就是原子弹，这个消息令他兴奋不已，能亲自参加这项计划是一种荣耀，邓稼先毫不犹豫地答应了。邓稼先回家同妻子说自己要调动工作了，不能再在她身边照顾家庭和孩子，但由于这项工作需要严格保密，妻子对邓稼先要调去哪儿，要做什么一无所知。但是邓稼先说：“做好了这件事，就算是死也值得。”于是许鹿希便不再追问，表明自己愿意支持他。而这一别，就是28年，这28年里，邓稼先如同销声匿迹般与外界社会切断了联系。

1958年8月，邓稼先担任核武器研究所理论部主任，负责核武器研制的理论设计，至此他正式投入到研制核武器工作中，由他带领的团队是28位初出茅庐，毫无实操经验的大学生。1959年，中国的原子能事业还在刚刚起步阶段，6月20日，苏联单方面撕毁两国之间的协定，不再为中国制造原子弹提供任何帮助，并撤走了苏联的全部专家，还留下话说中国离开外界帮助是造不出原子弹的，这样一来，中国的核武器研发技术确实受到制约，一切都得重新开始，只能靠自己摸索。

基于此，中国第一颗原子弹工程代号被定名为“五九六”，中国要争取尽快造出一颗原子弹，为国家争口气。邓稼先首先选择了三个核武器理论设计的主攻方向，分别是中子物理、流体力学与高温高压下的物理性质。没有试验场地，邓稼先就带领团队选取地址，一砖一瓦将试验场地建立起来；资料不足，邓稼先就组织大家一同阅读，外文资料也在邓稼先的带领下进行了翻译印刷。1962年，邓稼先与同事一起拿出了原子弹理论设计方案，为中国核武器研究奠定了理论基础。1964年10月16日下午3点，中国第一颗原子弹爆炸成功，消息传来，全国上下沸腾了。1963年2月，邓稼先又率领原班人马开始设计中国的第一颗氢弹，到1967年6月17日，中国第一颗氢弹也成功爆炸。

不到三年的时间里，中国的原子弹与氢弹先后引爆，令西方国家大感不可思议。蘑菇云在天空升起的刹那，中国向世界展示了中国速度与中国力量，从此以后，中国也有了自己的核武器，不再受制于人。邓稼先的多年好友，物理学家杨振宁从美国回国探亲时都曾试探性地问过邓稼先，中国原子弹和氢弹的研制是否有外国人参与。在征得周恩来同意后，邓稼先写信回复杨振宁：中国的“两弹”全都是中国人自己造的。

新中国成立不久，没有先进的计算设备，最先进的工具就是手摇计算机，大多数人采用算盘计算数据，这样的计算方法太过繁复和浪费时间，且计算出来的数据极大可能不精确。为了避免错误，少走弯路，邓稼先通常会自己先用计算尺估算出数据的范围，然后再进行计算，降低数据错误的概率。为了能掌握第一手资料，方便后续设计调整，邓稼先还经常亲临试验场地，观察结果。1979年，在一次核试验中，邓稼先没有检测到核武器爆炸的信号，而防化兵怎么也找不到这颗核弹，为了第一时间确认失败原因，邓稼先不顾同事劝阻，冒着核辐射的危险，穿上防护服执意只身前往试验场地，寻找原因。正是这次冒险，使得邓稼先暴露在了核辐射当中，在医院进行身体检查时，邓稼先全身各项指标都不正常，本应住院休养的他拒绝住院，重新回到了自己的工作岗位。

四、与世长辞，精神不朽

邓稼先长期与“核”打交道，受到核辐射的身体发生了病变，患上直肠癌。直肠癌是消化道最常见的恶性肿瘤之一，这种癌症即便是现在也不易治愈，而且术后复发率很高。1985年1月30日，回北京报告实验的邓稼先因病住院，同时也终于回到了阔别已久的妻子身边。但此时病情发展快速而不受控制，就连他身为医生的妻子也深感无能为力，无从下手。在生命的最后一刻，邓稼先心里想的，与妻子聊的，依然是国家的核事业，关注的是原子能的和平利用。1986年7月29日，在再一次的手术中，邓稼先发生大出血，抢救无效，于北京溘然长逝，临终时，他叮嘱道："不要让人家把我们落后得太远。"至此，邓稼先永远地与世长辞，离开了他深爱的事业。但他无私无畏的奉献精神是不朽的，他的爱国心是永存的，这些都将永远激励着中华儿女继续前行。

邓稼先生前最喜欢的花，是生长在戈壁滩上的马兰花，因为马兰花生命力强，有着坚忍不拔的品行。邓稼先就是这样的一株马兰花，为了提高中国的国防力量，为了证明中国人凭自己也能造出核武器，为了中华人民共和国不落后于人，邓稼先扎根大西北，潜心研究核武器。西北地区环境恶劣，条件艰苦，实验设备简陋、落后，邓稼先却不畏艰难困苦，凭着一腔热血，在这里隐姓埋名，潜心进行着核武器的研发实验，在他的心里，这件事比他的生命还重要，完成了这件事，他的生命就无憾了。戈壁滩荒凉辽阔，大风吹得石砾满天飞，正好应了"飞沙走石"这个成语，在这里，邓稼先将心中的柔情寄托于马兰花。马兰花盛开在贫瘠的戈壁滩上，属于中国的蘑菇云也在这里绽放，邓稼先的心事，戈壁滩上开得正盛的马兰花知道。

在妻子眼中，邓稼先是一位纯朴的人，她在接受采访时说丈夫最喜欢的字就是"纯洁"的"纯"字。邓稼先用自己的一生践行了这个字，对人、对事都非常的纯朴，生活上，他朴素节俭，从不铺张浪费；工作上，他竭尽全力，认真做好每一件事，将自己全部的生命与才智都无私奉献给了祖国。为了做好保密工作，邓稼先一直默默无闻，直到生命的最后时刻，人们才知道邓稼先这个名字，才知道邓稼先为国家做出的巨大贡献。

邓稼先一生获得过多项国家级荣誉：1982年获国家自然科学一等奖；1986年7月17日，时任国务院副总理的李鹏将“七五”期间的第一枚“全国劳动模范奖章”授予了邓稼先；1985年、1987年、1989年分别获得国家科技进步奖、特等奖4项；1999年，追授邓稼先“两弹一星”功勋奖章。国家对邓稼先的表彰同时也激励着每一位科研人员，发扬艰苦奋斗、无私奉献的精神，不断提高我国的科技水平与科技力量。

一切都是为了国家需要

——于敏

于敏，中国共产党员，中国核物理学家，中国科学院学部委员，原中国工程物理研究院副院长，研究院、高级科学顾问，中国核科学事业的先驱者，被誉为“氢弹之父”，这一长串的头衔令人肃然起敬。2014年“感动中国”给于敏的颁奖词是这样的：“离乱中寻觅一张安静的书桌，未曾向洋已经砺就了锋锷。受命之日，寝不安席，当年吴钩，申城淬火，十月出塞，大器初成。一句嘱托，许下了一生；一声巨响，惊诧了世界；一个名字，荡涤了人心。”

20世纪50年代，经过一百多年的战火摧残，新生的中华人民共和国百废待兴，亟须一个和平的环境来恢复发展。但当时的国际环境波谲云诡，美苏两大国之间分营对抗，国际形势愈加严峻。随着原子弹的出现，新生的中国处于核威胁与核勒索之下，中国在国际上的行动可谓步履维艰。落后就要挨打，这是中国人民早已认识到的真理，没有原子弹的保驾护航，中国在其他大国面前就会受到钳制，甚至受到威胁，因此研发原子弹在当时也是一件极为重要的事情，受到党和国家领导人的高度重视。

在这样的背景下，于敏带领着他的科研团队来到大戈壁滩上，隐姓埋名三十载，不顾身外风和雨，全身心地投入到核武器的科研任务中，成功研发了性能比原子弹高得多的氢弹。于敏作为氢弹研发的核心人物之一，为中国的核事业贡献了自己的一生，当氢弹爆发的巨响震惊世界时，他的名字也将永垂青史。

一、少年拳拳报国心

1926年8月16日，于敏出生于河北省宁河县（今天津市宁河区）芦台镇的一个普通家庭。父亲是天津市一个普通职员，于敏有四个兄弟姐妹，他是家中的第二个孩子。姐姐大学时就读于北京师范大学，并在大学期间加入了中国共产党，而他的弟弟妹妹却在早年不幸夭折。

于敏生长于抗日战争前后，深刻体会到国外科技发展日新月异，而中国却止步不前，中国因为科技发展落后，没有先进的武器设备而受到帝国主义国家的侵略和压迫。尤其是日本侵华以来，日本侵略者在中国的领土上为非作歹，中国人民受到日本侵略者的残酷压迫，其中的血泪与辛酸让这个心怀祖国的孩子悲愤不已。于敏十二三岁的时候，刚学会骑自行车，一天，他借了一辆车子，准备到同学家去。骑到半路时，迎面来了一辆日本人的吉普车，日本人不怀好意，看着骑自行车的于敏就要迎面往上撞。幸亏当时于敏是在天津市的街道上，日本人还不敢当街撞死中国人而引发众怒，但也让于敏着实受了一惊。于敏后来回忆起这段经历时说，当时幸好是在天津市区，如果是在乡间小路上，他也许就难逃一死了。虽然那个时候于敏还是个半大的小孩子，但当时他就已经下定决心，要立志报国，以科学来拯救中国于水火之中。

7岁时，于敏在芦台镇开始上小学，之后在天津木斋中学读书，后又转到天津耀华中学。为了实现自己科学救国的祈愿，1944年，考上北京大学的他选择进入工学院就读，希望能学到更多的科学知识，但是，由于是工学院，老师只是将知识告诉学生，学生直接应用知识点，而不带领学生一起推导理论来源，这样使得学生的理论知识非常不扎实。这就像学三角函数，数学老师只告诉学生前人推论所得的几个公式，而不带着学生推导这些公式是如何一步步得出来的。于敏先生不满足只获得既得知识结果，秉着“知其然知其所以然”的科学探索精神，很快就提出申请转出工学院，转到物理学院，专攻理论物理。本科毕业后，于敏继续跟随张宗燧教授攻读研究生，并申请成为一名助教。后来张教授生病了，不能再带研究生，于敏便更换了导师，开始跟着胡宁教授做研究。在胡教授的指导下，于敏继续刻苦学习，认真研究理论物理，并顺利完成毕业论文，于1951年以优异的成绩毕业。

二、用行动回应国家需要

1945年7月16日，美国第一颗原子弹成功爆炸，当时美国是世界上唯一拥有核武器的国家，但在当时，世人对这种武器的杀伤性并没有具体的概念。1945年8月16日，美国为了敦促日本尽快投降，同时也是为了试验原子弹的实际作战效果，决定向日本投放原子弹，以名为“小男孩”的原子弹轰炸日本广岛，名为“胖子”的原子弹轰炸日本长崎。蘑菇云在日本两地接连腾空升起，经历原子弹爆炸后的广岛与长崎破败不堪，且在强烈核辐射之下，变得寸草不生，一片荒凉。经过这次原子弹爆炸后，人们终于认识到原子弹的威力与杀伤力，知道了核武器的可怕之处：在强烈的爆炸之后，还会有持续的核辐射继续对爆炸区产生污染。原子弹这种大规模杀伤性武器让全世界为之震撼与胆寒。

美国研发出原子弹并将其投入到实际作战中的行为，让世界各国感受到了前所未有的压力与威胁，可以说，此时的美国在战争中占有绝对的优势，一颗原子弹的投放就能制霸整个战局，这样的局面能不让各国忌惮吗？美国原子弹的研发成功让世界各国人心惶惶，为了不受到美国的核威胁和核遏制，全世界进入了核竞争时代。在各国争分夺秒研发原子弹时，苏联一马当先，于美国之后研发出了原子弹。1949年8月29日凌晨4时，苏联第一颗原子弹成功爆炸，从此打破了美国核垄断的局面。

1950年6月，朝鲜战争爆发，以美国为首的联合国军参战并跨过既定军事分界线威胁我国领土安全。为了保家卫国，中国人民志愿军跨过鸭绿江，远赴朝鲜，抗击美国。在中国人民志愿军的奋勇抗击下，美国节节败退，为了扭转美国在朝鲜半岛上的局势，美国总统杜鲁门在华盛顿会议上发言，表示会考虑在朝鲜战场投下原子弹，这一言论在会场上乃至全世界引起轩然大波。

1952年11月1日，美国第一颗氢弹在埃卢格鲁博珊瑚岛上成功爆炸，这颗氢弹名为Ivy Mike，其当量为一千万吨，威力及杀伤性是在日本投下的原子弹的500倍。从原子弹到氢弹的进步，使美国的军事力量更加强大，也使美国行事更加毫无顾忌，仗着自己成功研发核武器而肆无忌惮地威胁着没有核武器的中国，美国战略空军司令科斯蒂·勒梅甚至以在中国选择合适的地方投放原子弹来威胁中国，而美国新任总统艾森豪威尔也宣称以原子弹攻击中国的舰队。

在当时，没有核武器的国家就会受到有核国家的威胁，不仅如此，核武器更是一个国家国防力量的象征，弱小国家在国际上不仅没有话语权，行事更是举步维艰。美国为了维护自己的国际地位，为了自己的利益，不惜一切代价搞核遏制，不允许其他国家研发核武器。为了禁止中国进行核试验，美国甚至以军舰携带原子弹来中国近海进行威胁、恐吓。是可忍孰不可忍，在这样的国际形势下，中国绝不能一直屈居人下、受人钳制，新生的中国不会侵略别的国家，但也绝不受其他国家的欺辱！

1949年，中国科学院成立，钱三强与其夫人何泽慧受命筹建了中国原子能科学研究院的前身——近代物理研究所，这是中国第一个核科学技术研究基地。1951年，改变于敏生活轨迹的一刻到来了，正在大学担任助教的于敏被邀请到近代物理研究所，并与中国核科学事业奠基人彭桓武先生进行谈话。令于敏没想到的是，这次邀请他来是希望他能加入近代物理研究所，成为这里的一员。进入近代物理研究所，离实现科学救国的愿望就能更进一步，于敏没有丝毫犹豫，当即答应了彭桓武先生的邀请。新中国成立初期，中国的核科学还是一张白纸，一切都需要从头开始摸索，这正是于敏的兴趣所在，也是他乐于探索知识的根源。于敏选择了当时最热门的专业——原子核物理，从此埋头苦学，争取早日掌握原子核物理理论。由于于敏在原子核物理理论研究方面的卓越表现，彭桓武先生决定将这方面工作完全交给他和邓稼先负责，两位先生靠窗对坐，带领着小组成员共同研究原子核物理理论。在不断的努力之下，于敏在原子核物理理论上形成了自己的一套理念，并在小组合作下撰写了我国第一部原子核理论专著，即《原子核理论讲义》。

三、一声令下，跟着党到戈壁滩

1955年1月15日，毛泽东主持召开中共中央书记处扩大会议，在会议上，正式将原子弹研发提上了日程。同时，笼罩在核阴影下的新中国已经等不起了，中国不仅要有原子弹，氢弹也不能少！氢弹的发展建立在原子弹的基础上，因此必须要先有原子弹，再谈制造氢弹，原子弹相当于氢弹的打火机，而中国在原子弹还没有研发成功时，有关部门就已经要求开始氢弹研制的理论探索了。

1961年底，钱三强将当时还在努力研究原子核物理理论的于敏叫到办公室，告诉他上级决定由他担任氢核理论组副组长，参与领导氢弹理论的预先研究工作。氢弹的原理与机制远比原子弹要复杂困难得多，并且研究氢弹理论不是于敏的兴趣所在，但爱国报国之心压过兴趣，为了国家，他义不容辞放下研究了长达十年之久的原子核理论基础研究，转行全力以赴研究氢核理论。我国核武器的研究是秘密进行的，加入氢核理论组意味着放弃光明前途，从此隐姓埋名，无人知晓。

氢弹不像原子弹，前期有苏联的经验可以借鉴，氢核理论的研究完全是从零开始的，什么资料都没有。资料上匮乏，生活上困难，也有同志营养不良，甚至因不适应环境而产生浮肿，但这些都是次要的。重要的是工作条件十分简陋，科研人员在探索如何造出当量百万吨级别的氢弹时，需要进行大量的计算。但当时，中国仅有一台每秒万次的电子管计算机，原子弹与氢弹的研发共用这一台计算机，其中95%的时间是给原子弹研究使用的，而氢弹研究人员大多时候只能采用中国最古老的计算工具——算盘和计算尺。

1964年10月16日，我国第一颗原子弹成功爆炸，罗布泊上空腾起令全国人民欢呼喝彩的蘑菇云，我国终于步入了有核国家之列。但这时，如何造出氢弹还没有确定的方案，只提出了几条思路，需要经过计算机计算后才能确定。1965年，于敏调入二机部第九研究院，受命带领几十名研究员一同前往上海华东计算机研究所，利用计算机验证氢弹研发思路。在夜以继日的努力工作下，于敏提出了新的构想，在不断计算验证的过程中，这个构想得到了证实与肯定，氢弹原理终于被突破，氢弹理论方案也终于完成。1966年12月28日，氢弹原理试验顺利进行，1967年6月17日，中国的第一颗氢弹终于爆炸成功！一声巨响，罗布泊上空再一次升起巨大的蘑菇云。中国第一颗氢弹爆炸成功的消息震惊了世界，从原子弹到氢弹，美国用了7年3个月，苏联用了6年3个月，英国用了4年7个月，法国用了8年6个月，而中国仅仅用了2年8个月！

四、淡泊明志，宁静致远

于敏最喜欢的历史人物是三国时期的诸葛亮，因为诸葛亮最具爱国情怀，为国尽忠尽职，鞠躬尽瘁，这何尝不是于敏先生的一生？从小立志报国，青年时为了科学救国义无反顾加入近代物理研究所，又在国家最需要的时候放弃自己已研究得颇为深入的原子核理论，转行进行氢核理论研究。于敏先生最喜欢的一句话是诸葛亮在《诫子书》中写的“非淡泊无以明志，非宁静无以致远”，几十年来于敏先生隐姓埋名，将自己隐藏在人群之中。妻儿直到20世纪70年代末才知道，原来自己的丈夫、父亲竟是做核物理研究工作的，并且还是主要核心人物之一。直到1998年，于敏对中国核技术的贡献才为人所知，而此时他已经72岁了。

核武器是集工程、技术、科学于一体的国防尖端武器，于敏很自豪自己能成为选中的千百人中的一个。为了对得起党组织对自己的信任，于敏长年累月地奋斗在科研一线，甚至不顾惜身体健康，三次与死神擦肩而过。诺贝尔奖得主核物理学家玻尔称于敏是“中国的氢弹之父”，许多中国人也这样称赞他，但是于敏一直不赞成别人给他的这个美誉，他说，这样提不符合科学，中国氢弹的研发靠的不仅仅是他一个人的力量，而是中国许多淡泊名利、无私奉献的科学家们集体的力量，大家都发挥了很大作用，这是团结的力量。

提到这辈子最遗憾的事情，于敏说其中之一是没有机会出国学习深造，如果自己能够学习国外先进的技术后再回到祖国，那自己所做的贡献一定比当前更大。1999年，于敏被授予“两弹一星”功勋奖章；2015年1月9日，在北京人民大会堂举行的国家科学技术奖励大会上，于敏荣获国家最高科学技术奖。2019年1月16日，于敏先生与世长辞。他的一生是新中国的科研人员艰苦奋斗的一生，展现了中华民族永不言败的精神，令后人永远怀念！

核潜艇的奠基人——黄旭华

“时代到处是惊涛骇浪，你埋下头，甘心做沉默的砥柱；一穷二白的年代，你挺起胸，成为国家最大的财富。你的人生，正如深海中的潜艇，无声，但有无穷的力量。”2013年“感动中国”十大人物的颁奖典礼上，这短短的几句话道尽了黄旭华沉默无言、艰苦奋斗的核潜艇人生路，他是我国核潜艇的奠基人，是“中国的脊梁”！

一、弃医学航空，用热爱报效祖国

1924年2月24日，黄旭华出生在广东省海丰县一个乡医家庭，父亲给他起名为“绍强”。父亲黄树榖正直爱国，曾救过抗日义士，母亲曾慎其凭借一身医术救死扶伤，帮助邻里。家里生活虽不是很富裕，但也幸福美满。黄绍强3岁时便跟上母亲遍颂圣歌，4岁入教会学校与大哥一起读书，在父母的熏陶下，黄绍强有了从医的理想，希望自己长大以后可以救死扶伤。

1938年，黄绍强与大哥前往已经迁到广东揭西区的聿怀中学求学，四天的长途跋涉后，二人终于到达学校，在日军飞机的轰鸣声中，在露天的教室里，在甘蔗林下，黄绍强紧紧跟随老师的脚步，较为系统全面地学习科学文化知识。1940年夏天，抗日战争陷入胶着局面，黄绍强已经无法坚持在聿怀中学继续学习。最终辞别聿怀，跟随大哥去往广西桂林中学读书，从而再度踏上了艰难漫长的求学之路。

1941年夏天，黄绍强第三次踏上漫长的求学之旅，经兴宁、越韶关、奔坪石、掠湘南，经过整整两个月舟车劳顿，终于在8月初抵达桂林。星光不负赶路人，他顺利通过桂林中学的入学考试，并改名“旭华”，取“旭日荣华”之意，自此开始了新的学习生涯。

1944年6月，日本侵略者的爪牙逼近桂林，黄旭华在匆匆结束高中学习后，继续踏上了求知路程，这是他第四次在求学路上晓行夜宿。在那个战火纷飞的年代，黄旭华在求学路上目睹了山河破碎、家破人亡的残破景象，这一切开始让他有所思考，为什么中国人要受日本侵略者的炮火？“我不学医了，我要科技报国，我要学航空，学造船！”年轻的黄旭华暗下决心，在这时，他的一生也与核潜艇结下了不解之缘。

之后，黄旭华出广西，越贵州，一路走走停停，最终抵达重庆，但这时好多大学已经停止招考，更为不幸的是他路途跋涉中弄丢了唐山交通大学的录取通知书。无奈之下，黄旭华只好在国民政府为流亡学生特设的大学先修班学习。一年后，他以优异的成绩被国立交通大学录取，学习造船专业。

在国立交通大学的四年，黄旭华孜孜不倦努力学习专业知识，接触了西方先进的知识体系，受到西方科学观念的熏陶，并得到了叶在馥、辛一心这样国内顶尖造船大师的亲自指导，这为他日后从事核潜艇事业打下了坚实的基础。除了在校接受专业知识外，黄旭华还是上海许多重大学生运动的参与者与见证者。在“护校运动”中，他一腔热血，大喊护国护校；在“五四营火晚会”中，他一马当先，用巧妙办法化解国民党特务的破坏；在“大江歌咏团”和“晨社”里，他更是领导同学们与国民党进行对抗。经过这一系列的爱国运动的洗礼，黄旭华深深感到只有共产党才能救中国。他对人民所经历的苦难感同身受，同时也看到中国共产党的正确有力领导，终于，他在1949年春天光荣地成为一名共产党员，至此，共产党员的身份也深深烙印在黄旭华的骨子里。

在新中国成立前夕，国民党疯狂抓捕进步学生和地下共产党员。在这人心惶惶的风雨时刻，黄旭华不顾自己的安危帮助国立交通大学学生会主席厉良逃脱了国民党特务的抓捕。在伟大胜利前的一抹黑暗里，黄旭华用自己的行动阐释着爱国的最深含义。同时，经过四年专业知识的学习和技能的训练，黄旭华不仅成为一名拥有现代先进造船理论与技能的专业人才，更是一个有着铮铮铁骨，不顾自己安危帮助他人的革命者。

二、克服重重困难，首次进行深海试验

1949年，黄旭华从党校结业，在党校他系统地学习了马克思列宁主义、毛泽东思想，对中国共产党有了更加深刻的认识，同时立下誓言，要为党和国家奋斗终生。“当祖国需要我一次把血流光，我就一次流光；当祖国需要我一滴一滴流血的时候，我就一滴一滴地流！”这是他内心的真实写照，这是他一片赤诚之心的最好答案。

1953年春天，黄旭华被调到船舶工业管理局从事专业技术工作。在新的岗位，黄旭华跟随业师辛一心从事船舶设计工作与制造

工作，在赴德学习归来后，立即加入对苏联舰船的转让制造和仿制工作中，并在1957年开始接触潜艇技术，跟随苏联专家学习潜艇的设计与制造技术。

1958年，主管国防科技工作的军委副主席聂荣臻向中央建议启动研制核潜艇，中央很快同意立项。当时，我国曾希望得到苏联的帮助，然而当时的苏联领导人赫鲁晓夫访华时明确拒绝道："核潜艇技术复杂，要求高，花钱多，你们没有水平也没有能力来研制。"面对苏联的傲慢，面对国际政治波谲云诡，变化莫测，毛泽东高瞻远瞩，势在必得："核潜艇，一万年也要搞出来！"于是，我国研制核潜艇的"09"工程诞生于危难之际，黄旭华与众多优秀的技术人员被召集在一起，迅速开始了我国第一代核潜艇的论证与设计工作。

抱着对科技强国梦的追求，面对核潜艇研制是国家最高机密，必须一辈子隐姓埋名的要求，黄旭华没有丝毫犹豫，坚定不移地选择了留下，开启了潜心研制核潜艇的默默无闻的一生。

虽然在当时，我国的核潜艇研制面临着无经验、无技术、无条件的残酷现实，但在1965年春天，"09"工程的各项工作得到了实质性的进展。专司核潜艇研制的"中国核潜艇总体研究设计所"在渤海湾的一个荒岛成立，当时"09"工程研制团队共29人，平均年龄不到30岁，他们这群朝气蓬勃的年轻人，在荒岛上开始了正式的核潜艇研制工作。

国外对于核潜艇相关的消息均进行了严密封锁，没有任何参考资料，没有条件那就创造条件。黄旭华回忆说："我们的办法叫作骑驴找马，如果连驴也没有，那就迈开双腿也得上路，绝不等待。"在黄旭华和同事们干劲十足的工作热情下，他们在茫茫消息海中寻找着有关核潜艇的只言片语，努力探索，拼凑出一个核潜艇的轮廓。后来，有人从美国带来“华盛顿号”核潜艇的儿童玩具模型，黄旭华他们如获至宝，立即拆开、分解，仔细研究，果然功夫不负有心人，“华盛顿号”核潜艇玩具也印证了他们之前的探索是正确的。

在攻克制造核潜艇的技术难题过程中，黄旭华为了保证潜艇的重心严格控制在设计范围内，他想出了一种“土”办法——磅秤称设备，他要求把所有拿到船上的设备、管线都要一一过秤，记录到小数点后两位，并且注意检查，将所有不合适的退回去重称。对于黄旭华的严苛要求，有不少新来的大学生很不理解，并在私下议论他是小题大做。黄旭华知道后与他们一一谈心，讲明自己要求严苛的原因：“每个人手中的每一件小事，最终都将归结到我国第一代核潜艇的性能上，稍有不慎，可能造成不可挽回的损失。”黄旭华事无巨细地负责每一件小事，他所有的辛苦都没有白费，数千吨的核潜艇下水后的试潜、定重测试值与设计值毫无差别。

1970年，适逢毛主席77岁生日，我国第一艘鱼雷攻击型核潜艇带着全国人民的热切期望顺利下水，至此，中华民族开始拥有捍卫国家安全的海上利器。

1981年，我国首艘弹道导弹核潜艇成功下水，它承载着中华民族变强的希望，遨游在深海之中，为保卫世界和平释放着巨大的震撼力。

1988年，我国一代二型核潜艇首次进行深海试验。当时，美国“长尾鲨”深潜试验失败引起了试乘人员不安的情绪，黄旭华为了稳定人心，决定亲自参与这场试验，并告诉大家：“我不是充英雄好汉，要跟大家一起牺牲，而是对大家的生命安全负责，确保人、艇安全，万一深潜过程中出现异常现象，我可以及时采取措施。”作为世界上首位亲自参加核潜艇深潜试验的设计师，10米、100米、200米……核潜艇不断向极限深度下潜。海水的巨大压力挤压着船舱，水里的每一秒都惊心动魄，大家只见脸不红、心不跳的黄旭华淡定地记录着数据。成功了！当核潜艇浮出水面的时候，沸腾声一浪接着一浪。此时的黄旭华再也按捺不住激动的心情，为核潜艇题诗：“花甲痴翁，志探龙宫。惊涛骇浪，乐在其中。”

作为我国核潜艇总体设计研究专家，黄旭华不仅为我国核潜艇事业做出了丰富的理论贡献，更实现了我国核潜艇从设计到投入使用，从无到有的突破。他主持制定了一代核潜艇与核动力的协调总体方案，完成了一代艇现代化改装，开展了二代艇预研工作。

三、隐姓埋名，无怨无悔

在很多人眼里，隐姓埋名三十年潜心工作是一件不可思议的事情，但黄旭华做到了。面对祖国，他问心无愧，但当他提及家人，总是为不能陪伴他们而感到遗憾。由于工作的保密性，黄旭华就像核潜艇一样，独自沉浸在寂寞的深海中整整30年。

1957年，黄旭华到广东出差，经组织批准回了一趟老家。临走前母亲叮嘱他：“以前战争纷乱，交通不便，你回不了家，现在社会安定，交通恢复了，希望你常回家看看。”黄旭华含泪答应，却没想到，这一别再见已经是30年后。这期间，母亲等待儿子的身影越来越佝偻，父亲直到去世都没能再见到他，也不知道他在做什么。30年里，黄旭华就像飞入云中的风筝，看不见摸不着，却始终是家人心里最深的牵挂。

“三儿，你在哪里，做什么工作?”

“三儿，你父亲和二哥病重，为什么不回来?”

“三儿，你忘记家人了吗?”

一封封带着满满思念的信寄向远方。

面对家人的困惑和不解，黄旭华只能回避，和家人的联系也逐渐减少，“并不是不想回去，是不想让组织为难”。自古忠孝难两全，黄旭华面对这个问题时，他说：“对国家的忠，就是对父母最大的孝。”

1987年，上海《文汇月刊》刊登报告文学《赫赫而无名的人生》，这篇文章首次公开描述了中国核潜艇总设计师的人生经历。黄旭华把文章寄给广东老家的母亲。虽然文章中只提到“黄总设计师”，但文中“他的妻子李世英”这句话让母亲坚信这个黄总设计师就是多年未归家的三儿子。

那段时间里，母亲时不时拿出那篇文章阅读，自豪又欣慰。她没想到被家中兄弟姐妹埋怨“不要家、忘记父母的不孝儿子”原来是在为祖国做大事，母亲把儿女们叫到一起，只说了一句“三哥（黄旭华）的事情，大家要理解，要谅解”。多年后，家中亲人跟黄旭华描述这一场面，他眼泪纵横，泣不成声。黄旭华为了祖国的伟大事业舍弃家中小爱，30年埋头苦干，无怨无悔。

黄旭华自称是“一个不称职的儿子、不称职的丈夫、不称职的父亲”，当他提及妻子李世英时，深情地说道：“我要感谢我的夫人，我要上艇深潜，她支持我；父亲去世我不能回家奔丧，她理解我，女儿小时候摔倒在山沟里，在医院躺了九天九夜，怕影响我工作，她一人承担了下来，我回到家里才知道……我代表所有的科技人员感谢她和所有的女同志。”妻子的支持让黄旭华可以心无旁骛地安心工作。

李世英独自扛起家中重担，面对生活中的困难时，她总能以坚强和乐观化解。300斤的煤球，李世英和大女儿分多次，晃晃悠悠搬上3楼。突发地震时，李世英抱着刚出生的三女儿，拖着大女儿四处逃命。而这一切，李世英从未有过怨言。李世英给了丈夫一个稳定的大后方，黄旭华和妻子互相理解，相互扶持，虽一个台前一个幕后，但都在为祖国的事业奉献着，令人敬佩、感动。

四、宠辱不惊，绚烂人生

面对荣誉，他总是置身事外，将名利看得淡然。身为“总设计师”，评技术职称时不申报“高级工程师”，名额让给下级，一直到1987年初，上级部门关心，觉得这么做太不合适了，给黄旭华破了例，免去申请，给他评了“高级工程师”。设计所里几次派他出国参加学术会议，他连连拒绝，说应该让专业更对口的年轻人去，这样才可以更大限度地为我国科学事业接收到更精确的信息。人们说他是“中国核潜艇之父”，他连忙摆手否认，“功劳是大家的，我只是大海里的一朵浪花”。

2017年11月17日，在全国精神文明建设表彰大会上，习近平总书记请黄旭华坐在自己身边的暖心举动，感动了全国人民，也让黄旭华深深铭记：“从1958年开始到现在，我没有离开过核潜艇研制领域，我的一生没有虚度。我做梦也没想到，总书记竟然把我请过来坐到他身边，还问了我的健康状况。总书记对我们科研工作者的关怀，我要回去传达，要让所有同志认识到我们任重道远，要再铸辉煌。”

黄旭华工作上踏实认真，生活里艰苦朴素。他的办公室没有空调，1982年所里分房时，他挑了没人要的顶层，夏天室内温度经常是39.5摄氏度，他不惧炎热，依旧伏案工作。冬天的时候，因为没有暖气设备，家里常常是1~5摄氏度的低温，面对严寒，他依旧心如止水，一心工作。黄旭华没有专车，所里最好的两辆小汽车也都是几年前买的“桑塔纳”。黄旭华的名片上，不论是家里电话还是办公室电话，写的都是分机号码。黄旭华对人生有着独特的见解：“在事业上，我永不满足，寸步必争，不达目的誓不罢休；在个人生活条件、物质待遇方面，我的座右铭是十六个字，与世无争，知足常乐，与人为善，助人为乐。”正是这高尚的情操，成为他核潜艇路上源源不断的动力。

直到现在，97岁的黄旭华精神矍铄，“退休不褪色”的他，与核潜艇的不解之缘还在延续。

中国本土首位诺贝尔医学奖得主

——屠呦呦

1896年12月10日，瑞典化学家、工程师、发明家、军工装备制造商和“黄色炸药”的发明者阿尔弗雷德·贝恩哈德·诺贝尔逝世，诺贝尔将其遗产每年所得利息分成五份设立物理、化学、生理学或医学、文学以及和平五种奖项，以表彰世界上在这五个领域有突出贡献的人们。1901年瑞典首次颁发诺贝尔奖，颁奖典礼的时间是当地时间的12月10日，地点在瑞典斯德哥尔摩音乐厅，而这里是专门为举行诺贝尔颁奖典礼而建的。

时间来到2015年，瑞典当地时间2015年12月10日下午4时30分，又一届的诺贝尔颁奖典礼准时举行。中国本土培养的第一位诺贝尔奖获得者屠呦呦接受了诺贝尔生理学或医学奖，消息传来，举国振奋。

一、儿时梦想终成真

“呦呦鹿鸣，食野之蒿。我有嘉宾，德音孔昭。”这句出自《诗经·小雅·鹿鸣》的诗句就是屠呦呦名字的由来。1930年12月30

日，屠呦呦出生于浙江省宁波市，作为家里唯一的女儿，父母想到了《诗经》中这句诗为孩子取名，希望女儿能像小鹿那样活泼可爱。但没想到的是，屠呦呦真的和小鹿一样，一辈子与蒿草结下了不解之缘，屠呦呦自己也成了“嘉宾”，既拥有过硬的科研实力，也拥有高尚的品德。

和其他小朋友相比，屠呦呦上学比较晚，5岁时才被父母送去读幼儿园，但这并没有耽误她的学习进程，因为屠呦呦在幼儿园只上了一年就开始上小学了。6岁时，屠呦呦进入宁波私立崇德小学初小，正式成为一名小学生，开始了读书生涯。1941年，屠呦呦11岁，完成初小学业的她进入了宁波私立西小学高小继续完成小学学业。随后又陆续在宁波私立器贞中学以及宁波私立甬江女中完成了初中学业。1946年，屠呦呦不幸感染上肺结核，只能暂时中止学业，病好之后又继续进入宁波效实中学高中就读，随后又转入宁波中学，从宁波中学毕业考入北京大学。

小时候，屠呦呦就喜欢翻阅医书典籍，跟着父亲到山间采摘草药，奔跑于山林草木之间，俯嗅植物的清香。从喜欢看医书，到长大后树立学医救人的理想，1951年考入北京大学的屠呦呦顺理成章选择了到医学院药学系学习。毕业后，屠呦呦被分配到中医研究院，也就是现在的中国中医科学院的中药研究所工作，致力于中医药学研究。

二、带领团队攻坚克难

1955年11月，当世界正处于冷战中时，东南亚却成了热战的战场，而越南则是主战场。这场战争的主角，一方是越南民主共和国与越南南方民族解放阵线，即北越；另一方则是美国等资本主义阵营国家支持的南越。越南战争直到1975年4月30日才彻底结束，在这场长达20年的战争中，美国向越南地区投入了大量的人力、物力、财力，可最终美国还是以失败告终。这是为什么呢？

答案之一就是“疟疾”。20世纪60年代初，疟疾成了一个令全世界都为之困扰、头疼的疾病，正当疟疾肆意发展、无法控制时，美越交战也进行得如火如荼。越南位于热带地区，蚊虫之类小动物特别多，而疟疾正是通过蚊虫叮咬感染的。蚊虫叮咬防不胜防，许多美国士兵初入越南，对当地情况不甚了解，在不知不觉中就感染了疟疾。而且，由于美国士兵在越南参战时受不了当地湿热的气候，并且战时医疗物资条件相对匮乏，许多美国士兵都因为疟疾死去。美国公开的资料表明，1967—1970年，短短3年间，在越美军数量因为疟疾减员数十万。

美国想要在越南取得战争胜利，首先要解决的就是疟疾这个全球性问题，疟疾严重阻碍了美国的进军步伐。为了找到能够治疗疟疾的特效药，美国以陆军研究院为中心，投入了大量人力、物力、财力，总共筛选了20多万个化合物，遗憾的是，如此巨大的投入仍然没有找到抗疟疾特效药。疟疾作为全球性问题不只影响美国，越南也深受其害，疟疾严重削弱了越军的战斗力，越南政府只得向中国求助。

收到越南的求助后，毛主席和周总理立即决定要集中全国的医学科学力量，联合研发抗疟疾特效药。1967年5月23日，由国家科委和总后勤部牵头的“疟疾防治研究领导小组”在北京召开了“全国疟疾防治研究协作会议”。由于这是一个秘密的军事科研任务，因此该项目以“523”作为代号，就这样，一个名为“523项目”的援外备战紧急军事项目启动了。

疟疾在中国的俗称叫“打摆子”，其致命性仅次于天花，而天花在20世纪曾夺去了大约3亿人的性命。1967年“523项目”启动后，一直没有任何进展，1969年，中国中医研究院临危受命，屠呦呦被任命为中国中医研究院科研组的组长，随后以科研组组长的身份代表中国中医研究院加入“523项目”，参与研究抗疟疾新药。正当屠呦呦摩拳擦掌，准备大干一番时，她的丈夫被下放到“五七干校”，当时她的大女儿才4岁，虽然舍不得，但为了国家的医药事业，夫妻俩不得不狠下心来，将大女儿送到全托班，而小女儿则送到父母家，请他们帮忙照顾。

屠呦呦加入“523项目”后，一开始也没有头绪，只得大海捞针般筛选化合物。其实，我国的抗疟疾之路从古代就已经开始了，在各个古籍药方中，几乎都有治疗疟疾的药方。屠呦呦自小对植物化学、本草学和植物分类学感兴趣，进入中国中医科学院后，也致力研究中药材。1956年，我国掀起了防治血吸虫病的热潮，屠呦呦对治疗血吸虫有效药半边莲和银柴胡进行生药学研究，取得了显著成就。1969年起，屠呦呦就开始带领着科研组收集我国古代的医药古籍、本草以及调阅大量民间药方，除此之外还遍访有名的老中医，询问他们治疗疟疾的方剂和中药，从中药中寻找抗疟疾新药。

最终，中医院研究所团队收集到了2000余张药方，整理后编写了以640种药物为主的《抗疟单验方集》，经过大量反复筛选工作后，团队开始对其中可能有效的抗疟疾药物展开实验研究。而研究结果显示，这些药物都不是研究团队所需要的，屠呦呦甚至还一度寄希望于胡椒，但实验结果却不尽如人意。在经历380多次实验失败以后，抗疟疾新药的研究仍然没有进展，但从1970年起，研究人员就已将青蒿列为抗疟药物之一。在1971年9月之前，中国中医研究院科研团队一直采用乙醇高温提取，但在190次的实验中，以高温提取的化合物只能达到40%左右的效果，这明显不行。

在毫无思绪时，屠呦呦重新开始翻看古籍，寻找到底是哪儿出了错，为什么古方记载中能治疗疟疾的药物，经过实验研究却证实不行呢。当屠呦呦重新再看东晋葛洪所著的《肘后备急方》时，再一次深入思考书中提到的“青蒿一握，以水二升渍，绞取汁，尽服之”。屠呦呦认识到，也许之前高温提取的方法根本就是错的，高温可能破坏了青蒿中的某些成分，使之达不到抗疟疾的效果。从“青蒿一握”看来，也许有效成分在亲脂部分。经过很多次实验失败后，研究团队于1971年9月按照屠呦呦的想法，采取了新的提取方法，不再采取乙醇高温提取，改用低温提取，用乙醚回流或者冷浸，然后用碱溶液除掉酸性部位的方法制备样品。这次，他们成功了！由乙醚提取出的191号样品的抗疟效果达到了100%！有效抗疟药物是存在的！

从1967年“523项目”启动，到1969年中医院研究所团队开始参与抗疟疾研究，再到1971年9月青蒿素试验成功，在这5年时间里，研究团队坚持不懈、不辞辛劳地进行着实验研究，他们舍弃自己的小家，一心只想帮助国家尽快研究出抗疟疾的有效药。

提取出100%的抗疟疾有效样品只是第一步，还要经过反复试验，确认化学结构，临床试用后才能投入市场，成为真正的有效药。获得有效提取物之后，屠呦呦团队马不停蹄开始了新的试验。1972年，他们在青蒿有效物中又进一步提取到一种无色结晶物质，而这一物质就是我们所熟知的青蒿素。青蒿素诞生于20世纪70年代，是在以屠呦呦为首的多位研究者以及研究机构的不懈努力之下发现的。当时我国科研条件比较差，而青蒿作为植物一直在进化，且有多个品种，到底哪一个品种才是东晋葛洪所说的能抗疟疾的青蒿还需进一步试验。最终，研究人员发现，能抗疟疾的青蒿是菊科植物黄花蒿。为了保证科研用的青蒿能够足量供应，在艰苦的条件下，科研团队甚至用瓦缸作为青蒿的培养皿，而许多科研工作者因为通风接触了大量有机溶剂导致身体变差。

屠呦呦及其科研团队成员为了青蒿素能够尽快临床使用，同时确保临床病人的安全，于是在动物安全性评价基础上，屠呦呦想自己以身试药，她说："我是组长，我有责任第一个试药。"屠呦呦在试药时，关于青蒿素的研究还不够完善，在1974年后她经常病休，其原因就是当初试药使她得了中毒性肝炎。而为了支持妻子的工作，丈夫李廷钊也帮忙试药，并且默默无闻，无怨无悔。

三、四十年钻研成功终显

2011年，因为发现青蒿素这种用于治疗疟疾的特效药，屠呦呦获得美国拉斯克临床医学奖，她是第一个获得该奖项的中国人。拉斯克医学奖在美国生物医药学奖项中颇有名望，仅次于诺贝尔奖，在美国，拉斯克奖被称为"诺贝尔奖的风向标"，屠呦呦获得拉斯克奖被认为是她获得诺贝尔奖的先声。在2011年拉斯克奖颁奖前，评奖委员会向每一位宣称自己对青蒿素有重大贡献的人提了一个问题："你认为除了你，还有谁应该获得这个奖?"结果，每个人都提到了屠呦呦的名字。

2015年，一年一度的诺贝尔奖颁奖典礼开幕，屠呦呦不负众望获得诺贝尔生理学或医学奖。卡罗琳斯卡学院诺贝尔大会及诺贝尔奖委员会生理学及医学奖主席汉斯·弗斯伯格在颁奖礼上说："你们的发现代表了一种医学范例的转变，不仅为那些遭受致命寄生虫疾病的病人带来了革命性的治疗方式，而且提升了个人的福祉和社会的繁荣，你们的发现对于全球的影响以及全人类因此而获得的益处是不可估量的。"

当20世纪60年代初疟疾再次成为威胁世界公共健康卫生安全的难题时，所有国家的科学家都对此一筹莫展，而中国的科研团队却迎难而上。屠呦呦将青蒿带入抗疟药物研究，找到了提取青蒿中100%抗疟有效成分的方法，又以身试药，推进了青蒿素的临床研究。在中国，青蒿素的发展固然离不开许许多多的科研人员和研究机构的努力奋斗，他们实现了青蒿素从1到100的进程。但屠呦呦的发现，却是从0到1、从无到有的创新发现，是她证实了有抗疟疾特效药的存在。青蒿素的发现解决了全球抗疟疾难题，并成为21世纪以来世界治疗疟疾的主流药物。世界卫生组织于2015年9月发布《2015年度健康趋势：从"千年发展目标"到"可持续发展目标"》的报告，报告指出，将2015年与2000年的疟疾数据相比较，全球的疟疾新增感染人数下降了37%，死亡率下降了60%，这就相当于620万人的生命因为青蒿素的发现与投入临床使用而得到拯救。报告确认，联合国的千年发展目标中有关疟疾发病率到2015年得到遏制并开始扭转的目标已经实现。

在诺贝尔颁奖典礼现场，屠呦呦作了名为《青蒿素——中医药给世界的一份礼物》的报告，在其中她多次提到，诺贝尔奖不仅是授予她个人的荣誉，还是对全体中国科学家团队的嘉奖和鼓励，并且青蒿素的发现不只是她一个人的功劳，更是多位科研人员与多所科研机构合作的成果，没有集体的努力，就不会有青蒿素抗疟疾特效药的出现。屠呦呦还呼吁：“中国医药学是一个伟大的宝库，应当努力发掘，加以提高。”这句话出自毛主席，毛主席十分重视民族文化遗产，他把中医摆在中国对世界的“三大贡献”之首。青蒿素的发现正是得益于我国古代药方典籍中的记载，得益于中国上下五千年来中医药学的发展，我国传统中医药中蕴藏了许多宝藏，值得新时期科研学者进一步探索，发现更多对人类健康卫生有益的药物。

青蒿素在对抗疟疾方面虽然有特效，但是随着青蒿素的广泛应用，微生物的不断进化，在一些地区，特别是缅甸、老挝、越南等东南亚热带地区，恶性疟原虫产生了明显的抗药性。因此，屠呦呦在诺贝尔颁奖典礼上作的报告中还呼吁全世界科学家重视世界卫生组织2011年遏制青蒿素抗药性的全球计划，否则疟疾可能会再次成为一个世界难题。屠呦呦也在青蒿素的基础上继续进行深入研究，并发明了双氢青蒿素，这种双氢青蒿素的抗疟疾效果是青蒿素的10倍。研究结果表明，双氢青蒿素不仅在抗疟疾上有奇效，而且也适用于治疗红斑狼疮和光敏性疾病。

屠呦呦获得诺贝尔生理学或医学奖时，已经85岁高龄了。在她大学毕业后到中国中医研究所工作时，相当于屠呦呦研究生导师的人是著名生药学家楼之岑，他曾悉心指导屠呦呦鉴别药材。屠呦呦不是中国两院院士，也没有海外留学经历，她所有的实验研究都是在中国本土完成的，凭借着锲而不舍的奋斗精神和舍己为人的奉献精神，屠呦呦在研究抗疟疾有效药中获得巨大突破，为世界人民的身体健康做出贡献。2017年1月9日，屠呦呦再次获得2016年度国家最高科学技术奖，2018年12月18日，在祖国改革开放40周年之际，党中央、国务院又授予她“改革先锋”的称号，并颁授给她改革先锋奖章。

给地球做CT的科学家

——黄大年

“若能做一朵小小的浪花奔腾，呼啸加入献身者的滚滚洪流中推动人类历史向前发展，我觉得这才是一生中最值得骄傲和自豪的事情。”这是1988年黄大年在入党申请书里写下的誓言，也是他一生的真实写照。“高山仰止，景行行止”，正是有黄大年这样的人，让人们始终相信英雄的存在。

一、学有所成归来报国

1958年秋天，黄大年出生在广西南宁一个知识分子家庭中，在书香氛围浓厚的环境下耳濡目染，对知识充满了渴求。小学时，他跟随父母下放到桂东南的一个小山村里。高中毕业后，黄大年通过招考进入贵县（今贵港市）的广西第六地质队，成为一名航空物探操作员，17岁的黄大年深深地爱上了这个职业。1977年，我国恢复高考，黄大年以优异的成绩考入了长春地质学院（现吉林大学），从此与地球物理结下了不解之缘。在这里，他先后完成了本科与硕士研究生的学业，并留校任教，1991年被破格评为副教授。

1992年，黄大年获得全国仅有的30个公派出国名额资格，在“中英友好奖学金项目”全额资助下，他被选送到英国攻读博士学位。1996年，黄大年以排名第一的成绩获得英国利兹大学地球物理学博士学位。在他回国后不久，又被派到英国继续从事针对水下隐伏目标和深水油气的高精度探测技术研究工作，成为当时从事该行业高科技高敏感技术研究的为数不多的华人之一。

“振兴中华，乃我辈之责！”黄大年始终未曾忘记自己在大学毕业纪念册上写下的话。2009年12月24日，黄大年在这天作为“千人计划”的专家踏上了回国的路程，他走下飞机，迈出了回归祖国的第一步。这次的回国，他辞去了在英国公司的职务，告别了共事多年的团队和科研伙伴，并说服妻子卖掉经营多年的两个诊所，留下还在读书的女儿。黄大年回到母校后，马上与吉林大学签约，出任吉林大学地球探测科学与技术学院全职教授，开始为我国航空地球物理事业做出自己的贡献。

“作为中国人，无论你在国外取得多大的成绩，而你所研究的领域在自己的祖国却有很大的差距甚至刚刚起步，那你都不是真正意义上的成功。”黄大年的爱国情怀在这句话中体现得淋漓尽致：“从海漂到海归一晃18年，得益于国家强大后盾，在各国才子强强碰撞的群雄逐鹿里，几乎从未败过！有理由相信，回归到具备雄厚实力的母校，我也一定能实现壮校情、强国梦。”站在祖国的大地上，黄大年更有信心，更有用不完的精力去报效祖国。

报效国家的使命感与责任感是黄大年源源不断的动力。当他回到吉林大学的那一刻，他就像一台永动机般开始了马不停蹄的工作出差连轴转，“地质宫”507房间的灯陪伴黄大年度过无数个夜晚，办公楼里看门的大爷也为此调整了作息时间。他的一年有三分之一的时间都在出差，长春的出租车司机刘国秋是他的出门好伙伴，送黄大年去机场前，刘国秋还要心急火燎地催他合上电脑，又或者让他快速结束对学生的指导。而黄大年总会选择最晚的航班，为的是不浪费任何白天的工作时间。

二、我是共产党员

无论走多远，黄大年始终记得他入党志愿书里的誓词，也始终忘不了在党旗下的誓言，更忘不了他对祖国的深深眷念。1997年，在英国获得博士学位后，黄大年为了掌握世界最前沿的技术，也由于工作需要，无奈之下加入了英国国籍。根据党员管理有关规定，黄大年因此失去了中国共产党党籍。因为这件事，他遭到了一些非议，但他的心始终向着祖国，向着中国共产党。

2009年，黄大年作为东北第一个国家“千人计划”专家回到母校工作后，第一时间就向党组织提出恢复他因工作原因而中断的党籍。为此，他用自己的行动证明了自己的爱国爱党之心。吉林大学地球探测科学与技术学院党委书记黄忠民清楚记得黄大年向他多次提出恢复党籍的申请。时任校党委书记的陈德文找黄大年谈话，考虑到他科研的特殊性需要，做出暂不接纳入党的决定。

2017年1月8日，黄大年因病去世，在他去世的第二天，长春市和吉林大学的领导同志前来慰问黄大年家属。黄大年的妹妹提出，恢复党籍是黄大年回国以来个人最大的愿望，也是他毕生的追求，恳请党组织考虑这一请求。

吉林大学党委认为，黄大年始终怀有共产主义理想，对共产主义事业有着真挚的信仰，特别是在国外的18年，身份虽然变了，但对党的忠诚没有变，信仰没有变，同时他对中国特色社会主义充满信心，并时刻准备为党和祖国的建设事业奉献自己的力量。因此，吉林大学特向吉林省委提出追认黄大年为中国共产党员的申请。2017年1月10日，吉林省委根据中共中央关于党员管理的有关规定，结合黄大年的优异表现和强烈入党的愿望，正式追认黄大年为中国共产党员。同年7月1日，中共中央追授黄大年为全国优秀共产党员。

从此，伟大而又光荣的共产党员队伍中又重新多了一位用自己的默默行动来实践对党忠诚的一位党员。黄大年的身份又多了一个，他不仅是科研工作者、教授，他更是一名优秀的共产党员，他的心里始终装着祖国，一刻也未曾忘记。

三、恪尽职守，教书育人

“吃东西可以汤汤水水，但做事千万不能‘汤汤水水’，唯有认真对待每一个细节，才能成就最好的结果。”这是黄大年经常挂在嘴边的一句话，而这句话也反映出他对待科研事业最诚挚的态度，这种认真负责的求知精神至今影响着吉林大学的每一位学子，他的精神穿越时空，历久弥新。

作为吉林大学地球探测科学与技术学院的专家，他带领着一个全国性的科研团队。为了让团队发挥出最大优势，他引入在线管理系统，把“细节”落到每一个实处，他把科研任务以每周、每日为时间点进行量化细分，并根据团队成员的分工、特长等不同特点，把任务层层分到每一个成员身上，同时要求每天在线上汇报工作进度。这个管理模式打破了过去“吃大锅饭”的现象，把每一项科研任务精确到人、精准落地，来保证整个团队的高效运作。

他对科研狠抓细节的态度还体现在一次开会时的怒摔手机事件。由于开会前材料没交齐，人也没到齐，黄大年把手机摔在地上，愤怒地说：“我们拿了纳税人那么多钱，就这么糊弄事儿？材料不写，开会不按时，有没有契约精神？”对于细节的把握，对于时间的分秒必争，黄大年非常严格，“我无法忍受有人对科研进度随意拖拉”。这也因此让黄大年和他的团队在科研上一路披荆斩棘，所向披靡。

黄大年的认真负责还体现在他对科研经费的使用上，他说：“在科研上，我没有敌人，没有朋友，只有国家利益。”“深部探测技术与实验研究”项目是我国有史以来规模最大的深探项目，黄大年回国后不久便担任该项目第九分项目的首席专家。第九分项目的科研经费高达数亿元，对于这样的项目，很多科研单位都想分一杯羹。而黄大年却有自己的独特做法，即使是自己所在的吉林大学，也没能从中多得一分钱。他在全国各地寻找可以合作的伙伴，他会提前到相关院所的实验室和车间，了解对方的资质水平。遇到合适的合作伙伴，他会直接打电话说："我有一个几亿的项目，想请您的单位进来参与研究。"有些单位接到这种电话，乍一听都觉得是"骗子"。黄大年只唯公不唯私的态度，使他的团队从一开始便有坚强的攻坚能力。

无论是在国内还是国际，黄大年都是地球物理行业的顶尖人才，但黄大年却经常说，自己最看重的身份是一名教师。"桃李不言，下自成蹊。"2009年秋，黄大年为地球探测科学与技术学院新生作了一场生动而又深刻的报告，他用对比的方法讲述了国内外地球物理的发展状况，为同学们描绘出一幅催人奋进、激昂向上的发展蓝图，改变了学生们对这一学科的认识。

不仅如此，他在繁忙的工作中抽出时间来教书育人，并且因材施教。2010年，吉林大学启动"名师班主任计划"，鼓励博士生导师、资深教授、长江学者等名师担任本科生班主任。当地探学院党委书记黄忠民找到黄大年询问是否愿意担任"李四光试验班"的本科班主任时，他毫犹豫地答应了。黄大年当上班主任后，他给班上的24名同学每人买了一台笔记本电脑。他说："信息时代就要用现代化的信息搜索手段，追求先进的理念必须从细节开始灌输。"他走进学生宿舍，走到每个学生身边，了解学生的特点，因材施教，有针对性地帮学生制订学习计划和发展方向。

黄大年的国外专家朋友只要来到中国，他都会邀请他们来跟自己的学生面对面交流。通过与这些优秀人才接触，学生们变得更加自信的同时也接受到了更加专业先进的知识。在学生们的心中，黄大年从来不是一个“高高在上的学术权威”，而是平易近人的老师，是可以掏心掏肺的朋友，是严慈并济的长辈。他言传身教、孜孜不倦地教书育人，叮嘱学生“一定要出去，出去了一定要回来；一定要有出息，出息了一定要报国”。黄大年为国家培养出了一批批“出得去，回得来”的优秀科研人才。

“如今，中国正努力从科技大国向科技强国迈进，而这段并不平坦的进程需要几代人去完成。如何培养更优秀的人才，让文化与智慧长久地传承下去，值得每个人思考。”黄大年的话语充满了对中国未来知识分子的期望，同时，他“身正为师，德高为范”的师道精神也在潜移默化地影响着中国的每一位老师。

四、生命的答案

生命的答案究竟是什么？每个人对生命的答案各不相同，都有自己独到的理解。而黄大年对生命的答案，是对党的忠诚、对祖国的热爱，是对学生的细心指导、对事业的认真负责，是在生命的最后一刻还在叮嘱学生“我要是不行了，请把我的电脑交给国家……里面的研究资料很重要……”

黄大年的拼命从他回国的那一天就已经开始了。他曾经对记者简单描述过自己的生活：“每天晚上都是两三点睡，没有周末。一天休息5个小时，有时只休息3个小时。中午打个盹儿，十几分钟吧，不到半小时，有时周末能补半天觉。”黄大年深知这样连轴转工作的后果，只是他不敢停，也不能停。他每每想起祖国与其他国家在地球物理上的差距，他着急，他怕中国赶不上差距，他争分夺秒，他急需用大把时间来出力。

就算是铁打的身体也经不住长年累月超强的消耗，实验室、飞机上、会议前，他都曾因过度疲劳而晕倒。白发日渐布满全头，脸色越来越差，为了提神，办公室的咖啡是他消耗速度最快的东西。大家越来越感到奇怪，足球、羽毛球、游泳都堪称专业水准，身体素质过硬的黄老师开始频繁出现腹部痉挛。大家劝他去体检，他总是摆摆手说自己没时间。

黄大年生前的助手、吉林大学地球探测科学与技术学院的教授于平说：“昏倒和痉挛的事儿，黄老师从2012年就开始有了。”但黄大年让于平瞒着别人，总是表现出一副干劲十足的样子。

2016年3月，黄大年赶早班机飞往北京开会，晚上11点又回到了地质宫，凌晨3点他还在与团队成员继续探讨项目申请书的编写与修改。这样马不停蹄地工作，速效救心丸成了他手中最常见的东西。9月的一天，黄大年突然在办公室晕倒，醒来以后不顾自己的身体，赶忙布置了工作任务，又去赶火车。

2016年11月28日晚，黄大年去参加“第七届教育部科技委地学与资源学部年度工作会”，在从北京飞往成都的飞机上，因腹部痉挛昏迷，到成都进行简单治疗后，他坚持到会场，与科技工作者交流工作、分享经验。

2016年12月8日，黄大年因身体状况堪忧被催促之下住进了医院。第二天开始，他就有计划地叫一些学生来病房，布置任务，安排工作，他还对学校的领导说：“争取两周内重返岗位，治疗期间不会对工作有影响。”他的好友王献昌说：“在黄大年身上好像从来没有过‘疲倦’这两个字。在他手术前，我和另外一名同事一起去看他，他还把我们让到沙发上，自己坐在小板凳上，和我们谈了两个半小时的工作。”在生命最后清醒的时刻，他强撑着身体，打着点滴，靠在病床上用颤抖的手写下歪歪扭扭的推荐信，只因他还记挂着他团队里一名同事评选副教授一事。这样一个在生命最后一刻还在为别人着想的人，却早早地离开了人世。

呜呼！2017年1月8日中午，永远不知疲倦的黄大年离开了。

黄大年把生命中最灿烂的部分奉献给了国家，而这就是黄大年生命的答案。

他把中国送进了“深地时代”，他争分夺秒，即使透支自己的生命，也要为中国的崛起发光发热。

中国侨联主席林军这样评价黄大年：“黄大年是新时期归侨侨眷和海外侨胞为民族振兴不惜以身许国的楷模，是践行社会主义核心价值观的优秀代表，在他身上，集中展现了新一代归侨心系国家、鞠躬尽瘁的赤子情怀，在侨界树立起了一座矢志创新、勇攀科技高峰的精神丰碑。”

习近平总书记对黄大年同志的先进事迹作出了重要指示：“我们要以黄大年同志为榜样，学习他心有大我、至诚报国的爱国情怀，学习他教书育人、敢为人先的敬业精神，学习他淡泊名利、甘于奉献的高尚情操，把爱国之情、报国之志融入祖国改革发展的伟大事业之中、融入人民创造历史的伟大奋斗之中，从自己做起，从本职岗位做起，为实现‘两个一百年’奋斗目标、实现中华民族伟大复兴的中国梦贡献智慧和力量。”

军人楷模

JUN REN KAI MO

烈火练就真英雄——邱少云

一、身在水火中，盼得解放来

1952年12月4日，《人民日报》刊载了一篇通讯，名为《伟大的战士邱少云》。这篇文章篇幅不长，却写满了中国人民志愿军战士对党的忠诚，同时也寄托着全国人民沉重的哀思与崇高的敬意。短短一篇文章里，书写了年轻战士邱少云的英雄事迹，这篇文章向全世界宣告了我们可爱的中国人民志愿军是多么的坚忍，多么的顽强，多么的不畏牺牲。为了党，为了祖国，为了人民，他们中的每一个人都可以为了和平献出自己的生命。在《感动中国——共和国100人物志》中，这样解说邱少云："在半个多世纪前的朝鲜战场上，这位四川籍战士用最坚忍的潜伏，完成了中国士兵最勇猛的突击。"

1926年，邱少云出生在四川省铜梁县玉屏村邱家沟，也就是现在的重庆市铜梁区少云镇。邱少云家里一共有兄弟四人，他排行老二，由于家中十分贫困，养活四个孩子非常不容易。为了让所有孩子都能活下去，父母做了个艰难的决定，那就是把大哥送出去，因此，邱家的大儿子就被过继给了伯父家，而邱少云则成了家里最大的孩子。当时邱少云一家只有很小的半亩土地，种出来的庄稼压根儿不够两个大人与三个小孩过活，一家人不得不租种地主的土地。而租种土地需要缴纳租金，租金没有个定额，全凭地主来决定，于是没有钱支付好地租金的邱家只租到了地主家较贫瘠的土地。一家人租种地主土地后，受到地主残酷的压迫与剥削，辛辛苦苦在租来的土地上劳作了一年，可最后的收成连给地主交租都不够。

半亩薄田不足以使全家人糊口，地主的土地也租种不起了，但全家人依旧要生活，于是邱少云的父亲只好出去帮工。邱少云作为家里的老大，他自觉肩上有一份责任，要帮助父母减轻生活负担，养活弟妹们，于是就帮家里挖野菜，帮地主做长工赚取一些报酬。邱少云的父亲是一名纤夫，河中一些流段比较凶险而船不能顺利前行或者船搁浅时，都需要人力帮忙用纤绳拉船。在邱少云9岁时，父亲帮忙拉纤的船老板拖欠工资，让本来贫困的家庭更是雪上加霜。父亲气不过，带领纤夫们上船向老板讨要工资，却被船老板砍死在了船上。噩耗传来，母亲气急攻心，一下子病倒了，失去了家庭的顶梁柱，一家人的生活更加贫困。不久，母亲也在贫困的忧虑以及丧夫的悲痛中去世。

父母接连去世，生活的重担一下子落在了年少的邱少云身上，而他并没有被生活打倒。生活越艰难，他越要努力奋斗，当下是痛苦的，但只要不放弃，总能有活路。邱少云深知他必须帮父母撑起这个家，照顾好这一家人。为了养家糊口，邱少云在小小年纪就开始做长工，他辗转好几份工作，做过木匠，做过泥瓦匠，也在馆子里跑过堂。在那段艰苦的日子里，邱少云挨过饿，流过汗，日子虽然艰难，但并没有熄灭他的希望之火。邱少云从没有放弃自我，他在万般痛苦中磨炼自己的品格，成长为一个正直勇敢、坚忍刚毅的少年。

1948年，邱少云22岁，此时正处于解放战争时期，国民党节节败退，为了缓解兵力紧张的状况，国民党部队开始在所辖区内抓壮丁。6月的一天，国民党兵闯入了邱少云的家，抓走邱少云当壮丁。邱少云被迫加入国民党军，被编入国民党第21军112师18团，在团里担任马车夫，又因邱少云曾在饭店干过跑堂的活，所以他又在团里担任伙夫。邱少云在国民党军队里当士兵非常痛苦，军队里的军官经常对他进行殴打与体罚。邱少云一直在等待，等待尚在远方战斗的中国人民解放军。

1949年，中国人民解放军在毛主席的指挥下终于一路打到了四川，要解放整个西南地区，国民党军望风而逃，溃不成军。邱少云所在的部队在四川省成都市龙泉驿向中国人民解放军投诚。他终于等来了中国人民解放军，四川也迎来了解放，对于投诚的国民党部队，中国共产党的政策是：愿意留下的欢迎，愿意回家的发给路条、路费。邱少云毫不犹豫地留下来，加入了中国人民解放军，成为中国共产党的一名战士。加入中国人民解放军的邱少云第一次出任务就是同部队一起开往内江参加剿匪，在此次剿匪任务中，邱少云一马当先，毫不退缩，深入敌营，不仅击毙击伤十余名匪徒，还配合战友抓获了匪首。

二、一朝燃战火，愿为胜利死

1950年6月，朝鲜半岛上燃起了战火，军事冲突一触即发，并逐渐将多个国家卷入其中。以美国为首的联合国军在战争爆发不久后立刻派军投入战争当中，并跨越既定的“三八线”，将战火烧到了鸭绿江边。为了保卫祖国不受外国再次侵略，加上朝鲜政府的请求支援，中国政府决定出兵朝鲜半岛，抗美援朝，保家卫国。

1951年3月，邱少云又报名加入了中国人民志愿军，跟随部队远赴异乡，参加这场家国保卫战。

1952年10月，邱少云所在的部队接到任务，攻克美军占领的391高地。391高地易守难攻，与我军阵地间隔着3千米左右宽的开阔地，我军发起进攻成功的概率不大。但是，在这3千米宽的开阔地上蒿草丛生，非常适合采取潜伏作战策略，通过潜伏缩短作战距离，趁敌方不注意发起突袭，打敌人一个措手不及。采取潜伏战略，需要保证我们的战士一天一夜不被敌人发现，执行任务的87团3营为了完成此次任务，提前进行了多次潜伏爆破演习。邱少云当时属于3班，3班是爆破班尖刀组，任务是爆破，以及破坏铁丝网、除地雷等等。

夜里，400多名战士全副武装，披上伪装草网，带上装备，神不知鬼不觉地潜伏在草丛里，邱少云是第一爆破组的第一爆破手，因此潜伏在了开阔地的最前面。当时邱少云与敌人仅仅相距60米，透过草的缝隙不仅可以看见敌方修筑的堡垒，甚至还可以看见山脊上持枪巡逻的敌人。第二天上午，两名敌方士兵下山取水，为了避免潜伏部队被发现，我军指挥员下令消灭这两名敌人，然而其中一名敌人负伤逃了回去。1952年10月12日下午，潜伏地寂静得可怕，敌军可能也觉得这个开阔地今天有点非比寻常，派出侦察机在上空盘旋了好几圈，却什么也没发现，但敌军也意识到秋天的蒿草非常适合潜伏，于是向潜伏区投掷燃烧弹，企图将蒿草烧个精光。

燃烧弹点燃了邱少云潜伏点附近的草丛，秋天的蒿草干枯易燃，不一会儿火就烧到了他身上。一开始火势还不大，邱少云身后又是条水沟，他完全可以自救，但是这样就会暴露自己，潜伏队伍就会被敌军发现。于是，为了胜利，为了身后几百名战友，邱少云始终纹丝不动。邱少云强忍着烈火焚身的痛苦，将自己手中的爆破筒缓缓推向距他最近的战友李世虎，又将塞满子弹的弹夹埋入土中，避免在火中爆炸引起敌方注意。火一点点地灼烧着他的肌肤，也吞噬着他的生命，求生的欲望被理智压下，疼痛使他的手抓紧了地面……

战友们强忍泪水，默默地注视着邱少云的身影，看着烈火一点点将他吞没，他们是潜伏的战士，在这种情况下，他们除了保持沉默，做好潜伏外，唯一能做的就是一声令下之后，勇往直前，将胜利带到邱少云的墓前。总攻开始后，不到30分钟我方便占领了391高地。邱少云给了战士们更强的信念！战场上飘扬的旗帜诉说着胜利，秋风定会将这个胜利的好消息立刻带给那个为了这场胜利勇敢牺牲的战士！

战争结束后，战友们回到邱少云潜伏的地方，唯一没有烧尽的是邱少云为了忍痛而插进泥土里的手。熊熊燃起的火焰吞噬了这个年轻的生命，在烈火中，邱少云为了全局牺牲了自己，在正值青春的年纪离开了这个世界。为了纪念邱少云，战友们将他的名字镌刻在了391高地的石壁上，这是他战斗、牺牲的地方，他的名字将在这里永存。

三、烈火真英雄，后世永不忘

在中国革命军事博物馆展厅中，展放着一支普通的钢枪，但说它普通，其实也并不普通，因为它曾跟随着一名英雄战士出生入死，它见证着这名战士的成长，又在烈火中陪伴战士离去。这只钢枪的枪托在熊熊烈火中变成了炭黑色，而他的主人也在烈火中离它而去，连一声呻吟都不曾发出。没错，这正是当年潜伏在烈火中的英雄——邱少云战士的钢枪。在博物馆的玻璃柜中，这支钢枪的整个枪身依然完整，不曾有一点损坏，就这样静静地立在展柜中，无声地向人们诉说着火焰的温度与邱少云的坚忍。

2020年7月，邱少云故居在翻修后正式对外开放，故居周围种满了竹子，邱少云的一生就像这生生不息的竹林，那么的刚毅挺拔而又坚忍不屈。走进故居，仿佛能感受到邱少云在这里的生活气息，让我们又离他更近了一步，也更能理解他为了维护中国共产党的解放成果而誓死捍卫国家安全的心情。

由于家中贫困，邱少云一直为生计奔波，因此他没有留下一张照片。在邱少云的故居里，墙上挂着的只是一幅幅漫画图片，但在文字的解说下，邱少云在抗美援朝战争中的形象变得十分清晰。

邱少云在烈火中的隐忍与坚毅成就了一场胜利，也成就了自我，他是烈火中的真英雄。1952年11月6日，邱少云被中国人民志愿军总部追记特等功，并被授予“一级英雄”荣誉称号，朝鲜政府也授予他“朝鲜民主主义人民共和国英雄”称号、金星奖章和一级国旗勋章。1953年8月30日，邱少云被追认为中国共产党员。

为美好明天献身——黄继光

一、受共产党的感召

1931年2月24日，中国人民还沉浸在春节的欢快气氛当中，在四川省德阳市中江县发财垭村的一个家中，黄继光的出生为整个家庭又添了一份喜悦，他是家里的第三个孩子。同年9月18日，日本对中国发动了蓄谋已久的侵华战争，当南满铁路的爆炸声响起时，黄继光还只是一个牙牙学语，只会爬来爬去的小婴儿，在这样的大环境下，黄继光慢慢长大了。

黄继光出生和成长的年代，正处于中日战争之时，在轰鸣的枪声与爆炸声中，战火点燃了中国的每一寸土地。祖国的土地被敌人一点点吞噬占领，中国人民在战争中艰难度日、民不聊生。在中华民族生死存亡的紧要关头，中国共产党积极建立抗日民族统一战线，将全体中国人民团结起来，抗日救国。在中国共产党的领导下，人民子弟兵浴血奋战，誓要保卫祖国的每一寸土地，将侵略者赶出中国。

艰苦卓绝的抗日战争结束于1945年初秋，此时的黄继光已经是个懂事的14岁少年，抗日战争的结束让全中国人民都松了一口气，但是，战争并未彻底结束。中国人民依然处在封建地主剥削压迫之下，中国的贫苦农民在封建地主的盘剥下艰难度日，难有翻身的机会，黄继光的家庭就是千万被封建地主压迫、剥削的农民家庭之一。黄继光的祖祖辈辈都是贫困的农民，一直被封建地主以及保甲长压迫，贫寒、穷苦紧紧纠缠着他们，而想要依靠自身的力量从其中挣脱几乎是天方夜谭。在这样苦难的情形下，黄继光的父亲，家里的主要劳动力，因为受不了地主的压迫，在黄继光出生几年后，就在病痛中怀恨去世了。从此以后，黄继光一家的生活更加困难了，母亲一人养活几个孩子非常辛苦，懂事的黄继光很体谅母亲，从小就帮着母亲干活，分担家庭重担。

给这一切带来转机的是中国共产党。1946年，为了让全国人民不再遭到压迫和剥削，为实现中国统一的解放战争打响了，在毛泽东的正确领导下，中国共产党取得了最终的胜利，建立了新中国。中国人民得到解放，农民被封建地主压迫、剥削的日子一去不复返，中华民族的面貌从此焕然一新。四川省中江县于1949年新中国成立前夕得到了解放，黄继光一家不用再在地主、保甲长的压迫下求生存，他们有了属于自己的土地，不再为地主做工，辛苦劳作的成果不再属于地主，农民们的日子渐渐地好了起来。黄继光一家坚信，中国共产党能给中国人民带来解放和光明，中国共产党能带领中国人民走向更美好的未来。

为将农民团结起来，遏制封建残余势力，黄继光所在的村子在中国共产党的领导下，组织起了农民协会。18岁的黄继光为了向共产党迅速靠拢，成了农会的第一批成员，还成了儿童团的团长。在农会里，黄继光做事积极，不怕困难，同地主、伪保长做斗争也总是冲在最前面，成为民兵模范。

1950年，朝鲜与美国发生战争并威胁到了中国的安全，因此党中央决定调兵前往朝鲜，支援朝鲜战争。1951年3月，中江县开始征集志愿军，远赴朝鲜参战，黄继光在母亲的强烈支持下，第一个报名参加志愿军。但是，由于黄继光身材比较矮小，不符合参军条件，所以没有被选上。想要成为志愿军的一员，立志保家卫国的黄继光没有放弃，在他的软磨硬泡和不懈努力之下，负责征兵的营长终于被他的参军热情感动，破格录取了他。

二、流尽最后一滴血

黄继光离开四川大山的怀抱，带着母亲的期望与党对他的认可，雄赳赳、气昂昂地奔赴战场，为祖国、为人民战斗。黄继光下定决心，此次远征，作为中国人民志愿军的一员，他要站在战斗的最前面，要在战斗中为人民服务，不立功不下战场。

群山错落，送大山的孩子出征；青山葱郁，盼战士胜利归来。

黄继光走出大山，跨过了长江与黄河来到鸭绿江旁，江水映照着黄继光坚定的目光，江的这面是他要誓死捍卫的祖国与同胞，江的对岸是他的战场，是他挥洒血泪的地方。1951年7月，黄继光跟随着部队迅速投入前线战场，成为中国人民志愿军第15军第135团2营6连的一名通讯员，并随部队来到五圣山。黄继光在部队经常帮助战友，一次夜里行军时，他看见炊事班的战友背了许多行李，于是上前用扁担帮着战友担行李，这个勤劳热心的小伙给大家留下了深刻的印象。1952年7月，黄继光加入了中国共产主义青年团的前身中国新民主主义青年团，成为一名团员。并且，为了早日成为一名合格的共产党员，黄继光一直在战斗前线勇敢地奋战着，他早已将自己的生命交给了党，做好为党和人民牺牲的准备。黄继光与自己同乡的战友互相托付家人与自己的身后事，他嘱托战友，如果他牺牲在了保卫祖国的战场上，希望战友能帮自己常去看望一下他牵挂的母亲。

1952年10月14日，以美国为首的联合国军开始向江原道金化郡上甘岭的597.9高地和537.7高地进攻，黄继光作为第45师135团2营的通讯员，参与了上甘岭597.9高地的阻击战。美军为了尽快占领该高地，投入了大量的兵力与火力，枪炮声几乎一刻不停，炮弹将整个597.9高地的土地彻底炸翻了个遍。该高地面积大约3.7平方千米，敌人对这片土地一共倾泻了190万余发炮弹，最多的一天竟有30万发炮弹轰炸这片区域，平均每秒就有6发炮弹同时爆炸，每一寸土地都没有幸免，这无疑是一场硬战。中国人民志愿军的耳边充斥着爆炸的轰鸣声，只能借助战事壕沟躲避敌人的炮弹，吃的东西上都是爆炸余震扬起的尘土。19日晚，黄继光所在的营接到夺取上甘岭高地的指示后，立即整合队伍展开反攻。上甘岭战地危机四伏，占领高地的任务是艰巨的，从19日晚战争开始，到20日破晓前，部队受阻于美军火力最集中的零号高地，久攻不下。黄继光所在的6连已经派出了7个小组实行爆破任务，尝试着炸毁敌人所在的地堡，但都以失败告终，7个组的战士全都牺牲了。

上甘岭战役的第7天，黄继光所在的连队仍然没能成功攻占高地。眼看破晓，再不将高地打下来，势必要延误战机，影响后面的作战行动。连长万福来急得直冒汗，决定亲自去执行爆破任务，为部队开路。黄继光拦下了连长，如果连长走了，谁来指挥作战？于是，黄继光毅然决然地请缨，前往执行爆破任务，吴三羊同肖登良两个人也自告奋勇，最后决定由黄继光担任组长，同吴三羊与肖登良组成三人小组，前往执行爆破任务。

黄继光、吴三羊与肖登良三人一人分发了一个手雷，不幸的是，吴三羊刚走出去30米左右就被敌人的炮弹炸死了，肖登良和黄继光也在炮弹的轰击下趴下了。看着这一幕的连长心凉了半截，没想到新组成的爆破小组也折在了半路，就在这时，黄继光又再次行动了起来，在美军机关枪的扫射下，他奋力爬向敌人的据点，将手雷掷了出去。随着一声巨响，敌人机关枪的声音停了下来，给战场带来了暂时的宁静，但不久后，机关枪的声音再次响起，阻碍着后续部队向前冲锋。这时的黄继光已经身负重伤，但他没有忘记自己的使命，带着伤痕累累的身体纵身一跃，义无反顾地用自己的身体堵住了敌人的枪口！冲锋号终于吹响，等待着的战友抓住机会，立刻冲锋上前，夺取了597.9高地。黄继光用自己的身躯堵住了敌人的机关枪，鼓舞了战士们的气势与决心，为部队开辟了胜利的道路。天亮了，战争取得了胜利，当战友们找到黄继光的遗体时，他的血肉和衣服以及机关枪紧紧地粘在了一起，背上有个碗口般大的洞，流干了身上最后一滴血。战友们将黄继光的遗体抬到江边，为黄继光的遗体换了身干净的衣服。

黄继光的生命在庆祝春节的鞭炮声中诞生，又在爆破筒的爆炸声和机关枪的扫射声中消逝，黄继光的牺牲是有意义的，正是他的奋不顾身，才给这场战争带来转机，他牺牲了自己，却拯救了更多的人。黄继光生前最大的愿望就是能够成为一名共产党员，而他这种不畏牺牲，忠诚于党的精神俨然已经是一名合格的共产党员了，因此，黄继光在被追授为“模范团员”的同时，又被追认为中国共产党党员。

三、被永远铭记

生活在和平年代的我们很难想象战争是多么的残酷，当年的战友回忆起黄继光的英勇壮举时，禁不住掩面流泪，一时间哽咽得说不出话。抗美援朝战争发生时，新中国刚刚成立，百废待兴，敌我双方的军事实力差距极大，以美国为首的联合国军装备的是当时最先进的武器。我们之所以能在战争中取得胜利，靠的就是千千万万像黄继光一样不惧牺牲，甘于奉献的中国人民志愿军战士们，这群最可爱的人用生命换来了祖国美好的明天。

1953年，黄继光的母亲将自己的小儿子黄继恕也送到了朝鲜参战，希望他向哥哥学习，在共产党的领导下，保卫祖国，保卫人民。黄继光永远留在了上甘岭的战场上，黄继恕来到哥哥坟前，捧了一抔坟上的土带回家给母亲。这是母亲纪念黄继光的方式，并且她还为家人定下家规，“黄家的孩子，不管男孩女孩，年满18岁以后，都要到部队去参军”。得知黄继光战死沙场的英勇事迹后，许多人都写信给黄继光的母亲，告诉这位英雄的母亲，他们都愿意做她的儿子。

1962年10月，中华人民共和国国防部将黄继光生前所在的班命名为“黄继光班”，并一直传承下去，以此来纪念黄继光不畏牺牲的革命英雄主义精神。军魂不灭，英雄永存，在“黄继光班”，有一张下铺的床永远空着，这是留给黄继光的，床铺由战士们轮流铺开又叠好摆放整齐。在这个班里，点名时的第一个名字一直是“黄继光”，每次点到“黄继光”时，全班士兵一起答“到”的声音响彻云霄。在这个班里，每一位战士都是黄继光，他们是黄继光精神的传承者，相信他们都能如黄继光一般，舍生忘死，为党为国家为人民，奋战在最前线。

抗美援朝战争，中国投入了大约135万兵力，其中只有两位战士获得了“中国人民志愿军特级战斗英雄”的称号，黄继光正是其中的一位。此外，朝鲜民主主义人民共和国也追授黄继光“朝鲜民主主义共和国英雄”的称号，并获得金星奖章与一级国旗勋章。为了纪念黄继光，四川省中江县为其修建了“黄继光纪念馆”，并且每年举行纪念活动，引领青年学生学习黄继光精神，一心跟党走。由于黄继光从小家境贫寒，在参加抗战前并未留下一张照片，而黄继光牺牲后，战友找到他的遗体时，也因为面目全毁而不能拍摄遗照。因此，我们在书中以及纪念馆等地看见的黄继光像，是根据黄继光的母亲邓芳芝的长相以及亲友对他的描述摹刻的。

沿着中江县的公路主干道一直前行，拐过一座座山，以黄继光的名字命名的继光镇就在蜿蜒的公路旁，不仅是镇子，还有继光水库、继光学校等，这都是中江人民纪念黄继光的方式。黄继光是中江人民的骄傲，是中国人民的骄傲，在新时代，人们会继续将黄继光的伟大精神发扬光大。

心里装着人民——雷锋

“把有限的生命投入到无限的为人民服务之中去”，这是雷锋一生的真实写照。雷锋，这个光辉的名字，是时代精神的一面旗帜，是共产党员的一根标杆；无论时代如何发展，他永远是一位既平凡又伟大的英雄。在历史的洪流中，人民从未忘记每一个默默无闻地发光发亮的人，每年的3月5日是全国学习雷锋的日子，他“爱憎分明的阶级立场，言行一致的革命精神，公而忘私的共产主义风格，奋不顾身的无产阶级斗志”成为“雷锋精神”的最集中表现。雷锋早已离开，但雷锋精神却从未远去，它是人间的风和朝阳，长久地滋润着每一位中华儿女，陪伴着他们成长。

“我活着，只有一个目的，就是做一个对人民有用的人。”雷锋是千千万万共产党员中的一个，他是一名普通士兵，他始终坚持共产党全心全意为人民服务的根本宗旨，始终坚持共产党人的崇高价值追求。不管是对身边的人还是陌生人，他始终都保持一颗大爱之心，在自己所做的星星点点的事情中，不断彰显着大爱胸怀。

一、历经苦难仍有赤子之心

“和千千万万受剥削受压迫的劳动人民一样，在旧社会里，我家也受尽了旧制度的折磨和凌辱……解放了，我才脱出苦海见青天。”1940年，雷锋出生在湖南一个贫苦农民家中，这一年是农历庚辰年，父母给他起了个乳名叫“庚伢子”。1943年至1947年对年幼的雷锋来说是异常艰难，充满坎坷，他的祖父雷新庭、父亲雷明亮、母亲张元满、哥哥雷正德相继去世。当时，父亲在江边运货的路上遭到了国民党逃兵的毒打，后来反抗日寇时又遭到毒打，由于没钱治病，不久就去世了，雷锋的弟弟也饿死家中。年仅7岁的雷锋从此形单影只，在六叔公和六叔奶奶的拉扯下，在有了上顿没下顿的日子中一天天长大。

1949年8月，湖南解放。年幼的雷锋目睹过山河残破，也亲眼见证了伟大的中国人民解放军拯救人民于水深火热之中，他对解放军便产生了深深的崇拜和景仰之情。雷锋找到路过的解放军连长希望能够当兵，连长没同意，但把一支钢笔送给了他。

雷锋怀着对人民解放军的向往，从此开始了他的求学之路。1950年夏，乡政府的党支部供他读书，于是雷锋进入刘家祠堂小学，乡政府的这一帮助给雷锋埋下了感恩的种子。1954年，他考入清水塘完全小学，加入了中国少年先锋队，成为中队委员。他深深铭记着乡政府对他的恩情，并且用此后的每一天去回报社会。1955年，雷锋转入了荷叶坝小学（今雷锋学校），在当时全国掀起农业合作化的高潮，年仅15岁的雷锋就把自己在土地改革中分得的3.6亩地全部捐给了荷叶坝小学。雷锋无私奉献的一生便从这里开始了。

1956年夏，雷锋从小学毕业后在生产队当了近3个月的秋征助理员，负责征收公粮的工作。之后在安庆乡政府做了通讯员，不久后又调到望城县委。1957年，一心向党的雷锋加入中国新民主主义青年团，这是他入党之路的第一步，同时他也被评为县委机关工作模范。

1958年春，雷锋到团山湖农场工作，他积极响应望城县团委提出的捐献一台拖拉机的号召，捐款20元，成为捐款最多的青年。县委决定派雷锋学习开拖拉机，在学习开拖拉机的过程中，他多学多练多思考，最终不负众望学成了开拖拉机的本领，并在《望城报》上发表了文章《我学会开拖拉机了》。

为了支持国家建设，雷锋总是积极响应国家的号召，他是新中国的一颗“螺丝钉”，哪里需要帮助哪里就有他的身影。1958年9月，雷锋从湖南来到辽宁鞍山钢铁厂，被分配在鞍钢化工总厂洗煤车间当了一名推土机手。

1960年对于雷锋来说是不同寻常的一年，这一年，他不仅实现了参军入伍的少年梦想，而且光荣地成为一名共产党员。新兵训练结束后，雷锋被分配到运输连当驾驶员，经过两个月的勤学苦练，他成为一名合格的汽车驾驶员，并且第一个下到战斗班。

在参加上寺水库抢险救灾时，雷锋在病中依旧坚持救人，因表现突出，团党委为雷锋记三等功一次。除此之外，他还把平时省吃俭用节约下来的200元分别支援了抚顺市望花区人民公社和辽宁水灾区，部队得知此事后，决定树立雷锋为“节约标兵”。

1960年11月8日，由于雷锋对党一片赤诚之心，在日常工作中表现优异，运输支部党员大会通过了雷锋的入党申请，并将他选为抚顺市人民代表。次日，在沈阳军区招待所里临时召开党委大会，正式批准雷锋为中国共产党党员。共产党给予雷锋新生，而雷锋短暂的一生都贡献给了这个伟大的母亲。

二、他是可敬可爱的“傻子”

“还应该多做一些日常的、细小的、平凡的工作，少说漂亮话。”身为一名优秀共产党员，雷锋总是倾其所有为人民做实事，也正是这些平凡而具体的工作实践，串起了他短暂却又闪闪发亮的一生。

他说：“我是人民的勤务员，自己辛苦点，多帮人民做点好事，这就是我最大的快乐和幸福。”雷锋勤勉为人民的故事，总是口口相传，渐渐传遍大街小巷。有一次，雷锋外出在沈阳车站换车，出检票口的时候他发现一群人围着一个背着小孩的中年妇女，他上前询问一番之后，得知她弄丢了车票而无法进站，于是雷锋连忙用自己的津贴费买了一张火车票塞到她手中。而当这位妇女询问他的单位时，雷锋摆摆手说道：“我是解放军，家就住在中国。”

同样的沈阳车站，雷锋不止一次地帮助过那些身处困难中的人。在5月的一个清晨，他冒着雨，带着干馒头片去工作，路上看见一位妇女背着小孩，身后还有一个小女孩在默默跟着，正艰难地向车站走去。雷锋下意识地脱下身上的雨衣披在妇女的身上，又抱起小女孩陪她们一起走到车站。一路上，雷锋热心关怀，并把自己的衬衣送给小女孩，连同兜里的干馒头片也一并送给了她们。对于妇女的感恩之心，雷锋说：“不要感谢我，应该感谢党和毛主席啊！”

他曾在手稿里写道："毛主席的教导告诉了我，要得到群众的拥护，就得从关心群众做起。党员干部原本也是普通人，也是血肉之躯，也是家庭中的一分子。"岁月静好时，他们如一盏盏蜡烛，默默在自己的岗位上发光发热；危难来临之际，这些星星点点的光亮便立刻汇聚起来，如太阳般迸发出耀眼的光芒。没有人天生就是英雄，就是这样一个普通人，却一直做着不普通的事。

他是可敬的"傻子"。火车上，雷锋为老大娘让座，积极打扫车厢卫生、给旅客们倒水，看见别人有困难时，就义不容辞冲上去帮忙。在寒风刺骨的冬天里，他摘下自己的手套，送给陌生的老太太……别人说他傻，他却在日记里说："我甘愿做这样的'傻子'。"别人问他这样没家没业的，干吗这么苦熬自己？他回答说："谁说我没家没业，我们祖国大家庭有六亿多人口！"他就是这个大家庭中的一分子，为了这个家做自己力所能及的事情，他愿意！

他是孩子的知心人。雷锋先后担任过抚顺市建设街小学（雷锋小学）和本溪路小学的校外辅导员。雷锋平时的工作已经十分繁忙，但他仍利用午休时间或风雨天不能出车的日子到学校去看望同学们。面对顽皮、爱玩的小男孩，他总有办法让他们听话，并且改掉坏习惯。同时根据小孩子的特点因材施教，启发他们努力学习，长大以后报效祖国。

他是模范班长。1961年9月，雷锋担任连里二排四班的班长。在他潜移默化的影响下，四班成了"四好班"，雷锋也成了全连的"四好班长"。雷锋的行动虽默默无声，但强劲有力，在他的影响下，四班的同志们看到需要帮助的人们，也会冲上去帮忙。雷锋始终展示着激昂向上、勤奋乐观的人生姿态，他向善向真的价值追求，阐释着爱国、无私、奉献的最深含义。

因为工作原因，雷锋要从沈阳转车，当他背着包路过地下通道时，看见一位满头白发衣衫褴褛的老大娘，步履蹒跚地走着，雷锋立即走上去问道："大娘，您到哪里去?"通过询问得知她是来抚顺看望儿子的。雷锋一听大娘和自己同路，便把大娘的东西接过来背在自己身上，扶着老人说："走，大娘，我送您到抚顺。"老人感动极了，一口一个好孩子地夸他。进了车厢，他给大娘找了座位，自己就站在旁边，掏出来刚买的面包，塞在大娘手里，雷锋的热心举动让大娘心生暖意。下了车之后，雷锋拿着地图陪老人找了两个小时，终于找到了她的儿子。大娘跟儿子一见面就说："多亏了这位解放军，要不然还找不到你呢。"雷锋却习以为常："谢什么啊，这是我应该做的。""雷锋出差一千里，好事做了一火车。"这句话流传在人们身边，而乐于助人也成了雷锋精神的代名词。

雷锋不仅热爱学习，还带动了身边同志学习的热情。他经常把自己的藏书拿出来供大家学习，被人们称为"小小的雷锋图书馆"。与他同班的战友乔安山文化程度低，雷锋就手把手教他认字和学算术。身边战友有学习上的问题向他请教时，他总是乐此不疲地进行解答。

为了挤出时间，雷锋就把书放在包里，没事的时候就坐在驾驶室里看书。他在日记里这样写道："有些人说工作忙没有时间学习，我认为问题不在工作忙，而在于你愿不愿意学习，会不会挤时间，要学习的时间是有的，问题是我们善不善于挤，愿不愿意钻。一块好好的木板，上面一个眼也没有，但钉子为什么能钉进去呢?这就是靠压力硬挤进去的，硬钻进去的。由此看来，钉子有两个长处：一个是挤劲，一个是钻劲，我们在学习上，也要提倡这种'钉子'精神，善于挤和善于钻。"

1960年的一个夏日，雷锋路过一个建筑工地看到工人们正热火朝天地施工，他见烧水棚旁放着几辆空推车，便推着其中一辆参与到运砖的行列中。广播站的工作人员得知情况后，广播告知工友们有位解放军战士在休息日来帮忙，工人们受到鼓舞更加有干劲了，还与雷锋比赛，于是这天下午工人们提前两小时完成了当天的任务。

三、雷锋精神，永在前行

1962年春节，雷锋在《前进报》发表《62年春节写给青年同志们的一封信》，在此前后，他已经多次在《前进报》上发表文章，用自己的言语来表达对祖国和党的忠诚。此时的雷锋已经不再是一名稚嫩的少年，他是一名成熟的共产主义战士，是一名心有大爱的军人，也是千千万万普通党员中的一个。

1962年2月，雷锋以特邀代表的身份出席了沈阳军区首届共产主义青年团代表会议，并被选为主席团成员在大会上发言。这对于雷锋来说，是极大的荣誉，也是极大的肯定。他在日记中写道："毛主席教导我们'虚心使人进步，骄傲使人落后'，这是千真万确的真理……今后，我要更加珍爱人民和尊敬人民，永远做群众的小学生，做人民的勤务员。"

然而，天有不测风云，1962年8月15日，雷锋与战友乔安山准备前去洗车，雷锋在指挥倒车时被一根晒衣服的木杆打在头部。雷锋当即昏迷过去，战友赶忙将他送往中国人民解放军第202医院抢救，最终抢救无效，于12点5分不幸牺牲。

这年，雷锋22岁。

雷锋的青春永远定格在22岁，但他的精神直到今天还在潜移默化影响着我们，还在砥砺中华儿女在困难中前行，提醒我们即使身处人生的低谷也不要忘记帮助别人。

雷锋牺牲的第三天，举行了“公祭雷锋大会”，人们自发来到公祭现场，在悲痛中缅怀雷锋。那个看上去十分瘦小的战士，却是人们心目中高大的精神楷模。正值青春年少，他本可以为自己活着，为自己奋斗，可是他选择了扎根民众，心怀大爱，他用行动向世人诠释了生命的价值意义。

1963年3月5日，毛泽东同志在《人民日报》上发表题词“向雷锋同志学习”。雷锋这个响亮的名字，始终在我们心中闪烁着不灭的光芒。习近平总书记曾讲，雷锋身上所具有的信念的能量、大爱的胸怀、忘我的精神、进取的锐气，正是我们民族精神的最好写照，是我们“民族的脊梁”。

雷锋虽已离我们而去，但他的精神始终在我们心中。只要我们留心，就会发现当年雷锋所做的事情时至今日还在不断地重复，那些感动我们的人物大都与雷锋有关，甘于奉献的大凉山马班邮路乡邮员王顺友说：“我比不上雷锋，但我要学习雷锋。”舍己救人的大学生李春华也曾说：“生命有限，我要向雷锋学习。”

学习雷锋好榜样，在广袤无垠的中国大地上，始终有千万个雷锋在成长、在贡献、在付出。雷锋是“无私奉献”的同义词，是“好人”的最深含义。雷锋又不仅仅是一个名字，它宛如一座丰碑，用不朽的精神传扬后世，影响着一代又一代的人们。

中国飞天第一人——杨利伟

2003年10月15日，中国航天英雄杨利伟乘坐“神舟五号”载人航天飞船一飞冲天，这一壮举使得中华民族千年飞天梦圆。或许我们在杨利伟升空后的某一刻仰望星空，能够感受到他注视地球的目光。“神舟五号”和杨利伟承载着中华民族的飞天梦，而作为中华飞天第一人，杨利伟的探索象征着中国成功走向太空，作为中国航天人的杰出代表，他的名字将被历史铭记。

一、飞向蓝天的梦

1965年，杨利伟出身于辽宁省葫芦岛市绥中县的一个知识分子家庭，他从小生长在大海边，总是看着海鸥向蓝天飞去，希望有一天也能够飞向蓝天。

杨利伟的父母都曾在镇里的中学教书，他从小也耳濡目染，热爱读书，他的作文《我见到了周总理》还曾入选作文集。小时候的杨利伟性格内敛，缺乏胆量，父亲有意对他进行锻炼，带他去爬山摘果子，下河游泳捞鱼。杨利伟由此对探险及运动产生了浓厚兴趣，常常同玩伴跋山涉水野游山川，探访狐仙洞，寻访古寺遗址，探秘传闻中的“链锁地井”等。他喜爱《闪闪的红星》《小兵张嘎》《鸡毛信》以及《铁道游击队》等战争故事片，曾请求父亲帮助同班的小伙伴们赶制红缨枪，还毛遂自荐担任儿童团团长。这些经历与他的“飞天梦”为其后来成为“中国太空第一人”打下了基础。

1983年6月，高中三年级的杨利伟报名当地空军飞行员的资格选拔，经过严格的选拔、考察、体检、面测等程序，杨利伟在18岁这年正式成为中国人民解放军空军飞行学院的一名学生。

1987年杨利伟顺利毕业并获得学士学位，由于表现出色，被分配到空军歼击航空兵部队做飞行员，于1988年被授予空军中尉军衔，并于同年加入中国共产党。

1995年9月，杨利伟参加预备航天员的空军现役飞行员选拔，并于1997年4月凭借过硬的身体条件与素质在临床医学、航天生理功能指标、心理素质等测试中完全达标，成为预备航天员。1998年1月，包括杨利伟在内的13人成为空军优秀飞行员。

2003年7月，经评定，杨利伟已经具备独立执行航天飞行的能力，被授予三级航天员资格。同年10月，“神舟五号”成功升空，杨利伟成为全国人民心目中的航天英雄。

二、险象环生的航天历程

航天任务充满未知的惊险，航天员执行任务往往要克服重重困难，经历非常人能忍受的痛苦才能成功返回，杨利伟执行“神舟五号”升空任务就历经了很多艰险磨难。

在“神舟五号”升空的过程中，杨利伟展现出坚忍的毅力，据他回忆："2003年10月15日上午9时整，火箭尾部发出巨大的轰鸣声，几百吨高能燃料开始燃烧，8台发动机同时喷出炽热的火焰，高温高速的气体几秒钟就把发射台下的上千吨水化为蒸汽。火箭和飞船总重达到487吨，当推力让这个庞然大物升起时，大漠颤抖、天空轰鸣。火箭逐步地加速，我感到压力在渐渐增加。因为这种负荷我们训练时承受过，我的身体感觉还挺好，觉得没啥问题。但就在火箭上升到三四十千米的高空时，火箭和飞船开始剧烈抖动，产生了共振。这让我感到非常痛苦。人体对10赫兹以下的低频率振动非常敏感，它会让人的内脏产生共振。而这时不单单是低频振动的问题，还是这个新的振动要叠加在大约6G的负荷上。这种叠加太可怕了，我们从来没有进行过这种训练。我担心的事情还是发生了。共振是以曲线形式变化的，痛苦的感觉越来越强烈，五脏六腑似乎都要碎了，我几乎难以承受。心里就觉得自己快不行了。飞行回来后我详细描述了这个难受的过程。我们的工作人员研究后认为，飞船的共振主要来自火箭的振动。之后改进了技术工艺，解决了这个问题。在'神舟六号'飞行时，得到了很好的改善，在'神舟七号'飞行中再也没有出现过这种情况。"

此外，杨利伟在航天过程中还遇到了难以解释的奇怪现象，他曾回忆："进入太空之后不久我就听到了奇怪的敲击声，那声音好像是一把木槌在敲击铁皮桶。不分日夜，时快时慢，声音很飘忽，不知道来自飞船外面还是里面。当时，飞船各项数据都没问题，我没向指挥中心报告这个情况……执行完'神舟五号'任务之后，我觉得我不适合航天任务，就没再起飞了。"

在2003年10月"神舟五号"成功返回地面时，杨利伟出舱的画面通过现场直播传遍全球。杨利伟描述当时的感受："着陆时巨大的冲击力，因为麦克风有不规则的棱角，让我嘴角受伤，要是在颈上，后果不堪设想。”这种生理上的剧烈痛苦常人是无法忍受的，只有受过专业训练和拥有足够强大的毅力才能撑过来。

这些发生在“神舟五号”升降时的故事听起来像天方夜谭，而实际上这些险境带来的痛苦超出我们想象，杨利伟坚忍顽强的毅力和沉着冷静的品质值得所有人学习。

三、英雄现状

航天英雄杨利伟获得过多项成就。他是第一个进入太空的中国公民，在他之前，美国有四位华裔航天员曾进入太空。

2003年11月7日，杨利伟获“航天英雄”称号，并在人民大会堂接受了奖章和证书。

2004年2月12日，杨利伟荣获2003年度“感动中国”十大人物。

2005年3月16日，小行星21064以杨利伟的名字命名。

2008年7月22日，杨利伟被授予少将军衔。

2008年8月6日，奥运火炬开始在北京市传递，航天英雄杨利伟跑首棒。

2008年11月，杨利伟获第四届中国航空航天月桂奖特别奖。

2009年9月14日，杨利伟作为“100位新中国成立以来感动中国人物”之一，受到中共中央全体常委领导同志的接见。

2010年10月31日，杨利伟入选《2010首届王顺利百年中国人物榜》。

2014年9月15日，太空探索者协会第27届年会在北京闭幕，作为中国首位飞向太空的航天员杨利伟被授予列昂诺夫奖。

2003年香港《大公报》发表社评《杨利伟旋风热动全城》：杨利伟是这次“神舟五号”载人飞船成功升空的标志和代表。从杨利伟的表现中人们可以看到今天中国精英一代的崛起，看到他们的素质、智慧和表现，看到国家未来光辉远大的前景和希望。

四、航天英雄的优秀品质

航天活动要求航天员具有强壮的体质，以耐受各种恶劣的环境条件；具有良好的心理品质，以掌握复杂的操作技能和应付意外情况的发生；具有较高的文化程度，以探索载人航天的经验；还要有崇高的奉献精神，以适应航天探险活动。而杨利伟能够通过层层选拔，达到要求，成为一名合格的航天员，是极为不容易的。作为一名航天员，杨利伟需要时刻做到精益求精，他曾说：“有一种生活，你没有经历过就不知其中的艰辛；有一种艰辛，你没体会过就不知其中的快乐；有一种快乐，你没拥有过就不知其中的真谛。”

航天英雄最难能可贵的品质莫过于奉献精神，如果大家去中国航天城，首先映入眼帘的是这样一句话——祖国利益高于一切。

杨利伟能够克服常人无法想象的紧张，但并不意味着他完全没有挂碍。当他得知自己很有可能被选为中国第一名宇航员时，他回到家中教妻子怎么调那个她一直不会调的电子钟。但是妻子把钟夺过来，认真地对他说：“我不要学会怎么来调。”

杨利伟曾坦言：“如果家庭或者爱人和孩子这一方面，对事业的看法不一样，那么会直接影响工作的。”他也许是一个不会用言语表达爱的军人，但他用行动证明了那份穿越银河仍坚定如初的爱。

杨利伟是中国航天事业发展的参与者与见证者。

在执行“神舟五号”任务时，杨利伟把手边的工作完成后，在束缚带解开的第一时间冲到了舷窗旁。这一刻他已经忘记了，训练的时候是要怎样去控制自己。他冲到舷窗旁去俯瞰外面，看人类赖以生存了一万多年的美丽家园。在那一刻，就感受到了作为中国人的骄傲和自豪，体会到了此番经历带来的无限快乐。所以，当他第一次能够把手套摘下来，用手拿起笔写字的时候，就在工作日志的背面写上了这样一句话——为了人类的和平与进步，中国人来到太空了！

中国航天走过了几十年，时至今日，我们的载人航天已经进入了空间站时代。中国的空间站已经迎来首批宇航员，未来将会在太空中工作十年以上。杨利伟说：“因为我们的梦想和国家的需要紧密地联系在了一起，我们的目标是让中国航天迈入航天强国，我们的目标是星辰大海！”2020年1月8日，杨利伟在《中国日报》和共青团中央宣传部主办的“向上的力量·未来十年”活动中发表演讲，他回顾了中国航天的历史，述说了那些不为人知的航天背后的故事，赞扬了为航天事业默默奉献的人们。演讲非常成功，打动人心。

杨利伟所执行的航天任务，不但关乎祖国的发展，更关乎人类的未来。关于怎样看待人类不惜冒着生命危险去不断探索外太空，杨利伟说道：“外太空有无限的资源可以利用，人类去开发它，也是为了造福人类，是为了人类自己在做服务。和平地去利用这种太空资源是人类发展的一个必然，也是大家的一个愿望。虽然国外的一些机器人也去，到火星到外太空去探索，我想这个是不能完全代替人上天的。因为人有自己的主观能动性，人是有思维的，许多事情还是需要人去创造。”在太空中凝视我们的蓝色星球，心灵将经历一种难以用语言来形容的震撼，也许只有那一刻，我们才能真正地了解到人类如此锲而不舍探索外太空的意义。

排雷英雄——杜富国

“听众朋友们大家好，我是你们的老朋友杜富国，大家很长时间没有听到我的声音了吧，有没有想我呢？今天呀，我就给大家讲一讲排雷兵的故事……”军队广播节目《南陆之声》中主播的嗓音浑厚且坚定，带着温暖和乐观，可是谁又能料想到，在这样积极的嗓音背后，隐藏着一个何等坚毅的灵魂。主播杜富国是南部战区陆军云南扫雷大队的一名战士，曾多次进出雷场，经历过无数次如同走钢丝一般的生死瞬间。2018年10月11日下午，在云南省麻栗坡县老山西侧坝子雷场的一次排雷任务中，面对雷场中的复杂情况，年轻的杜富国只说了一句“你退后，让我来”，便用身体挡在前面，然而一场意外爆炸发生了，他从此失去了双目及双手。

一、刻苦学习，只为完成任务

由于云南边境的雷区处于典型的喀斯特地貌地区，其中的雷场作业区最高坡度高达80度，排雷难度极大。即使是采用目前世界上最先进的扫雷设备，也很难派上用场，只能靠排雷战士用探雷器与双手去扫雷排雷。杜富国说过每一次扫雷只有零分和满分，这些勇敢扫雷的战士们不惜与死神不停较量，也要在每次的排雷任务中争取“满分”，替老百姓扫除战后雷患。

这天下午，杜富国所在小组接到搜排任务，这是第三次云南边境扫雷人工搜排的最后一块雷场，这里的空气中弥漫着泥土的味道，这片土地上散发着平静的气息。扫雷队员们深知，在20世纪七八十年代，这里曾发生过一场生灵涂炭的战争，泥土下面正是骇人听闻的“死亡地带”，时至今日，土里依旧埋着当时遗留的许多地雷。这些尚未被清理的爆炸物在这里“守候着猎物”，似乎想要带走更多无辜的生命去警醒人们战争是何等残酷。而排雷战士们，则是一个个走在钢索上的人，往前走抑或是向后退都承担着未知的风险。即便是这样，他们都一心勇往直前，为国家边境人民的安全而奋战。

扫雷大队4队，即杜富国所在的队伍，担任组长的杜富国和战友艾岩组成了作业组。杜富国在踏入这片雷场之前，作为一名保家卫国的扫雷卫士，也作为一名忠诚的共产党员，英勇地执行着每一次的任务。在杜富国勇敢且细腻的排查下，累计排雷排爆2400多枚，处置险情20多次，这背后付出的艰辛难以想象，而这背后挽救的生命也是无数的。与杜富国一起执行任务的，还有跟他一同出生入死的队友们，他们都是我国伟大的保卫者。

探雷器是扫雷兵手中最强有力的“武器”，有人曾说：学会五分钟，学精要五年。杜富国的扫雷之路也不是一帆风顺的，由于文化基础比较薄弱，为了学习及掌握排雷理论和技术，他付出了极大的努力。杜富国在晚上熄灯后还在挑灯夜战，他做的笔记，写满了一张又一张的小卡片，平时用来学习扫雷的教材也被他用不同颜色的荧光笔勾满了重点。决心做一名排雷兵的杜富国在训练场训练时常常是废寝忘食，非专业出身的他，为了锻炼自己的排雷扫雷本领，几乎把整个训练场的土都松了一次。他将各种金属物反复埋住又挖出，只为熟能生巧。为了能让他的耳朵达到听音识物的能力，他还邀请战友模拟对抗，让队友随意埋设金属物，通过不一样的埋设方法来增加排查难度。经过长期的训练，杜富国的努力得到了回报，他熟练掌握了十多种排雷的方法，而他手中的探雷器早已成了他忠诚的“战友”。

二、触目惊心的爆炸

2018年10月11日这天，杜富国与战友艾岩如往常一样，穿着防护服，佩戴着头盔，去完成排雷任务。对这次任务充满信心的他们，拿起了如同他们身体一部分的探雷器在这个山坡上小心翼翼地搜寻着，他们的步子很轻却很踏实，仔细地探查着每一寸土地。在坡顶排扫时，映入他们眼帘的是一枚露出了部分弹体的爆炸物。杜富国仔细观察分析后，判断这可能是一枚炸药分量相当重、爆炸威力相当大的加重手榴弹。除此之外，杜富国以自己久经雷场的经验判断，下面可能还掩藏着一个雷窝。面对如此危险的爆炸物，杜富国表现出过硬的心理素质与业务能力，他冷静而又迅速地向云南扫雷大队4队副队长、当时的分队长张波汇报了情况，随即接到指示去查明此爆炸物中是否有诡计设置。面对眼前这颗充满危险的加重手榴弹时，作为组长的他毫无惧色，立马站在队友艾岩身前，并说：“你退后，让我来。”杜富国在战场上“争先恐后”的情况，并不是第一次了。曾在马嘿雷场，战友唐世杰探到十多枚极度危险的火箭弹，杜富国挺身而出让战友退到安全地带，独自上前去处理险情。同样地，在八里河东山一雷场，班长刘贵涛探到一枚相当危险的抛撒雷，杜富国仍冲在最前面，去完成这次任务。扫雷队的士兵们都清楚地知道，当处于险象环生的雷场时，谁多排一颗雷，谁就会多承受一分危险，杜富国敢于承担这样巨大的风险，是因为他不想让别人冒险。

这次在坝子雷场的任务中，杜富国让艾岩在两三米开外待命，自己则小心翼翼地按照平常作业的程序开始执行任务，突然，只听巨大的一声轰响，这震耳欲聋的爆炸声响彻了整片地区。在爆炸的那一瞬间，艾岩还没有反应过来，杜富国下意识地挡在了艾岩身前。突如其来的爆炸，把杜富国身上的防护服炸得稀碎，他当场失去了知觉并倒在血泊之中，血不断地从他的身体里涌出来，不幸的是，杜富国就这样失去了双手和双眼，全身不同部位也受到大面积的创伤……

在听到那一声巨响时，张波意识到在杜富国处理爆炸物那里可能有意外发生，当即迅速奔向爆炸点。与此同时，随时在附近待命的军医立刻上前营救。战友们看到倒在地上血肉模糊的杜富国，都心疼得眼泪在眼眶中打转。战友们呼唤着杜富国的名字，呼唤着军医，他们急切的呼喊声在山间回荡着，那一声爆炸所带来的余响，也在山中和战友们的脑海里回荡着。

三、永不言弃的英雄

杜富国当时生命垂危，在重症监护室待了三天三夜，其间医生们为他进行了连续五次的大手术。内心坚守着保家卫国、保护战友的杜富国撑过去了，他把死神的镰刀轻轻从脖子上拨开，露出了坚强的笑容。恢复知觉后的杜富国，没有因身上的疼痛叫喊过一次，也没有因眼前的一片黑暗而感到害怕，他开口说的第一句话是：“艾岩怎样？”得到战友平安的回答后，他毅然决然地对医生说：“赶紧治好我的伤，我还要去扫雷！”此时的杜富国，在苏醒之际，依然心系自己的职责和战友的安危。

住院期间，护士每天都需要清洗杜富国的伤口并为他换药，伤口包括他的双手双目，还有浑身的伤处。每次都是即将愈合却又立即撕裂般的疼痛，那是普通人难以忍受的痛楚，而杜富国都咬牙坚持下来了！护士担心他疼，总是轻轻地为他处理伤口，他却反而安慰护士：“护士，你不要怕，我不怕疼！只要让我功能恢复，早日回到部队，再大的苦我也能吃！”在医院里，战友们也轮流前来照顾杜富国。面对战友们，杜富国虽然看不见他们，但能听到他们熟悉的声音，此时的杜富国还不知道自己已经失去了双眼和双手，他盼望着能早日回归，回归雷场贡献自己的一分力量。杜富国坚持不懈地每天与伤痛做着顽强斗争。他深知，一名优秀的扫雷士兵，必须时刻做好走进雷场的准备。

在杜富国受伤的当天，部队打电话告知了杜富国的父亲，父亲马上带着家人连夜从老家遵义赶往杜富国所在的医院。面对躺在病床上身负重伤的杜富国，父亲心痛不已，但是他保持着平静，他知道儿子作为一名军人，在进出雷场之间，每时每刻肩膀上都担着危险。看着杜富国，心疼却又自豪的父亲说道：“谁家的孩子都是父母的心头肉，不担心肯定是假的。但作为一名军人，他有他的职责和使命。”杜富国在家中四兄弟中排行老大，此时杜富国最小的弟弟，正驻守在祖国的边疆——西藏，也是一名保家卫国的战士。杜富国的名字中也流露出他的父母对国家的热爱，也许正因出生于这样的家庭，他自小对于军人的身份拥有着别样的情感。

杜富国得知自己失去双目和双手的事实是在一个多月之后，为了不让大家担心，他沉默了一会儿，坦然地说："我知道了，你们放心吧，我会坚强起来的！我不能扫雷了，但我还可以给人们讲扫雷的故事。"于是，晚上8点，一档名叫"播音员杜富国"的节目开始放送了，节目里传来了那坚毅且乐观的嗓音："听众朋友们晚上好，这里是南陆之声。晚上8点，陪伴每一个身穿迷彩的你，我是今晚的主播杜富国……"这位"90后"的英雄战士，自加入扫雷部队的那一刻起，就已经决定要奉献自己的终生。

在首届陆军"四有"新时代革命军人标兵颁奖仪式上，杜富国的双眼依旧裹着纱布，在那身庄严的军服下，他的身姿是那么端正、挺拔。杜富国敬军礼时，虽然不见那只放在额前的手，但现场所有人都认为，没有任何军礼比这个更为标准了。

四、他有一个"排雷梦"

杜富国出生于贵州省遵义市湄潭县，从小就听着红军的故事长大。杜富国曾说："来到解放军这个光荣集体，我思索着怎样的人生才真正有意义、有价值。我感到，衡量的唯一标准，是真正为国家做了些什么，为百姓做了些什么。"这句话，正体现了杜富国作为一名军人、一名共产党员的人生价值观。

在杜富国身处的排雷大队所在的这条边境线上，雷患成了边民挥之不去的梦魇。因为雷患的存在，村民无法耕地，也不能在许多地方自由活动，脱贫之路道阻且长。八里河东村里，拐杖几乎是每一户人家的必需品，许多村民因爆炸而伤及手脚，因此被截肢，甚至是死亡。杜富国加入扫雷部队的初衷，就是因为了解到这些被雷患威胁着生命的村民，每天都在胆战心惊地过着日子，他在参加扫雷行动申请书中说："当我了解到生活在雷区的村民十年间被炸三次的惨痛事件时，我的心难以平静。我感到冥冥中这就是我的使命，一个声音告诉我：我要去扫雷！"

自2015年杜富国申请到边境扫雷以来，他的父母一直很担心他。在扫雷队的3年多来，杜富国很少和家里讲起自己进出雷场作业的事情。父母想着儿子在祖国的边疆为祖国为人民贡献力量，内心的欣慰感便淡化了那些担忧。在杜富国重伤之后，他的父亲来到儿子曾经执行任务的雷场，从村民口中听到了儿子这几年所做的贡献，以及让许多村民拾起了对生活的希望。父亲深切明白了儿子坚守在部队的原因，这不仅让父亲深受感动，也让他感到骄傲。

杜富国与扫雷大队的缘分要从他刚参军的时候说起，那时他原本可以成为一名在西双版纳驻守祖国边疆的边防战士，但他却主动选择了加入扫雷大队，领导偶然发现他的烹饪手艺非常不错，曾打算安排他去部队的炊事班，但杜富国依旧选择了去前线扫雷。杜富国的微信名叫"雷神"，QQ名叫"征服死亡地带"，可以看出他对自己的职业的坚定与热爱。2018年9月，已是中士的杜富国已满服役期，在12月即将面临退伍。曾有战友问他是否会离开部队，杜富国的回答坚定有力："活儿还没干完就退伍，谁来扫雷？"他早已把扫雷当作自己一生所必须执行的任务，杜富国对扫雷的执着，让他成为所有人心中的英雄战士！

五、人民心中永远的英雄

从2015年到2018年的3年多时间，勇敢的扫雷部队官兵仔细搜查雷场的每一寸土地，他们甚至都能记住每一块土的颜色和气息。每一个踏在雷场的脚印，都是他们英勇的证明，但凡走错一步，就可能会走到阎罗王的面前报到。就在杜富国受伤后，扫雷队的这群好男儿擦干眼泪，在那片雷场继续奋斗了36天，于2018年11月16日，终于将雷患清除完毕，历经3年多的云南边境第三次大扫雷行动圆满结束。杜富国以及其他战士们无不体现出中国军人的英勇和担当，他们把清除雷患后的雷场移交给了麻栗坡的人民，在移交雷场的那一刻，他们脸上洋溢着自豪与欣慰的笑容，这都是他们用生命争取回来的土地啊！麻栗坡的人民终于能够在这片本属于他们的土地上耕种，不再担惊受怕。内心充满感激的当地老百姓在杜富国负伤的那片土地上种上了茶叶树，并把采摘下来的新茶命名为“富国茶”。当“富国茶”被人们品在口中时，杜富国以及其他为国奉献的战士们也被铭记在了大家的心中。

火海英雄——杨科璋

“有速度的青春，满是激情的生命。热爱这岗位，几回回出生入死和死神争夺。这一次，身躯在黑暗中跌落，但你护住了怀抱中最珍爱的花朵。你在时，如炽烈的阳光。你离开，是灿烂的晚霞。”2017年“感动中国”的颁奖词赞美了杨科璋的英雄事迹，他的一生虽短暂，却如烟花般绚烂。当他舍己救人，用自己的身体当作保护垫的那一刻，他就永远地活在了我们心中。

一、他把生的希望留给别人

2015年5月29日的深夜，本来就像所有平常的日子一样，但冥冥之中似乎有双看不见的手在操控着，一声警报打破了广西玉林消防队的宁静。广西壮族自治区玉林市新民社区泉源街一幢9层楼的民宅起火，一名妇女和她10岁的儿子以及2岁的女儿被困在五楼，情况十分危急。接到报警后，玉林市公安消防支队官兵迅速赶往火灾现场。此时熊熊烈焰已经窜出二楼的窗户向上翻滚，从一楼通往五楼的临时木质楼梯已经被烧毁。起火的大楼周边场地拥挤狭窄，举高消防车也无法施展并进行救援工作。

就在这时，为了第一时间拯救生命，杨科璋主动请缨，带领三名战友组成救援小组，从外墙的爬梯爬到楼顶，逐层向下搜救。由于狭窄的楼梯间形成了“烟囱效应”，即使有消防员专用的强光灯，也还是伸手不见五指，只能看见自己头顶上的那束光。杨科璋与战友艰难地摸索着进行搜救。他们到达第六层时，突然听见隐隐约约的拍门声。杨科璋当机立断带领战友进行搜救，终于在第五层的卫生间发现了被困的母子三人。母亲瘫坐在地，男孩因吸入浓烟呕吐不止，小女孩则陷入了昏迷状态。

面对越来越大的浓烟，面对救援战友的体力不足，面对空气呼吸器储气即将耗尽的情况，杨科璋果断下命令：“快，赶紧救人！”小男孩问杨科璋：“叔叔，我会死吗？”杨科璋坚定地回答他：“别怕！孩子，我们会救你们出去！”楼下火势不断向上蔓延，情况越来越危急。杨科璋抱起小女孩对战友说：“大家不要慌，绝不能放弃！我先把小女孩救出去！”并嘱咐战友对被困母子进行安全防护，自己则摘下空气呼吸器的面罩套在小女孩的头上，毅然拉开房门，在黑暗中开始摸索逃生之路。

当救援快要结束时，杨科璋的战友发现找不到杨科璋和小女孩了。战友李毅回忆道：“当时听到对讲机传来的这种声音，就感觉可能不好。”原来就在杨科璋的撤退路线旁，有一个正在改进的电梯井，遮挡井口的木板已经被大火烧毁。在伸手不见五指的浓烟中，杨科璋不慎踩空，从五楼跌落。后来战友们从一路的电梯井口处找到了杨科璋和小女孩，他们发现杨科璋时，他仰面躺在地上，小女孩被他紧紧抱在怀中。

杨科璋用自己的身体当作“保护垫”，小女孩除了头部擦伤外并无大碍，而杨科璋却伤重不治。在生命的最后一刻，他依然保持着抱孩子离开时的姿势。“高空坠落紧急避险是我们的常训科目，杨科璋坠落时只要本能地张开双臂，抓摸到楼板或者钢筋，就能减缓下坠冲击和调整落地姿势，极有可能生还。”杨科璋的战友欧灵说，“而杨科璋却没有张开双臂，只因他的怀里还抱着小女孩。”参与抢救的医生说：“从本能应急反应来说，意外跌落都会自然张开双手，寻找支撑保护，但他始终没有松手，如果不是他当保护垫缓冲，小女孩绝无生还可能。”

在这生死关头，杨科璋舍己救人，把生的希望留给了别人，用忠肝义胆诠释了消防战士的忠诚与责任。他的青春在27岁驻足，短暂却精彩，如夜晚的流星划过长空，让人感动，也让人始终铭记。

二、热爱消防，苦练本领争一流

杨科璋出生在一个武术世家，从小受家风影响，遇到不公平的事情总会挺身而出。中学时，父母每周都会给杨科璋5块零花钱，除了每周六乘公交车回家要花1块钱，他会把剩余的4块钱攒下来。一次，班里同学因身体不适需住院治疗，全班进行捐款，杨科璋便把自己攒下来的零花钱全部捐了出去，这小小的善举是多么真实又难能可贵。2011年，杨科璋从桂林电子科技大学毕业后，怀着满腔报国之心应征入伍，入伍之后，他依旧是父母眼中的孝顺儿子。当时杨科璋的工资有3000多元，他会每月交给家里2300元。逢年过节，杨科璋还会跟哥哥一起商量给父母买什么礼物，他对父母的孝顺都体现在生活的细微之处。

2012年，杨科璋结束入警培训，被分配到玉林市消防支队工作。入伍四年来，他凭借“干一行，爱一行，精一行”的信念，勤学苦练，潜心研究，下到支队用了不到3个月的时间，就把80余种常规器材、100余种特勤器材的功能用法、性能标准、综合应用熟记在心。他快速地从一名普通的入伍大学生转变成消防业务尖子。

杨科璋入伍四年来，每次都代表支队参加消防业务大比拼，凭着娴熟的技术，他先后夺得3个单项第一、2个单项第二的优异成绩，并且多次被评为训练尖兵、岗位练兵先进个人和优秀装备技师。杨科璋在担任名山中队党支部书记、政治指导员后，他坚持“党支部、团支部、武警委员会”联建联创，实现了“一强带两强，支部更坚强”，把名山中队党支部建成了总队基层党组织规范化建设标杆单位。

杨科璋的心里始终有人民，玉州区名山街道名山村五保户吕阿婆是名山中队的帮扶对象。每到节假日或者空闲的时候，杨科璋和队友们都会带上生活用品去看望吕阿婆，帮忙打扫卫生，陪老人聊聊天、给老人捶捶背，并且他每个月还会从自己的工资里拿出200元给吕阿婆补贴家用。

杨科璋对消防事业的热爱还体现在他的事事上心。他每到一个中队，都会深入辖区熟悉单位情况，在他的辖区内，每一条街道小巷，每一家单位、场所，每一处水源都会记录在册，熟记于心。对于消防员来说，水源和时间是最宝贵的，熟悉街道路线和水源位置，在遇险时就能争取最大的时间来拯救生命。

三、灭火救援，他总冲在第一线

扑救火灾，他总在救援组的最前边。

应急救援，他总是在最容易发生危险的位置。

抢险救人，他总是把自己的生死抛之脑后。

“当兵不怕死，怕死不当兵”是杨科璋的口头禅。火场上，他是不要命的“拼命三郎”。一次次在火场出生入死，只为对得起心中信仰。

2013年6月2日，玉州区玉城街道大新社区一间仓库着火。杨科璋率先深入复杂未知的火场内部勘察情况，经勘察发现仓库结构简单容易坍塌，加上火势异常凶猛，如果仓库坍塌后果将不堪设想。杨科璋迅速整理救援思路，一面组织队友疏散群众，一面布置水枪阵地扑灭火势，并搬离障碍物开辟隔离带，很快就把火扑灭了。

2013年8月19日，杨科璋在休假期间去玉林城区拜访同学，遇到一个男孩爬到防盗网上玩耍时险些跌落，男孩的头卡在防盗网上，身体悬空，情况十分危急。杨科璋一边请求队友援助，一边迅速跑上楼进行救援工作。当时小男孩特别害怕，不停地说：“叔叔，我疼，救我!”杨科璋边安抚男孩情绪边指挥众人上拉下托做好安全防护。等到消防队队友赶来时，杨科璋从战友手中接过液压剪切钳，小心翼翼地剪断防盗网，救下了孩子。

2015年5月15日，一名中年妇女站在玉林市某单位的7楼窗台上说要跳楼，杨科璋和他的队友得知消息后立马出警赶到现场。妇女见到消防人员，情绪变得更加激动。杨科璋为分散妇女的注意力，假装递上矿泉水，一边说话安稳其情绪一边慢慢走向前。在妇女接过矿泉水的一瞬间，杨科璋迅速将妇女抓住。在妇女的激烈挣扎中，两人差点跌出窗外，楼下队员和群众看得胆战心惊，都为他二人捏了一把汗。最终，在杨科璋的努力下两人平安无事了。

“什么是人民子弟兵？就是敢于在人民群众最困难、最需要帮助的时候向他们伸出援助之手，播撒希望之光。”这是杨科璋的铮铮誓言，也是对人民的承诺。

2013年4月29日，博白县出现罕见的暴雨天气，多个乡镇发生山洪，导致房屋坍塌。灾情面前，时间就是生命，杨科璋与队友不顾自己安危增援博白县，不断奔波转场于各个救援现场。在双凤镇均田村，5名群众被迫到二楼阳台及楼顶避险，杨科璋带领队员渡过齐腰的洪水，用绳索将被困群众全部救出。

救人永不停歇，杨科璋得知双凤镇木长岗村一处房屋坍塌，有一个人被压在了房屋下的情况后，他来不及休息，立即顶着滂沱大雨，冒着山体滑坡、山洪暴发的危险赶到现场，成功救出被压埋的人员。在博白镇茂江村南流江中心一处孤岛上，有4名群众被困，他又马不停蹄地赶赴现场帮助被困群众顺利脱险。

自从杨科璋穿上消防员的橙色战袍，这样的事例数不胜数，在灾情面前，他始终不顾自己的安危，用鲜血和汗水守护着一方的消防安全。他在抢险救援中从未退缩，先后参与抢险救援任务200余次，抢救被困群众160多人，避免财产损失1000多万元。

火场里的每一次救援都那么相似，又那么不同。相似的是杨科璋始终不变的信念，为了人民的生命财产安全，他可以赴汤蹈火，可以义无反顾。他是逆着火海前进的英雄。不断挥舞爪牙的火海肆无忌惮地吞噬着生的希望，步履不停的消防战士分秒必争地抢夺着生的机会。每一次，他都从火光中赶来，带着被救援的人奔赴光明。

如果你问他，每一次的救援有什么不同吗？他会说没有，每一次都是为了人民。在这千千万万个相似的故事里，他创造了无数个不同的故事。被救起的小朋友长大了，会笑着跟他敬礼，坚定地说自己长大以后也要做消防员；被救起的村民拿着自家鸡下的蛋让他带回去吃，并说多亏了人民子弟兵；上了年纪的老奶奶忍不住流泪，握着他的手不肯放，不停地说如果没有你们，就没有我了……这样的故事永远说不完，他们平息了一次次灾难，又播撒了新的种子，这些种子是小朋友对勇敢的向往，是农民对生活的期待，是老年人对生命的珍视。这些种子会在来年春风的吹拂下慢慢长大，变成不一样的故事，流传在千家万户。他是杨科璋，他也是千千万万个消防战士之一。他们的相似之处是永远忠诚、永远勇敢、永远奉献的宝贵品质，他们的不同之处则是人民子弟兵留给千千万万群众的念想。

时至今日，虽然杨科璋走了，但他舍己救人的精神永存，共产党员生动的画卷中永远有他光辉的一页，这样鲜活的例子，不断彰显着党员干部舍身忘我、无私奉献的崇高精神，他们在奉献中给人们争取最大的福利，在奉献中实现了自我，在奉献中收获了幸福。

在得知杨科璋牺牲的消息后，很多人自发来到当地广场，点燃心形蜡烛，拉起写有“悼念英雄杨科璋”字样的条幅，在一片悲寂中沉痛悼念这位烈火英雄。2015年6月1日，公安部批准杨科璋同志为革命烈士，并颁发献身国防金质纪念章。广西壮族自治区公安厅为其追封一等功，追授其为“优秀共产党员”，共青团广西区委追授其为“广西青年五四奖章”获得者。

当玉林市的黑夜再次归于寂静，生命已经完成接力。杨科璋的队友们继续带着舍己为人的精神负重前行，他的铮铮誓言也在一片寂静中彰显出更加坚定的力量。他以生命最美的姿态结束了27年的短暂一生，生命的光芒依旧在闪烁。他的英雄事迹，传播到神州大地，感动了亿万民众的心。

我想，杨科璋代表的不仅仅是一个人，他们是一群人，是最美的逆行者。灾难在哪里，他们就在哪里。也许没有人知道他们的真实姓名，但他们“逆行”的身影永远定格在人们的心中。他们让受灾人民在危难时刻看到希望的曙光，他们是破晓前的黎明。无论是瞬间的壮举，还是经年累月的坚持，他们的身上始终蕴含着人性中最闪光的、最美好的品质。

劳动模范

LAO DONG MO FAN

打出石油献祖国——王进喜

“同志们呀，嘿哟，加油拉呀，嘿哟，这下没有动呀，嘿哟，大家快用劲呀，嘿哟”，这有力的号子声，是王进喜和同事们一起卸载油井钻机时喊的，他们二三十个工人一起用力拉动绳索，当拉不动时，大家就一起喊着这个号子，给彼此加油打气。就是在这一声声鼓气的号子声中，钻井一点一点地被人力挪动，成功卸载了下来。油井钻机非常重，一般都采用吊车卸载，但王进喜的1205钻井队却采用人力卸载，这是为什么呢？让我们一起走进王进喜的石油人生中去寻找答案。

一、党把我们当主人

王进喜于1923年10月8日出生于甘肃省玉门县（今玉门市）赤金堡，祖籍为陕西省渭南市大荔县羌白镇焦家村。王进喜的家庭十分贫困，父亲王金堂在40岁时才生下他这个儿子。生下王进喜后，夫妻俩十分高兴，按照当地习俗，父母要将新生儿与包新生儿的被子一起放在秤上称重，王进喜的父母为他称重时，重量刚好十斤，于是夫妻俩就为这个白白胖胖的儿子取了个小名，叫“十斤娃”。十斤这个重量对于刚出生的孩子来说，听着就一定是个大胖小子，长大后大概也会是个胖嘟嘟、圆乎乎的小孩子。但是，长大后的王进喜反而还稍有点瘦弱。

后来，“十斤娃”的父母按照家中族谱为他取名，王姓，进字辈，后面跟着个喜字，寄托了父母对他的期望，希望他能一生欢欢喜喜、开开心心。但是，生长在旧社会，又是那么一个贫困的家庭，王进喜受尽了旧社会的鞭挞与折磨，使他的童年生活与少年时代苦不堪言。

1929年，王进喜才6岁，甘肃玉门遭遇了百年不遇的大旱灾，连续三年大旱，农民颗粒无收，甘肃各地兵戈四起，战火蔓延，百姓无家可归。吃不上饭的贫困百姓将家畜吃尽，又捕捉野鼠，野鼠吃光后，饥饿使得人们争着扒树皮、挖草根来果腹。无数人在这场旱灾中饿死、病死，又有许多人因为战争而死。为了生存，小小的王进喜用棍子拉着双目失明的父亲沿街乞讨，希望好心人能给一口饭吃。

王进喜家本来有几亩薄田，却被区长强行“借”走，并霸占不还。王进喜初生牛犊不怕虎，不怕什么区长，他只知道，地是他们家的，区长必须把属于他们的东西还回来。他前去找区长讨要田地，但是区长看王进喜是个小孩子，就只给了他几丈白布当租金就把他打发了。虽然这次前往区长家讨要土地未取得成功，但这体现了王进喜同封建地主势力做斗争的勇气。家境贫寒又没有土地，没有收入来源，王进喜为了给他的父亲看病，只能同小伙伴一起到气候无常、饿狼满山的地方给地主放羊。

王进喜15岁时曾到旧玉门油矿做工补贴家用，他年纪不大但力气不小，大人能干的重活他干起来也毫不逊色，但即使努力干活，也仍然会受到监工的毒打。监工的暴行、鞭打、辱骂使王进喜愤愤不平，他奋起反抗，却被打得更惨。年少时总是意气风发，热血沸腾，带王进喜的师傅心疼这孩子，他告诉王进喜做人要懂得忍耐，太刚易折，太柔则废，要懂得同恶势力做斗争的方法。这些经历使王进喜养成了百折不屈、刚毅顽强的性格，也为他后来在石油开采领域做出成绩奠定了基础。

1949年9月25日，新中国成立前夕，王进喜的家乡甘肃玉门得到解放，人民打土豪分田地，有了属于自己的土地，从此以后农民们为自己干活，为自己生产，有了生活的动力。农民翻身做了主人，再也不用受地主的欺辱，不用在地主手上讨生活。王进喜铭记党恩，他在当钻工时既勤快又能吃苦，干活从不撂挑子，他说："党把我们当主人，主人不能像长工那样磨磨蹭蹭、被动地干活。"

二、"工交群英会"途中立决心

17岁的王进喜因为之前在油矿待过，所以新中国成立后，他依然选择了做老本行。1950年，王进喜通过了考试，成为新中国第一批钻井工人，他的第一份工作是在老君庙钻探大队当钻工。

1956年，由于王进喜吃苦耐劳的工作态度，兢兢业业的工作表现以及坚定的入党决心，党组织批准王进喜加入中国共产党。入党以后，王进喜工作更加努力，一心想要为党打下大油田。不久，王进喜进入了贝乌5队，并成了贝乌5队的第三任队长。1953年，我国第一个五年计划开始，玉门油田被列入全国156项重点工程。贝乌5队的名字就来自当时从苏联进口的钻机，这台钻机的汉译音就是"贝乌"，这支队伍是第5支钻井队伍，因此被叫作贝乌5队，这也是1205钻井队的前身。

王进喜成为贝乌5队的队长后，恰逢石油工业部组织“优质快速钻井”劳动竞赛，在此次劳动竞赛上，王进喜提出“月上千，年上万，祁连山上立标杆”的口号，同时，在王进喜的带领下，贝乌5队在劳动竞赛中创下了月进尺5009.3米的全国钻井最高纪录！在竞赛过程中，贝乌5队同其他钻井队一起交流学习，互相传授看家本领，为快速打好一口优质好井而努力奋斗。1956年10月，王进喜受邀到新疆克拉玛依参加石油工业部召开的现场会。克拉玛依油田是新中国成立后于1955年发现的第一个大油田。在会上，王进喜被授予“钻井闯将”的称号，接受了余秋里部长、康世恩副部长颁发的“钻井卫星”红旗，同时，贝乌5队也被授予“钢铁钻井队”的称号。

1959年9月，作为石油战线的劳动模范，王进喜被选为新中国成立10周年国庆观礼代表和“全国工交群英会”代表。1959年10月25日至11月8日，“全国工交群英会”在北京如期召开，王进喜作为甘肃代表前往北京参会。休会期间，王进喜在北京的街上游览参观，车水马龙间，王进喜注意到这些来来往往的公交车上怎么都顶着个大包袱？这也太累赘了！疑惑不解的王进喜问街上的路人，公交车上背的大包究竟是个什么东西。路人告诉他，那是煤气包，因为我们国家没有油，所以公交车只能烧煤气。当时我国还未发现大型油田，用油基本靠进口，是石油进口大国。我们的祖国缺油到如此地步，连首都北京都没有油用。这一幕深深刺痛了王进喜的心，自己作为一名石油工人，却让祖国没有油用，他感到深深的愧疚。他说：“北京汽车上的煤气包把我压醒了，真真切切地感受到国家的压力、民族的压力呼地一下都落到了肩上。”王进喜把中国石油的未来扛在了肩上，但只靠自己一个人的努力是远远不够的，必须动员中国所有石油工人，为国家的未来一起加油："一个人没有血液，心脏就停止跳动。工业没有石油，天上飞的，地上跑的，海上行的，都要瘫痪。没有石油，国家有压力，我们要自觉地替国家承担这个压力，这是我们石油工人的责任！"确实，当时新中国刚刚成立，百废待兴，有很多工作都等着去做，而石油是国家发展的重要战略资源，没有充足的石油，我们国家在重工业发展上就会受到限制，国家发展不起来，中国人民的日子就不好过。

三、拼死拿下大油田

新中国成立前，中国处于半封建半殖民地社会，许多帝国主义国家都在中国寻找矿产资源，特别是战略物资石油，但是它们都没有在这片辽阔的土地上找到一滴油。美国在西北勘探石油，日本在东北寻找石油，然而都一无所获，从此，我们的国家被冠以"贫油国"的帽子，认为"贫油国"不会有好的发展前景。新中国成立初期，为了寻找可供国家发展的石油资源，我国投入大量的人力、物力、财力，请来苏联专家帮忙寻找油田，最终通过查阅古籍记载以及实地勘探，于1955年发现了位于新疆准噶尔盆地西北缘的克拉玛依油田，但这仍不足以使我国摘掉"贫油国"的帽子。

克拉玛依油田的发现让我国石油勘探人员充满了信心，至少中国是有石油的。怀着这种信念，石油勘探工作人员在全国范围内展开广泛勘探。1959年，东北大地上传来喜讯，以松基三井喜喷工业油流为标志，经过勘探后发现了大型油田，后被命名为"大庆油田”。大庆油田是20世纪五六十年代发现的中国最大的油田，位于松辽平原中央，它的发现打破了外国的“中国贫油论”。

1960年2月20日，一场位于东北松辽平原的石油大会战打响，当时的口号是“宁可少活二十年，拼命也要拿下大油田”。1960年3月25日，王进喜带着1205钻井队从甘肃玉门乘火车到达萨尔图火车站。当时大庆生活条件十分艰苦，没有房子住，没有足够的粮食和蔬菜，而大庆油田所在的地方又属于高寒地区，气候异常寒冷，再加上当年雨水特别多，天气寒冷不说，道路运行也不通畅。王进喜带着1205钻井队，不问吃不问住，最关心的问题是能否钻出油，他问钻机到没到，井位在哪儿，这里的钻井记录是多少，他要带领钻井队在这里创造一个奇迹。

工人们住牛棚、马厩，盖简易板房，几十个人一起睡大通铺，枕蒲草，盖篷布。因为吃得不好，几千人得了浮肿病。生活条件、工作环境如此艰苦，工人们不免有些泄气。为了给大家鼓劲加油，会战领导小组带领大伙儿一同学习毛主席的《实践论》与《矛盾论》，通过学习党的理论，王进喜明白了：“这困难，那困难，国家缺油是最大的困难；这矛盾，那矛盾，国家建设等油用是最主要矛盾。”他对钻井队的工人们说：“我们是石油工人，我们国家的汽车都没有油烧，背个煤气包，不要再等了，好好去干！”

钻井需要钻井机，王进喜到大庆油田后，国家为他们配备了一部国产的中型钻机。但是，钻机到了却没有吊车将钻机从车上卸载下来，运送到井位去，钻机不到位，如何打井，何时才能出油？时间不等人，王进喜决定要用人力将钻机快速地运送到井位上，面对几十吨重的钻机，王进喜说出了一句著名的话：“有条件要上，没有条件创造条件也要上！”1205钻井队为了卸载、运送钻机，人拉肩扛，二三十个人用撬棍撬，滚杠滚，几十个人一起喊号子拉绳子，奋战三天三夜，终于将钻机运送到井位，并安装到位，在平原上立起了高高的井架。然而，井架是立起来了，但是打井用的水管还没有接通，没有水还是无法钻井。为了尽快开工，王进喜硬是带领着所有工人到附近的打水坑里破冰打水。一桶接一桶，一盆接一盆，队员们靠着毅力与坚持，人力输水50吨。4月19日，在1205钻井队全体工人的努力下，用了仅五天零四小时的时间，进尺1200米，拿下了第一口喷油井——萨55井。

顾不上休息，1205钻井队又赶紧赶往下一个钻井点，但在途中王进喜的腿不幸被钻杆砸伤。王进喜不肯去医院，怕耽误进程，于是简单包扎后，他就拄着拐杖继续跟着队伍来到了第二口井位。一开始，一切都很顺利，但打到700米时，由于地层压力过大，第二口井发生了井喷。一般发生井喷后需要立刻提高泥浆压井重量，最快速的方法就是往压井泥浆中加入比重大的重晶石粉，也就是硫酸钡粉。但是当时的1205钻井队井上并没有重晶石粉，迫不得已，钻井队只能用水泥代替重晶石粉。水泥倒进泥浆后，只是叠加在了泥浆上层，没有搅拌机和泥浆枪，水泥无法自行与泥浆融合，增加压井重量。为了使水泥与泥浆快速融合，阻止井喷，焦急的王进喜甩掉拐杖，跳入泥浆池中用自己的身体作搅棍，队友看见之后也跳了进去，在王进喜和队友的拼搏努力下，水泥和泥浆迅速融合，泥浆的比重提高后，井喷终于止住了。

王进喜为了国家石油事业忘我奋斗，以血肉之躯搅拌泥浆制止了井喷，余秋里部长在油田技术大会座谈会上将“铁人”王进喜的事迹说给4万会战职工听。铁人精神与“铁人”王进喜的名号迅速传遍了大江南北。面对荣誉，王进喜并没有骄傲自满，他仍然艰苦奋斗在石油勘探一线，为人民服务，甘当党和人民的“老黄牛”。

矿山铁人——马万水

马万水，对于今天的年轻人来说可能是一个陌生的名字。但在1950年8月到1960年9月间，《人民日报》上“马万水”这个名字至少被提及了13次。1978年1月1日，中央电视台《新闻联播》正式开播，《邯邢基地马万水工程队勇夺新高峰》的新闻就在第二天登上了《新闻联播》。马万水究竟有着怎样的魅力，能让国家这样深深惦念？

他是不畏困难的工人，他是不知疲倦的共产党员，他是中国人民的好榜样。从新中国成立初期的“掘进五组”、20世纪50年代“马万水小组”、60年代“马万水工程队”到如今的“中国华冶马万水分公司”，回顾马万水的人生旅程就如同回忆新中国的建设之路，虽然艰难漫长但也硕果累累，马万水这个名字也变成了“永远争先进、攀高峰”的同义词。

一、面对困难总有办法

1922年，马万水出生在河北深县。那是一个苦难的年代，马万水在这苦难中慢慢长大，但是生活总是会给人以希望。27岁的马万水迎来了新中国成立，迎来了中华儿女翻身当家做主的新时代。当新中国百废待兴时，位于河北省张家口的庞家堡矿是我国第一批恢复生产的大型铁矿之一，国家从各地挑选了一批懂得矿山技术的干部和工人到矿山工作。当时，在北京门头沟背煤的马万水也被选中，调到了庞家堡矿。

当时的庞家堡矿满目疮痍，被敌人破坏的矿山连一件像样的工具都没有，再加上30号石巷是坚硬的石英岩层，工人们辛辛苦苦干了一个月才打进去1.7米。当时马万水被分到五组（马万水小组的前身），看到工人们的工作效率低，他便倡议全矿进行分班级分小组比赛，五组成为全矿第一个分班干活的小组和第一个开展爱国红旗竞赛的小组。马万水开始带领着掘进五组的18名工人接受了开凿第一条巷道30号石巷的任务。他们在废墟中找到几根生了锈的钢杆和锤头，砍了树枝当作锤把，率先开始了生产。

在阴暗闭塞的巷道里，由于没有通风设备，放完炮以后的巷道里烟味久久不散。为了多争取点时间，马万水带领工友们脱下外衣一起往外扇烟。随着巷道的不断推进，他们又遇上了淋头水，从山体里不断往外渗出的水淋湿了工友们的衣服。马万水看着着急，跑到伙房借来三条麻袋，做了简单的“雨衣”，又从山上拔了一捆蒿草，让大家都垫在鞋里，就有了“胶鞋”。而他自己什么也顾不得，穿着湿透的棉衣，毅然站在水最大的地方。

“三个麻袋轮着披，六双雨鞋轮着穿。那时候上边就有一个麻袋，胶鞋也没有那么多，18个人就6双胶鞋，那么大家就谁干活谁穿。”马万水的工友在回忆时说道。在这样艰难的条件下，干劲十足的马万水在进组一个月后，就带领全组工人将掘进效率从1.7米提高到6米。1950年3月，掘进五组受到集体奖励，马万水也被评为龙烟钢铁总厂一等功臣。1950年6月，马万水和工友们坚持不懈努力工作，第一次以手工操作月进石英岩巷道23.7米的速度创造了全国黑色金属矿山的掘进纪录，他带领的小组也被评为全国劳动模范小组，并正式命名为“马万水小组”。

1950年9月，马万水小组被评为全国劳动模范集体，马万水被评为全国劳动模范，光荣地参加了新中国成立一周年国庆观礼。毛主席和周恩来同他亲切握手，祝贺马万水小组取得的好成绩，并鼓励他们小组全体同志当好国家的主人，在前进的道路上永不退缩，再接再厉勇攀高峰。马万水和工友们备受鼓舞，下定决心好好干，争取再创辉煌，为新中国的建设出一份力。

1951年6月，在抗美援朝中，全国人民举国同心，马万水小组在巷道里干得热火朝天，用自己的行动支援国家。他们采用风钻打眼，人工装车运输，再创了月进51米的全国黑色金属矿山掘进新纪录。

就这样，马万水在没有任何前人经验的道路上创造了一个又一个开凿工艺史上的奇迹，他们勇于创新，在困难面前总是咬牙坚持，从不放弃。1954年，他们在开凿1080平峒时，松散的砂石岩层阻碍了他们前进的步伐，他们结合实践与经验，创造了“超前支架密集棚子开口法”，遇到“流沙大断层”时，他们又创造了“撞楔法”“深坑作业法”等。在实践中，他们迎难而上，面对开凿的困难，他们把苦干、实干、巧干结合起来，在阴暗潮湿的巷道里谱写了一首首工人的前进之歌。

二、一心扑在工作上

1953年，马万水在组织的安排下与张淑芸相识，在张淑芸日后的回忆里，她总能想起第一眼看见马万水的样子，虽然是全国闻名的劳动模范，但他没有架子，说话随和，是一个踏实稳重的人。张淑芸与马万水由相知到相爱，并于8月举行了简单的婚礼。婚后的马万水，工作依旧是第一位的。他们的第一个孩子出生的时候，马万水正在工地上和工友们赶进度。过了几天后，他才拎着一包糖赶到医院。“他把糖放下后，说工作太忙，还有事情要处理，就走了。”张淑芸回忆道，她打开纸包一看，原来是一包白糖，这让张淑芸又好气又好笑。

家里“丢”粮票的事，也是张淑芸经常纳闷的事情。马万水当选为全国人大代表后，国家每月都会补助一些粮票，他自己舍不得用，就积攒一些粮票放在家里。有一次，张淑芸发现家里的粮票找不到了，就去问马万水。马万水不好意思地笑了笑：“你别找了，我给了家里有困难的工人。”他的心里装着人民，做事为了人民。“他就是这样的人，自己的事情从来不说，一心扑在工作上，心里总是想着别人。”张淑芸说。

马万水常说：“工人，艰苦朴素就是本色。”艰苦奋斗，一直是马万水的人生底色。1952年，马万水当了干部，1954年当选为第一届全国人民代表大会代表。但他从未忘记自己的工人本色，1955年底，已经是采矿部副主任的马万水亲自开钻打眼，困了就在机房打个盹，饿了就啃几口干粮，干活的劳累他从不跟别人讲。1957年，850平峒开凿，当时马万水因腿痛住院治疗，一听到这个消息就立刻回到工地。断层区地质复杂，马万水细心观察，和工友们一起研究过断层的方案。在他的有力指挥下，工人们抢险支架，快速充填，有序配合，一鼓作气穿过了大断层。

马万水在工作中遇到过各种各样的困难，但他始终乐观向上，逢山开路、遇水搭桥是他的工作常态。无论是在阴暗潮湿的坑道里，还是在危险未知的矿山上，他总是冲锋在前，勇于拼搏。

三、“站在排头不让，把住红旗不放”

“累肯定是累，但是一样的人，最起码比他们多完成三分之一吧。就是‘站在排头不让，把住红旗不放’，都想争先进。”马万水的工友任旺回忆跟着马万水下巷道的那些峥嵘岁月，心里总是怀念又感动。

1958年初，马万水小组在庞家堡铁矿巷道施工时，困难再度摆在眼前，他们遇到了非常罕见的坚硬岩石——大白石英岩，钢钎打上去，只是看见火花，并不见效果。为了完成任务，马万水跟队友们反复摸索，积极探索，终于研究出了方法，同时也创造了“中间楔形掏槽法”“旁楔形掏槽法”“浅眼多循环操作法”等多种先进的施工技术，提高了施工速度，实现了一个月里完成了一般掘进队要五个月才能完成的施工任务，并且创造了小断面独头进尺514米的全国矿山掘进纪录，再次登上全国矿山快速掘进的新高峰。

1960年1月，马万水小组在独头巷道里连续工作，再次创造了月掘进435.91米的全国黑色金属矿山掘进的新纪录，为鼓励学习这种先锋精神，冶金部在庞家堡铁矿召开全国矿山建设现场会，号召把马万水小组的快速掘进红旗插遍全国矿山，呼吁广大工友们向马万水小组看齐，为中国钢铁工业的发展勇立新功。

1960年4月，马万水被授予工人工程师职称，同年被有色金属矿山研究院特聘为特约研究员，联合国有关机构也曾对他创造的先进掘进技术进行专门讨论研究，在掘进技术领域，马万水实现了一个又一个创新。在以后的十几年里，马万水带领小组不断在创新中发展壮大，小组成员由刚开始的18个人增加至100多人，该小组多次进行技术创新，多次创下全国黑色金属矿山的掘进新纪录。

马万水小组一次又一次在坚持不懈中刷新着矿山掘进的纪录，然而，马万水的身体却开始走下坡路。由于长期在潮湿的环境里进行高强度的工作，1960年底，马万水的腿疾一直折磨着他，严重时需要拄着拐棍才能下地走路。可即使是这样，当工友们遇到困难时，他依旧不顾自己身体往井下跑。马万水就是这样一个倔强的人，用自己的行动在别人看不见的角落里赤诚报国，一心为党为民。

1961年初，组织上强制要求马万水去北京看病。在临行前，马万水仍惦记着小组的掘进任务，他的心中只有工作，只想为国家多做点贡献。马万水到北京后，经过医院的检查，被确诊为滑膜肉瘤（一种癌症），这种癌症的病因主要是因为关节长期着凉以及过度劳累所致。没有人知道这些年来，一直在巷道里默默无闻奉献的马万水忍受着多么巨大又强烈的疼痛，也没有人知道在这种病痛折磨下的马万水靠着什么一直坚持在工作岗位……或许答案最简单不过，那就是他一直有坚定的信念，能为新中国建设贡献自己的力量。

1961年8月12日，癌症夺走了马万水的生命，年仅38岁的他永远地离开了这个世界。马万水逝世后，他的工友们悲痛万分，为了纪念劳动模范马万水，工人们把马万水留在坑道里的工作服甚至裤腰带都带回了家。斯人已逝，他的劳动精神却通过不一样的方式传承了下来。

四、今日“马万水”

马万水走了，但千千万万个“马万水”涌现出来了。

身为中国第一代劳模的马万水，除了创造多种技艺方法，他留下更多的是宝贵的精神财富。他留下的“永远争先进，要把党交给咱们的红旗保住”这句话，永远刻在了“马万水”人的心中。他们继承了马万水的劳模精神，发出了“人在红旗在，把马万水精神一代一代传下去”的铁血誓言。他们带着满腔热血，意气风发，实现了第20次攀上全国冶金掘进高峰，再次展示了马万水艰苦奋斗和甘于奉献的精神。

20世纪70时代，马万水工程队来到邯郸，再度创造辉煌。他们从塞外燕山到西北戈壁，从中原大地到雪域高原，祖国需要在哪里建设，他们就出现在哪里。

改革开放以来，马万水工程队提出了第二次创业的口号，鼓足干劲，发扬马万水精神。他们先后承包了酒钢镜铁山铁矿主斜坡道工程施工任务，成为当年全国冶金建设行业率先步入市场的队伍。后又参加了武钢金山店铁矿、通钢板石沟铁矿等工程的扩建与技术改造工程，好评如潮。马万水精神就像一座座无言的丰碑，默默诉说着过往的历史，感受着岁月的变迁，唯一不变的就是其中的痴心不改和大无畏的精神。

当年由马万水带领的马万水小组到今天已发展成颇具规模的现代化公司，马万水的团体保留到现在，千千万万个“马万水”正在中国的大地上辛勤劳动，将马万水精神代代相传。

除此之外，为了把马万水工程队在长期劳动中养成的吃大苦、耐大劳、勇于打硬仗、勇于攀高峰的优良作风传承下去，有人继承，工程队党支部采取依靠老工人对青年工人进行教育的方法，请老工人在“万人坑”前讲旧社会矿山工人的血泪史，讲马万水工程队如何成长壮大的励志史，同时老工人发扬榜样作用，以身作则，言传身教，手把手地教授青年工人技术。

“我们马万水工程队从来没有在困难面前低过头，完不成任务，绝不下现场”，老工人孙志平在面对掘进路程中遇到少有的薄层粘板岩情况时对队员说道。在马万水匠人精神和老工人以身作则的影响下，青年工人信心十足，干劲倍增，总能提前完成进尺计划。

马万水走了，无数“马万水”人还在继续……

多年来，在中国数不清的劳动模范这个行列里，始终有着“马万水”人的身影，他们身上闪现出来的熠熠光辉，正是中国工人的精神风貌，体现着中国当代劳动者的时代精神，他们用实际行动昭告人们：劳动创造历史，奉献无比光荣！他们的爱岗敬业、争创一流、艰苦奋斗、勇于创新、甘于奉献的伟大精神也通过一个个“马万水”人表现出来。

此时，马万水工程队在巷道里作业的声音还在继续，似在天边，又似在眼前。时光如流水，而马万水的劳模精神却能够穿越时空，历久弥新。

当代中国工人的榜样
——窦铁成

一身蓝色工装，戴着一顶安全帽，穿梭于各个电力设备之间，这个皮肤黝黑，身材干瘦，眼睛里透着睿智的人就是“工人教授”窦铁成。从一位普通的农村电力工人，到中铁一局集团电务公司的电力线路工高级技师，无论身份发生什么样的转变，他依然是那个勤奋学习，活到老学到老，充满探索精神的优秀共产党员窦铁成。他用自己的知识与技能为祖国建设做贡献，在工作中学习，在学习中进步，他是中国新时代最美奋斗者，当代中国工人的榜样。

一、埋头学技术，莫欺少年穷

1956年10月，窦铁成出生在陕西蒲城，这里也是杨虎城将军的家乡，窦铁成的爷爷曾跟随杨虎城将军，是杨将军的随从副官。窦铁成初中毕业后，当时读高中实行公开推荐制度，贫下中农出身的学生可以优先被推选，但窦铁成因为家庭成分问题，排在了后面，被推选上的机会不多。紧接着，在知识青年“上山下乡”运动中，窦铁成举家来到农村，初中毕业的他只能辍学，因此只拿了个初中文凭。

来到农村的窦铁成不再是学校里拿笔写字读书的学生了，在农村要干农活，做事情。窦铁成什么农活都学着干，学着适应。因为窦铁成曾经上过学，学过知识，脑子转得快，人也机灵，他还通过看书自学，学会了安装电灯、接电线之类的电工活，所以在农忙之余，他还会帮助村里干一些力所能及的技术活，成了村里远近闻名的能人。

1973年，窦铁成已经长成一个17岁的帅小伙了。帅气的窦铁成在村里遇到了自己想要一生相爱相守的姑娘，这个女孩儿名叫杨华芳，没过多久，这对相爱的恋人便步入了婚姻殿堂，进入了甜蜜的婚姻生活。不久后，窦铁成和杨华芳就迎来了他们的第一个孩子。1979年，中铁一局电务处招工，国家政策规定工矿企业生产招工中优先录用下乡插队的知识青年。23岁的窦铁成参加了中铁一局的招生考试，并顺利成为中铁一局电务公司的一名电力工人。这时，他的大女儿刚出生不久，刚学会咿咿呀呀地叫爸爸妈妈。窦铁成舍不得这个刚刚出生的小天使和自己的妻子，但他不得不离开。

刚到中铁一局时，窦铁成还是个实习工，最开始只能跟着师傅打下手，做些最简单、最基础的活。这时的窦铁成只是个从农村来的，只有初中学历的年轻人，没有技术又资历尚浅，别人觉得他没知识没文化，瞧不起他，只让他递递工具打打杂，在具体操作时，吝啬地从不让窦铁成从旁观看，观摩学习。窦铁成既感到心酸又无可奈何，只是暗暗下定决心，一定要学好技术，学习文化，要有知识，有技能。那段时间，窦铁成为了提高自己的技术，一下班就学习，见着能人就请教，还买了大量专业书，自学高等数学、微积分与电子课程。在窦铁成看来师傅教的只是师傅个人的经验，并不全面，图纸上能展示的也只是部分内容，而书籍是作者经过系统研究后的经验集合，阅读更多的书籍就可以吸收更多人的经验，让自己的知识体系更加全面。

通过一段时间的学习后，1980年9月，窦铁成顺利考入中铁一局电力技术培训班。进入电力培训班后，更需要抓紧宝贵的学习机会，努力学习。窦铁成给妻子写信，告诉妻子自己已经考入中铁一局的电力技术培训班了，因为要抓紧时间学习技术知识，所以不能回家了。窦铁成将家里的一切大小事情都交给妻子打理，自己则待在局里如饥似渴地读书学习，仿佛要把世界上关于电力线路的知识都装进脑袋里。周末他的工友同学都出去走亲访友，休息娱乐，他却一个人留在教室苦读。这7个月的培训时间，窦铁成几乎没有休息一天，培训班离家虽然只有几十里路，但他却一次也没有回去过。他一个人在培训教室与寝室坚持苦读，一些东西他当时理解不了，就先死记硬背下来。窦铁成的妻子在几十里外的家里，默默用行动支持着他，窦铁成在工作单位废寝忘食地学习，妻子杨华芳在家里将一切家务事、农活等打理得井井有条，不让丈夫分心。最终，窦铁成在电力技术培训班结业考试中，以第一名的优异成绩顺利毕业，并转为了单位的正式工人。

回想起最初别人的偏见，窦铁成坦然地说，一个人没有知识，没有技能，那偏见是肯定有的，但别人的偏见不能成为困扰自己的因素，一定要自立自强。工人素质提高，技术能力增强，在社会上起的作用是不可估量的，作为一名工人，能为祖国的建设做出贡献才是最重要的。书山有路勤为径，学海无涯苦作舟，无论在哪个时代，知识就是力量这句话是没有错的，有知识，有技术，走到哪儿都不用怕。

二、精益求精，好中求好

窦铁成有一项特殊技能，那就是对所安装设备了如指掌，没有哪一个环节是他不知道的。设备发生障碍时，别人的排查范围是50个，窦铁成能缩小到10个左右。工程交付验收时，窦铁成不用看验收标准，就能对各种设备的型号规格、安装尺寸倒背如流。在工作中，窦铁成总是精益求精，对工作要求十分严格。他有句为人们津津乐道的金句"一点儿也不能差，差一点儿也不行"，连他的徒弟在提起他时都说"没有一点儿含糊，处处都要求严谨"。

京秦铁路是我国第一条一次性建成的双线电气化铁路，自1982年3月正式开工。1983年，窦铁成和他的工友们被安排负责京秦铁路坨子头变配电所的施工。当时，负责该项目的工长通过观察，发现窦铁成是个虚心好学、刻苦努力的年轻人，于是工长就安排他负责最核心的技术部分，把这项任务的重担直接压在了这个初出茅庐的年轻人肩上。窦铁成还是第一次接触大型变配电所，所有的设备都还不熟悉，他提出至少第一次先观摩学习，第二次再上。但是工长并不理会，他相信眼前这个耿直的年轻人，他对窦铁成说，你就是哭，也要给我哭着做出来。窦铁成只好接受重任，把坨子头变配电所的大梁挑了起来。这是他第一次负责这么大的项目，对他来说，这次的工作意义非凡，为了将这次的项目做好，不辜负工长对他的期望，也是为了对自己有一个交代，窦铁成在项目期间连秋收都没回家。

以往窦铁成的工作，只需一张图纸，简单清晰，没有什么技术难度。但这次不一样，坨子头变配电所仅仅是技术图纸就有七套，叠起来足足有一尺半厚，窦铁成为了弄懂这些线路，常常挑灯夜战，将自己关在房间里，一点一点将每一张图纸上的每一个细节都研究透彻。白天，在工作现场，他在脑海里深思推算；晚上，他仍不肯休息，对着一张张图纸分析解读，饿了就啃干馍喝凉水，工友们这样评价他："干起工作来就像疯子一样，从不知道累，干什么事都不知道苦。"四个月后，在窦铁成的带领下，京秦铁路坨子头变配电所工程顺利验收，还获得了国家优质工程银质奖章。

对待自己的徒弟，窦铁成在严苛中也带着男子汉的柔情。在一次例行检查中，窦铁成发现地沟中竟然留有杂物，而按照规定，地沟中是不允许留下任何东西的。地沟中的杂物是一根草绳，负责人是他的徒弟李洪江，在师傅来检查之前，李洪江把负责的所有区域都挨个检查了一遍，并没有发现任何问题。但草绳就在地沟里了，也确实违反了规定，窦铁成不能因为李洪江是自己的徒弟就徇私废公。最后，李洪江被罚款400元，李洪江的妻子张利也被罚款300元，当时两人的女儿还小，每人工资一个月就四五百，一下就被罚了一半多，还只是因为一根草绳，夫妻俩心里很不好受。后来窦铁成主动给张利打电话，提醒她当天是李洪江的生日，让她宽宽心，别忘了给李洪江过个生日。本来心里堵得慌的张利，被窦师傅这几句关心的话感动了，心里感到很温暖，原来窦师傅一直都惦记着他们。规定就是规定，既然制定了就应该好好执行，从此，李洪江夫妻俩对待工作更加认真严谨了。

三、初心在方寸，咫尺在匠心

2002年12月，京珠高速公路粤境北段大桥交工前的投送电实验中，发现有一个变压器的空气开关发生不断跳闸的现象，千里之堤，溃于蚁穴，这个小小的变压器空气开关很可能会导致整个电力系统瘫痪。当时的电力设备，60%都来自发达国家，而粤境北段大桥的这些设备来自好几个发达国家，现场的电力工人一时无法查清楚问题的来源。“有困难，找老窦”，就在大家一筹莫展之际，大家把希望的目光投向了窦铁成。窦铁成没有推辞，也没有胆怯，他立马投入到工作中。

窦铁成快速检查完所有设备后，经过缜密的推算试验，最后得出结论，这次的问题出在法国奥奇公司设备的参数与其他设备参数不符合上。法国专家不相信，如果没有证据，就不能使他们信服，只能将法国的设备拆开进行检测试验，得出数据后才能具有说服力。但是，一些拆解是属于破坏性的，一旦拆开，就不能再次投入使用，如果最后通过演算试验发现不是法国设备的问题，那么一切损失就需要我们自行承担，在场所有人都为窦铁成捏了一把汗。窦铁成对自己的判断很有信心，他将设备拆开检测后，把试验所得数据拿给法国专家看。通过数据，一切问题都可以看得清楚明了，数据证实了窦铁成的判断准确无误。当一切呈现在外国专家面前时，他们不敢相信，居然是窦铁成，这样一个看起来毫不起眼的中国工人找到了问题所在，外国专家心悦诚服地竖起大拇指，连呼：“Good!”

窦铁成的徒弟评价师傅“他最珍贵的地方不是他教会了我多少

技术，传授给了我多少技能，最珍贵的是他对待工作的那种态度，对生活的那种态度，还有他顽强的意志力”。2001年，45岁的窦铁成看见别人用电脑，他也从拼音开始，学习打字和使用电脑。看见年轻人使用CAD软件绘图，他连连感叹这个东西好，很实用，每当别人在用CAD制图时，他只要有空就坐在旁边观看，遇到不懂的就立刻询问。随后，他又专门买了关于CAD软件的书，学着自己操作系统，通过一边自学一边请教别人，窦铁成不到一个月时间就掌握了CAD软件绘图技能。

对于窦铁成来说，家是他工作前进的动力和后盾。他有个网名，叫作“天边的云”，他说这个网名就是他的真实写照。天特别大，特别蓝，铁路工人像天边的云一样，常年在外，飘忽不定。与妻子结婚33年，能在一起团聚的时间却不超过3年，妻子杨华芳说她从来没享过窦铁成的福，只有2006年年末，自己摔伤了，窦铁成才请了几天假回家照顾她，这几十年来，就这一次，享过丈夫的福，但看着窦铁成寄回来一张又一张的奖状与荣誉证书，她又觉得自己的丈夫确实是在外面打拼做出了成绩，让她十分自豪，她愿意做他的后盾。

窦铁成因为工作原因，总是需要离开家很长一段时间到野外工作，等到他回家乡探亲见到日夜思念的妻子与女儿时，女儿不认识他是谁，愣愣地叫他一声“叔叔”。窦铁成和妻子一共养育了三个女儿，大女儿在他回来时还会叫爸爸，二女儿看着他只是躲在妈妈身后笑，并不说话，三女儿更小，觉得窦铁成只是家里一个可有可无的人。窦铁成虽然对妻女感到十分愧疚，但是为了工作，他不得不一次次离开家乡，奔赴工作一线。想家的时候，他就坐在山坡上，用笛子吹奏一首曲子，向远方传递自己的思念之情。一次，窦铁成不小心将家里的一把刷子带到了施工现场，他在写信告知妻子这件事时写道："要是你和女儿们是一把刷子的话，那该多好，我就可以把你们带来单位了。"

在中铁一局电务公司，有大约三分之二的人都是窦铁成的徒弟，他的徒弟里面既有大学生也有农民工，只要他们愿意学，窦铁成就愿意教，常常有人晚上10点了还打电话请教问题，窦铁成都一一耐心解答。在中铁一局电务公司，大家都以当窦铁成的徒弟为荣，自称窦铁成徒弟的有三百多人。窦铁成教学生，从不藏着掖着，将自己一生所学倾囊相授，他说只有大家都学会了，才能提高中国电力技术水平，国家的电力才会得到发展。"学然后知不足，教然后知困。知不足，然后能自反也；知困，然后能自强也。"窦铁成在教学的过程中也在不断学习，补充自己不足的地方。2008年，中铁一局在全国各地创办铁成业校，旨在以窦铁成精神鼓励更多农民工学技术，为祖国基础建设做贡献。如今，铁成业校已经创办了161所，培养出了22800名农民工子弟。不仅如此，窦铁成还根据自己平时工作所记的70多本，共计30多万字的工作笔记，编写了《变配电所安装与试验》以及《牵引变电所施工工艺汇编》等书，他所编撰的《牵引变电所施工工艺汇编》已经成为公司第一部标准规范的接触网汇编集。因此窦铁成又被亲切地称为"工人教授"。

可以说窦铁成师傅是与中国铁路发展共同成长的，他步入工作时，正是我国大力修建铁路的时期，如今，随着中国的不断发展，铁路建设已经逐渐完善。现在需要窦铁成师傅的地方，是不断兴起的城市地铁建设，地铁的电力线路和铁路完全不同，但窦铁成师傅在不断学习中又掌握了地铁电力施工。对于现在这个时代，工人“要时刻掌握新的科技知识，把它融入我们实际工作中去，这就是我们所说的掌握时代的脉搏”，窦铁成作为共产党员，无论何时都带领着中国工人努力走在时代前列。

马班邮路上的忠诚信使
——王顺友

一个20年来每年都有330天独自行走在马班邮路上的邮递员，一个在雪域高原跋涉了26万公里、相当于走了21趟长征路的共产党员，他就是木里藏族自治县邮政局的一个普通的苗族乡邮员——全国劳动模范王顺友。孤独是他人生的常态，路上的危险也时有发生，他却默默坚持了20年，他的行动，无声有力，感人肺腑。

20年来，他走过山谷，爬过雪山，渡过河流，穿过深林，他一路奔波，累了就停下歇歇，闷了就听听风的声音，风餐露宿，只为把党和政府的关怀、时代飞速变迁的面貌变换成一封封邮件、一本本杂志、一份份报纸，经他的手送到雪域高原的村落中，看到人们收到邮件时的喜悦，王顺友发自内心地开心和自豪。

一、子承父业，四条忠告

1984年，年仅19岁的苗族小伙王顺友接手了父亲的工作，成为一名马班邮路上的邮递员，他拿到父亲的老旧马缰绳，拉着马，便开始了20年的属于他一个人的漫漫“长征”路。当时，父亲郑重其事地拍拍儿子的肩膀，对他提出了四条忠告：一是不能丢失邮件；二是不准打湿邮件；三是不准冒领贪污汇款；四是必须准班准点。父亲还说：“送信就是为党做事，为党做事的人要吃得起苦。”王顺友把父亲的话牢记在心，用自己的默默行动来证明对党的忠诚。

四川木里藏族自治县在青藏高原的东南处，这里高山绵延不绝，全县平均海拔3100米，木里藏族自治县东跨雅砻江，西抵贡嘎山，南临金沙江，北靠甘孜州，在这里生活的人们生活条件和工作环境都十分艰苦，就是在这样艰苦的条件下，王顺友默默工作了20年。

王顺友负责的邮路是从木里县城经白碉乡、三桷桠乡和倮波乡至卡拉乡，往返584千米。1999年，王顺友开始负责木里县城至白碉乡、三桷桠乡和倮波乡这三个乡的邮件投递工作，这三个乡之间相隔数里，往返360千米。王顺友每个月两个邮班，一个邮班来回就是14天，所以他每个月都有28天在苍茫的大山中独自行走，历经艰辛只为把邮件准点准班送到乡民手中。

王顺友的马班邮路险象环生，地理特征多种多样，途经察尔瓦山、雅砻江河谷、座窝山、矮子沟、鸡毛店山、山王庙峰、刀子山等大大小小的山峰河谷，还要穿过四片野兽随时会出现的原始森林。王顺友爬上海拔高达4900米的察尔瓦山，顶着大风、冒着雨雪只为把邮件送到察尔瓦和白碉乡之间的一个村子里，他克服困难，只为充当这个村子与外界的联络员。

当王顺友走到雅砻江河谷时，气温又高达40多摄氏度，酷热难耐，蚊虫肆虐，遇到蚂蟥是常事，他凭借强大的毅力，坚守对党的初心和信仰，20年如一日默默行走在这片土地上。

尤其从白碉乡到倮波乡，王顺友每次都要经过当地人民谈之色变的“九十九道拐”，在这里，拐连着拐，弯连着弯；在这里，山路狭窄陡峭，抬头是悬崖，低头是雅砻江的滚滚江水，有些地方需要手脚并用才能通过；在这里，王顺友看到的天空是狭窄的，蔚蓝仿佛只有一线，他跟在马后面，只能看见马尾巴。

二、“再大的苦也要忍，不能给党丢人”

这条路上没人比他更熟悉路况，20年的日日夜夜，除了少数在家休息的日子，王顺友大多数时间都是在马班邮路上度过的，360千米的路程，王顺友将每一段路牢记于心，哪里是危险常发地，哪里的山洞可以休息，他都一清二楚。

这条路上没人比他更寂寞，王顺友一个月有28天在路上，所以顾了这头管不了那头，他的妻子承担了家里的一切农活，长年累月的劳动也让妻子身体日渐消瘦。在妻子生病的时候，王顺友都没有时间照顾她。“没办法，不能耽搁班期，乡政府和乡亲们还等着我给他们送邮件呢。”顾不上家里，王顺友总是愧对家人，心里有太多太多的遗憾。而马班邮路上，他也是一个人牵着一匹马，听着自己的歌声，听着马的呼吸声，20年就这么走下来了。

这条路上没人比他更乐观，他苦中作乐，面对绵延不绝的雪域高原，面对湍急的河流，面对阴冷潮湿、野兽出没的原始森林，它们危险却无言，而王顺友总能哼一两首山歌。送信路上，总有好几天不见烟火，寂寞时，他就扯开嗓门大声歌唱：“月亮出来爬山坡，照见山坡白石头。要学石头千年在，不学半路丢草鞋……”

这条路上没人比他更坚强，面对这般困苦，这个坚强的苗族汉子默默扛下来20年里马班邮路上的风风雨雨，他每年投递报纸8400多份、杂志300多份、函件840多件、包裹600多件。即使自己面临危险，他也一心想着保护好邮件。他为在大山深处居住的人民打开了了解外面世界的窗户，让他们感受到党和政府的温暖，感受到时代的变迁。正如他自己说的："搞好本职工作是我的责任，再大的苦也要忍了，不能给党丢脸。"

三、"我要继续走好邮路，走到走不动为止"

王顺友说："我要是生在战争年代，一定会去当兵，为人民冲锋陷阵。现在没有打仗的机会了，把信送好就是为党做事。"在送邮路上，道路艰险，气候恶劣，走路都很困难，但凭着心中信仰，他毅然独自一人风雨无阻地走在这条路上，熟悉他的村民们都叫他"王大胆"，他的胆量在这条路上，也不知被考验过多少回。

过江遇险，他一心保护邮件。1988年7月的一天，王顺友去倮波乡送邮件。途经雅砻江时，为了过江，他把绳索捆在腰上向对岸滑去。谁能料到快到对岸时，溜索上的绳子突然断开，王顺友从两米多高的空中摔在河滩上，身上的邮件全部掉在雅砻江里，顺着湍急的江水流下去。王顺友连忙起来，顾不得自己的安危，抓起一根树枝就跳进江中打捞邮件。几经波折，终于把邮件打捞了上来。他累倒在河滩上只休息片刻，就又踏上了去往倮波的路上。

2005年的一天，王顺友在送完倮波乡的邮件准备返回白碉乡时，再次在雅砻江遇险。当他刚要踏上跨越雅砻江的吊桥时，吊桥的一根钢绳突然断裂，整个吊桥发生180度的倾斜，此时桥上恰好有一队马夫，只有一人幸存，紧随其后的王顺友被吓出一身冷汗。当时有人问他害怕吗？他说："哪个不害怕哟，但是人总有一死，如果是为工作而死，值得！"但说着怕的王顺友，在众人惊魂未定的时候，找了一位老乡帮忙，坐船渡河继续踏上了送信的路。正是凭借这超越常人的勇气和对工作极端负责的态度，20年来，王顺友没有迟到过一个班期，没有丢失过一个邮件，没有弄丢过一份期刊，投递准确率达到100%。

路遇劫匪，他急中生智保护邮件。2000年7月，王顺友翻过察尔瓦山，路过一个林场时，突然从树林里跳出两个劫匪，劫匪恶狠狠地向他喊道："把钱和东西全部交出来！"王顺友面对歹徒，丝毫没有犹豫，用更加响亮的声音大义凛然地说："我是乡邮员，是给大家送信件的！要钱没有，要命一条！"说话间，王顺友靠着自己的马，从背包里拔出了刀子，准备与歹徒进行殊死搏斗。两个歹徒见王顺友没有丝毫胆怯，不知如何是好。趁着歹徒不注意的工夫，王顺友急中生智，急忙上马从匪徒身边冲了过去。

洪水断路，他一心前行送录取通知书。1998年8月，木里藏族自治县受到了百年不遇的大洪水，山体滑坡阻断了白碉乡与外界的联系。在这样的情况下，王顺友本可以不去跑这一班的，但整理邮件时他看到一封来自西昌师专的录取通知书，收信人正好是白碉乡的孩子，看见通知书上写的开学时间临近，怕耽搁孩子上学，王顺友冒着危险又出发了。他路过烂泥到膝的泥石流，躲过从山上滚下来的石头，淋着瓢泼大雨，在路上走了近两天，终于把录取通知书送到了收信人的手里。这名学生看着眼前的泥人，看着梦寐以求的录取通知书，眼泪止不住地往下流。

帮忙“带货”，他情真意切帮助乡里。王顺友的马班邮路上零零散散地住着一些人家，但没有集市，更不用提邮局了。王顺友便充当了邮局，他每到一个村子，总有一些村民会把自己寄给远方的信和包裹给他，村民们不知道寄发信件需要邮资，而王顺友从来不提，他自己掏钱贴上邮票或者垫付邮资寄到远方。除此之外，王顺友也是村民改善生活的助手，在交通不便、信息闭塞的年代，王顺友便是马班邮路上唯一与外界互动的人。从1988年开始，他就为路过的三桷椏乡鸡毛店和倮波乡磨子沟的村民们带去白菜、青菜、莲花白、萝卜等蔬菜种子，改变了他们过去只种土豆、苞谷的状况，慢慢地村民们有了自己的菜园子，生活状况得到了改善。

以心换心，他心系山里乡亲。多年以来，王顺友的包裹里不仅仅是一封封信件、一本本杂志，更多的是几包盐、茶和药。当村民们手里拿到这些生活必需品时，脸上都会露出笑容，他们打心里感激王顺友。王顺友没想到，在他送邮件的路上，时不时有村民们送来土豆、糍粑给他充饥，或送瓶酒给他解闷。他动情地说：“我没想到，自己只是为乡亲们做了点职责要求做的事，大家就待我如亲人。”是的，以真心换真心，以善意回报善意，王顺友在这条充满危险的马班邮路上感受着付出与回报，用他多年的坚持无声地书写着人间大爱。

四、今日木里，王顺友从未停止行走

2004年，央视记者曾一路跟随王顺友，对他走过的路进行实地拍摄，切实感受到了走在马班邮路上的艰辛。像王顺友这样可敬的共产党员，用自己的脚步在马班邮路上丈量着人生，用自己数年的行动维持着木里与外界的联系，成为一名真正的“福音使者”。

2005年10月19日，万国邮政联盟总部的会议上，延续了131年的惯例被中国人打破——王顺友成为自万国邮政成立以来第一个被邀请的最基层、最普通的邮政员。王顺友的故事走出中国，走向世界，感动了数亿人。

“他朴实得像一块石头，一个人，一匹马，一段世界邮政史上的传奇。他过滩涉水，翻山越岭，用一个人的长征传邮万里，用20年的跋涉飞雪传心，路的尽头还有路，山的那边还是山，近邻尚得百里远，世上最亲邮递员。”在2005年“感动中国”十大人物的颁奖现场，一位皮肤黝黑，身体羸弱的男人站在那里，难以想象，20年的光阴在他身上都夺去了什么，可一眼就能看到的是他眼里坚定的光。

再好的身体素质也挡不住20年来在马班邮路上的折腾，长年在风雪里过夜的王顺友，身上也落下了一身的病。由于马班邮路经过的地方都是海拔在4000米到5000米的高山，空气稀薄，地面潮湿，所以马班邮路上的邮递员一般都会有头痛病、风湿病、胃病等，王顺友也不例外。

从当年意气风发的热血少年到被风湿、胃病缠身的中年男人，王顺友再也无力支撑他的热血理想，但他依旧没有放弃，只是换了另一种方式奔波。

木里邮政局考虑到王顺友已经上了年纪，于2010年将他负责的路线调整为县城到李子坪乡。虽然减少了艰辛，但他的热情却不减当年：“只要自己在岗位上一天，就要一直把信送下去，把路走下去。”

“现在的邮递员都是骑摩托车送信，没有牵马的了。但是我想马班邮路精神还是要一直传承下去的。路是怎么走出来的，怎么坚持过来的，要让年轻的邮递员也知道这些精神，坚持这些精神。”2018年，王顺友开始负责木里藏族自治县邮政分公司的党建工作，致力于将马班邮路精神更好地传承下去。

2020年2月，木里在党和政府的关怀下，以及木里人民的努力下，摘掉了贫困县的帽子。提到木里现在的变化，王顺友兴奋地说道：“路通了，房屋建设好了，老百姓的生活质量提高了。以前从县城里送一封信到乡亲家里，近的要五六天，远的要七八天，现在往返也只需要一两天了。用手机和银行卡也能转账，再不用汇款了。有的人自己买摩托车、小汽车，到县城里买东西也方便了，年轻人还爱网购呢……”

在绵延不绝的雪域高原上，一条路，一个人，一匹马，一首歌的情景已经不再出现，但王顺友的邮路精神却久久地回荡在雪山之间……

新时期的“雷锋精神”传人
——郭明义

“那么多的党员为了人民群众的生命安全不顾一切，我的这点捐款不算什么，这是一个党员应尽的责任。”

2020年，一场由新型冠状病毒所引发的肺炎疫情席卷全球，中国政府立刻采取措施，迅速发动共产党员投入到抗击新冠肺炎疫情的战斗当中。在这个过程中，共产党员发挥了先锋模范带头作用，他们临危不惧，主动申请前往抗疫一线；服从命令，哪里需要他们，他们就前往哪里。

郭明义就是这些为党和人民的奉献自我的中国共产党员中的一员。早在疫情暴发的第一时间，他就通过“郭明义爱心团队”捐款2000元，为疫情防控助力。听说湖北省疫情发展最为严重，许多医务人员十分缺乏防控物资，郭明义了解实情后立即行动起来，在鞍钢矿业齐大山铁矿紧急号召全体职工捐款捐物，同时也动员“郭明义爱心团队”的志愿者，最后筹得65000余元的抗疫资金。当郭明义于2020年2月28日接到鞍钢集团党委组织部下发的《关于扎实做好全公司党员自愿捐款支持新冠肺炎疫情防控工作的通知》时，他立刻又捐款5万元。除了捐款捐物，郭明义作为一名中国共产党员，他始终奔赴在疫情防控第一线，坚守自己的工作岗位，保持运输畅通，充当疫情讲解员，让人民群众更好地了解新型冠状病毒。他做了一个共产党员应该做的事情，并且在帮助人民群众中实现了自我价值。

一、吃苦耐劳：做最好的兵

1958年12月，郭明义出生于辽宁鞍山。从小到大，雷锋一直是他的榜样，他可能自己也没想到，长大之后，他和雷锋，竟也会有一些渊源。受雷锋精神的感召，他决定参军入伍，成为一名士兵。1977年1月11日，时任鞍山军分区副政委的老红军余新元，将郭明义送上了运送新兵的火车专列。无巧不成书，1960年1月，余新元也曾将另一名鞍钢矿山士兵亲自送上火车专列，这个人就是郭明义的偶像，全国人民学习的榜样，我们可爱的雷锋同志。当雷锋和郭明义踏上新兵专列时，余新元肯定没有想到，这两个由自己亲手送到部队的士兵，竟会相继成为全国模范。他们一位是雷锋精神的开创者，一位是新时期雷锋精神的传人，这也许就是中国军营的一种力量吧，它教给每一位士兵在战斗时勇往直前，不畏牺牲，保家卫国；在和平时期也要为国家、为人民贡献自己的力量，时刻将人民的需要放在第一位。

当郭明义还在新兵专列上时，他就开始忙个不停，他在忙什么呢？原来他一直在帮助列车乘务员做琐碎的日常工作，打扫卫生、送开水……这些事情让他忙了一路。到了目的地后，郭明义被分配到了第23军67师201团，称号“钢铁英雄连”，这个部队的前身是开国十大将军之一的粟裕将军的警卫营，该部队在战争年代立功无数，在和平年代楷模辈出。被分配到这样一个英雄部队，郭明义更加坚定地奉献着自己，努力拼搏，在部队的5年时间里，郭明义做了无数件好人好事。

第23军67师201团位于黑龙江省牡丹江市海林县的一个小山沟里，当年的黑龙江还没有暖气，一到冬天就特别冷，路上积雪深厚，铲过雪的道路上也会结冰，走在路上直打滑。为了让战友们早上起来能用上热水，郭明义总是天不亮就起来出去打水，将水缸灌满，然后再劈柴烧水。郭明义不仅帮自己班上的战友干活，还去帮别的班，在寒冷的冬天里，他从来没想过偷懒，也没喊过苦说过累，能帮助他人让他感到由衷的幸福与满足。

郭明义当兵的第二年就被评为“全师学雷锋标兵”，这是对他工作努力、乐于助人品行的肯定。在部队里，他种菜、喂猪、做饭、劈柴……他在许多岗位待过，干过许多不一样的活，但无论他在哪个岗位，他都要做到最好。1980年，郭明义表现优异，通过了党组织的考验，成为同年入伍的士兵中第一个入党的共青团员！不仅如此，他还先后五次在师里被评为“优秀团员”。

郭明义刚进部队时是在师汽训队当炊事员，负责大家的伙食，但郭明义不想一辈子就当个炊事员。每次做完饭后，他就利用空闲时间看书，晚上回到寝室，熄灯后他仍然打着手电筒，躲在被窝里如饥似渴地学习，而他所学的，正是驾驶方面书籍。郭明义将驾驶理论背得滚瓜烂熟后，第二年又参加了驾驶培训，在比赛中，由于专业素质过硬，他的理论成绩与实践成绩都是第一名。由此，郭明义在训练结束后就被分到了师汽车连，参与驾驶任务。1997年，郭明义所在部队经常到边防执行战备运输任务，当时条件特别艰苦，运输人员十天半个月吃不上米饭和菜，但郭明义一待就是两年。在部队的五年里，无论条件多么艰苦，任务多么繁重，遇到的困难多么艰难，郭明义从没有犹豫和退缩。

二、踏实肯干：对工作精益求精

2018年是我国改革开放40周年，12月18日，庆祝改革开放40周年大会在北京人民大会堂举行，在此次大会上，郭明义被党中央、国务院授予“改革先锋”称号，并颁授改革先锋奖章。

1981年，郭明义从部队退伍回到鞍钢齐大山铁矿正式参加工作，在连长的嘱托下，在工作上，郭明义仍旧对自己高标准、严要求，不敢给部队丢脸。作为部队的“全师学雷锋标兵”，郭明义曾说：“做雷锋传人，就要立足本职、奉献岗位，在爱一行、钻一行、精一行中收获幸福。在鞍钢，当汽车司机，我创造了单车年产最高纪录；任车间团支部书记，我所在的支部是红旗团支部；当宣传干事，我写的党课教案荣获一等奖；在车间当统计，我第一个获得资质证书；做英文翻译，我赢得了外方专家赞扬。调任矿山公路管理员后，我每天提前两个小时到现场，双休日、节假日从不休息。16年来，累计加班15000小时，相当于多干了5年的工作。有人说我是‘越干越基层、越干越辛苦’，但是我没有感觉到苦，而是越干越起劲，在适合自己的岗位上做一些力所能及的事情，我觉得非常快乐。”

1992年，鞍钢齐大山铁矿成为国家“七五”时期的重点建设项目，在做铁矿扩建准备工作时，矿上缺乏英语人才。为了工作，郭明义发愤图强，自学英语，而在这之前，他连ABC都不认识，通过自学，郭明义考入英语强化班进修一年，完成进修回到了工作岗位，在1993年工程开工后担任电动轮大型矿石转运车的现场组装英文翻译以及驾驶员。工程期间，郭明义24小时在线为外方工程技术人员提供服务，尽心尽力，从不推辞，他热情的工作态度令外方专家点赞叫好，为了感谢郭明义的服务，外方工作人员多次向郭明义支付额外的报酬，但都被其义正词严地拒绝了，因为他认为这就是他的工作，这是他的本分，不能再获取额外报酬。

即使郭明义多次受到外方赞扬，双方合作十分顺利愉快，并且在3年的工作交往中积累了深厚的感情，然而在工作中，郭明义仍没有一丝松懈，绝不马虎，就像铁面无私的包公。郭明义在做进口电动轮的翻译工作时，还顺带检查机器质量，在查出有质量问题的机器后，与对方严肃交涉，最终获得了赔偿。求真务实的工作精神，不拿一针一线的人格品性，业务能力过硬的工作能力，郭明义所具有的优良品格被外方人员看在眼里，这样优秀的员工哪个公司不想要呢？外方想将郭明义挖到自己公司去，开出的报酬比郭明义当时的工资高出六七倍。但郭明义不为所动，他知道自己之所以能有今天的成就，离不开祖国的培养，吃水不忘挖井人，他要用奉献回报国家。

调任矿山公路管理员后，郭明义本不需要再去外面奔波，只需坐在办公室调度工作就行了，但他仍然奔赴在一线，同现场工作人员一起工作，有时甚至做得比别人还多。采矿公路上飞沙走石，公路随着矿区的变化而不断修建延伸，大型重机械常年在矿山公路上穿梭运作。矿山公路上的温度冬冷夏热，在这里工作，冬天要忍受极寒天气，夏天又像高温蒸笼，非常考验人的忍耐力。郭明义在调任矿山公路管理员15年以来，早出晚归，节假日、双休日也不休息。他制定的养路技术标准、考核办法等均在国内领先，采场的主次干道路面维护质量逐年上升，星级公路达10公里，公路达标合格率98%。

三、乐善好施：永远在帮助别人的路上

1979年，郭明义还在部队当兵，当听到云南发生大地震时，他赶紧请假，带上自己的积蓄赶到信用社为抗震救灾捐款。当时他每月的津贴大概只有六七块钱，他却将自己积攒的一百多元津贴全部捐献给了灾区。

1990年，齐大山铁矿号召职工无偿献血，郭明义了解到，原来通过献血可以挽救他人的性命，从此一发不可收。自1990年以来，郭明义每年都坚持献血，不曾中断，他手中的无偿献血证叠起来有厚厚一摞，摊开来看就像一根红丝带。郭明义不仅自己坚持无

偿献血，还动员身边人跟他一起献血，他身边的员工都受到他的感召，集体献血。2005年，郭明义又开始捐献血小板，坚持每月捐献一次。一次，他得知一位孕妇急需血小板，从矿上刚下工的他连饭都来不及吃就打车赶往医院，100分钟的血小板采集让他体力不支，昏睡在病床上。

郭明义还加入了中华骨髓库，成为鞍山市第一批捐献造血干细胞的志愿者。2006年，郭明义成为鞍山市第一批遗体和眼角膜自愿捐献者。2008年，郭明义发起成立了鞍山市第一支红十字志愿者服务队、红十字志愿者急救队。2008年12月，郭明义获得国家卫生部颁发的“全国无偿献血奉献奖金奖”。2009年以来，郭明义发起成立的遗体（器官）捐献志愿者俱乐部，已有200多名矿业职工和社会人士参与，是国内参与人数最多的遗体（器官）捐献志愿者俱乐部。

除此之外，郭明义还长期资助贫困儿童上学，也为患病儿童捐款，当别人推辞他的捐款时，他说：“我挣得挺多”。其实他挣得一点都不多，当时他的工资还不到600块钱，却总是捐出自己工资的一半以上。郭明义从电视里看见贫困山区的孩子渴望知识的澄澈眼神，便下决心一定要为这些孩子做些什么。多年来，他不仅自己为孩子们捐款捐物，还积极组织捐款。2009年7月，郭明义爱心团队正式成立，他们都是一群被郭明义感动，追随郭明义脚步的人，他们同郭明义一样，默默奉献着爱心，哪里需要就去往哪里。

当郭明义的同事都在城里分了房子，搬到城里居住时，他和他的家人仍住在矿区40平方米的破旧房子里。粉刷的墙面上没有任何装饰，甚至都已经有些斑驳了，因为房子太小，女儿从小就没有属于自己的房间。但“斯是陋室，惟吾德馨”，郭明义觉得自己的家庭十分幸福、温馨。

2010年感动中国年度人物颁奖词中这样写道：“他总看别人，还需要什么；他总问自己，还能多做些什么。他舍出的每一枚硬币，每一滴血都滚烫火热。他越平凡，越发不凡，越简单，越彰显简单的伟大。”这些年，郭明义积极投入希望工程、无偿献血、捐献造血干细胞、捐献遗体器官等活动。有人问他，你自己并不富裕，为什么还要去帮助别人？他说，我确实不富裕，但一点帮助能够让病人及时得到救治，让贫困家庭一解燃眉之急，让失学儿童露出幸福微笑，这都是我能够做到的，我为什么不做呢？我为什么不多做一点儿呢？贫困家庭的孩子确实需要我们伸手帮助，有的孩子甚至买不起一双鞋，当我们拿出300块钱交到孩子手上时，孩子开心地说可以买一双鞋了，这真的让我感到非常地安慰，而我能做的也仅仅是这些。

多年来，郭明义一直坚持天真、简单的做事方法。对他而言，“天真”就是在做一些小事的时候发自内心，自然而然地就想去做，就要去做，做了会有一种幸福感和荣誉感。“简单”就是做了些简单的甚至微不足道的小事，但这些小事确实是生活在我们这片土地上的一些人的需要。当问到总是坚持天真、简单的做事方法难不难时，郭明义坚定地摇着头说不难，因为坚持这样的做事方法对他来说是好的，是对的。郭明义不想升官，不想发财，能在五十多岁仍然如孩童般天真，做到那些简单却不平凡的事情，实属难能可贵。

习近平总书记指出，雷锋、郭明义、罗阳身上所具有的信念的能量、大爱的胸怀、忘我的精神、进取的锐气，正是我们民族精神的最好写照，他们都是我们“民族的脊梁”。郭明义说要做个像雷锋一样的螺丝钉，永远默默地做事，默默地承受，尽自己所能服务人民，这样的一颗螺丝钉，虽然平凡，虽然普通，却是不可缺少的一个零件。

基层干部

JI CENG GAN BU

党的好干部，人民的好公仆
——焦裕禄

焦裕禄，1922年出生，山东淄博博山县北崮村人，原兰考县委书记，干部楷模，革命烈士。他在兰考担任县委书记时所表现出来的“亲民爱民、艰苦奋斗、科学求实、迎难而上、无私奉献”的精神，被后人称之为“焦裕禄精神”。这种精神直至今天仍被人民铭记，它掷地有声却又无须言语。时光远去，兰考贫困的面貌早已改变，而“焦裕禄精神”却在这片土地上深深扎根，跨越时空，历久弥新。

一、青年沉淀：尝遍人间苦难，始终坚守初心

焦裕禄出身于贫苦农民家庭，7岁上学，学习刻苦认真的他成绩名列前茅。在他11岁时，家乡遭遇灾荒，让本不富裕的家庭雪上加霜，他被迫退学，在家种地，农闲时做小生意维持生计，也跟随穷乡亲们推着独轮小车运煤卖煤。在1942年的秋天，20岁的焦裕禄收到噩耗，他的父亲迫于生计自杀了。对这件事他在“情况介

绍”中说道：“因生活困难，还要给汉奸纳粮交款，明年我还要结婚，父亲终日苦闷，秋天上吊自杀了。”丧父之痛让焦裕禄更加坚韧、成熟，懂得了担当与责任。后来焦裕禄被日本侵略者抓到抚顺的煤窑做苦工。在艰苦的条件下，他每天做工15个小时以上，其间许多工友被折磨致死，焦裕禄设法逃出，流落至江苏宿迁县。

1945年，抗日战争胜利后，焦裕禄满怀期待回到家乡。在这个熟悉的环境里，他接触到了党组织，加入了民兵组织，成了民兵，参加了解放博山县城的战斗。随着对共产党的认识逐渐加深，1946年1月，24岁的焦裕禄光荣地加入了中国共产党，成为一名革命战士。他在入党申请书里这样写道：“共产党是人民群众的救星，没有共产党，革命就不能胜利，穷人就不能翻身。我们要听毛主席的话，跟共产党走，为推翻旧社会，建立新中国，实现共产主义而奋斗！”

焦裕禄的人生旅程十分曲折，但他最终奔向了新天地。在党的领导下，焦裕禄展开了不同的工作，他一生服从党的安排，从1947年被调到渤海地区南下工作队到1953年任青年团郑州地委第二书记，他始终在工作岗位上勤勤恳恳地为人民服务，始终保持对党的忠诚。每一个日夜都有他认真工作的身影，他总说：“年轻力壮的时候不为党多做点事，将来老了，只是想干也干不成了。”

1953年，党中央发出“抽调大批优秀干部到工业战线上去，把他们锻炼成为胜任工业建设方面的领导骨干”的号召。从建厂筑路指挥部总指挥到哈尔滨工业大学进修学员；从大连起重机器厂到洛矿一金工车间主任、生产调度科科长；从连图纸都看不懂的“门外汉”到成为国有大型企业重点部门的优秀管理者，无论岗位如何调整，无论环境如何变化，焦裕禄始终坚持初心，把共产党员的风骨体现在新中国的工业舞台上。他带领工人风餐露宿，艰苦奋斗，多次提前完成任务计划，突破一个个生产难题，完成由外行到内行的转变，被誉为“最棒的车间主任”。工人们说：“焦科长不仅熟谙业务，还善于抓政治，抓人的思想。跟着他，再重再难的任务，我们都乐于接受。”焦裕禄兢兢业业、一步一个脚印在共和国工业建设起步的征途上留下了铿锵足音。

二、任职兰考：兰考人民多奇志，敢教日月换新天

1962年的冬天，40岁的焦裕禄来到兰考这片贫瘠的土地上，展现在他眼前的是一幅荒凉的景象，横穿全境的黄河故道，一眼望不穿的黄沙，白茫茫的盐碱地上空无一物，只有枯草在风中摇曳。这一年，春天时风沙吹毁了20万亩麦苗，秋天时的内涝更是淹坏了30万亩庄稼。面对这样的困难，焦裕禄却说：“感谢党把我派到最困难的地方，越是困难的地方，越能锻炼人。请组织放心，不改变兰考的面貌，我决不离开这里。”也许在这个经历过人间重重苦难的共产党员看来，只要加强党的领导，只要36万勤劳的兰考人民齐心协力，只要自己的工作扎实，就算是困难重重，也能奋斗出一副新面貌。正是他的这种决心和定力，在此后的475天里，他带着老百姓深入最恶劣的地方，实地调查研究，认真总结经验，让盐碱地里的种子重新生根发芽，让内涝的兰考开出一排排泡桐花。

焦裕禄深入农村调查访问，他拜群众为师，虚心向群众讨教经验，同时他深入每户人家，全面了解灾情及其原因，寻找救灾办法，从思想教育入手，教育干部和人民发扬艰苦奋斗的优良作风，

一步步树立起战胜恶劣环境的坚定信心。

1963年1月，在县委扩大会议上，焦裕禄要求各级领导同志带头到困难村去，与基层干部同甘苦、共患难，为改变贫困地区面貌做出贡献，为基层干部做出榜样，真正做到一切为了群众，心不离群众。在一个风雪交加的夜晚，他带着县委的成员们去了火车站，此时的兰考火车站，正有国家运送兰考一带的灾民往丰收地区的专车从此经过，也有一些灾民蜷缩在拥挤的候车室里。面对此番景象焦裕禄对县委委员们说："是灾荒逼迫他们背井离乡的，这不怪他们，责任在我们身上。党把36万群众交给我们，我们没能领导他们战胜灾荒，过安居乐业的生活，应该感到羞耻和痛心……"焦裕禄心系群众，给县委委员们树立了好榜样，同时也大大增强了他们率领广大人民群众艰苦奋斗、努力改变兰考贫困面貌的决心。

在焦裕禄实干精神和艰苦奋斗精神的带领下，县委领导干部纷纷深入困难村进行调查研究，通过走、看、问、记的方式，获得了大量的第一手资料，同时也发现不少问题。焦裕禄对县委干部讲："兰考是个大有作为的好地方，问题是要干，要革命。兰考是灾区，贫穷、困难多；但灾区有个好处，能锻炼人的意志，培养人的革命品格。革命者，要在困难面前逞英雄。"他坚定不移的革命精神深深感染着每一个兰考人。

1963年2月，县委决定在全县范围内开展治沙、治水、治碱的斗争，成立除"三害"办公室。焦裕禄想要深入了解兰考的自然情况，于是县委先后抽调了120名干部、老农和技术员组成了"三害"调查队，在全县展开大规模的追洪水、查风口、探流沙的调查研究工作。当时，焦裕禄的肝病已经十分严重，但他仍以身作则、不顾病痛、风雨无阻地和大家在兰考大地上日夜奔波。追沙，他就一直追到沙落地；查水，他就一直查到水归槽，他这种釜底抽薪的工作方法深深感染着兰考人民。通过这种大规模的摸底调查，使县委掌握了基本的水、沙、碱的发展规律。几个月的辛苦奔波没有白费，调查队在风里、沙里走过的路没有白走，最终拿出了一套完整而又具体的治理方案。

通过一年的艰苦奋斗，兰考的治理“三害”工作大有进展，并在实践中总结出宝贵的经验。“沙区没有林，有地不养人；造林防沙，百年大计；育草封沙，当年见效；翻沙育泥，立竿见影。”焦裕禄带领全县人民开始了史无前例的大规模种树活动，他自信又而坚定，这种自信来自几个月的调查活动，坚定来自36万兰考人民的信赖。自此，“平原种树”方法横空出世。这是焦裕禄与兰考恶劣的自然环境斗争的产物，也是对兰考人民除“三害”斗争的真实写照。在大规模的种树活动中，泡桐树最多。

时光早已远去，兰考面貌也早已改变，但这段精彩的斗争经历，却在历史上留下浓墨重彩的一笔。

三、鞠躬尽瘁：千磨万击还坚韧，任尔东西南北风

正当兰考人民同涝、沙、碱“三害”斗争时，焦裕禄的肝病越来越严重了。他开会、作报告时，经常用右膝顶住肝部，不断用左手按住疼痛处。有时，他也用一个硬东西一头顶着椅子，一头顶住肝部。天长日久，他坐的藤椅被顶出一个大窟窿，但他从不把自己的病放在心上，他说：“病是个欺软怕硬的东西，你压住它，它就不欺负你了。”党组织劝他住院治疗，他总是说：“工作忙，离不开。”他心里装着兰考人民，却从来不在乎自己的身体状况，他的

全部时间都奉献给了工作。

随着焦裕禄的身体越发消瘦，病痛折磨越发严重，他迫不得已离开工作岗位前往医院。在火车开动的前几分钟，他依旧在认真地布置工作，要县委的同志们抓好抗灾斗争。在医院里，焦裕禄以钢铁般的意志同疾病做顽强的斗争，无论身体疼得多么厉害，他从来都不让护士多照顾自己。再后来，焦裕禄的肝病更加严重了。护士噙着眼泪给他注射止疼针，他深知自己的情况，便摇摇手说："我不需要了，省下来留给别的同志吧！"

对于县里同志的关怀，他总是避而不谈，在他面前最要紧的是县里的工作和生产情况。问张庄的沙丘封住了没有？赵垛楼的庄稼淹了没有？秦寨盐碱地上的麦子长得咋样？老韩陵的泡桐树栽了多少？他还嘱咐同志们："回去对县委的同志们说，叫他们把我没有写完的那篇文章写完；还有，把秦寨盐碱地上的麦穗拿一把来，让我看看……"

焦裕禄的大女儿到医院去看望他，他深情地对女儿说："小梅，你参加革命工作了，爸爸没有什么送给你，家里的那套《毛泽东选集》就作为送你的礼物吧。那里面，毛主席会告诉你怎么做人，怎么工作，怎么生活……"

弥留之际，焦裕禄用尽全力断断续续地说："我……没有……完成……党交给我的……任务……没有实现兰考人民的要求……心里感到很难过……我死了不要多花钱……省下来钱支援灾区建设……我只有一个要求……请组织上把我运回兰考……埋在沙丘上……活着我没有治好沙丘……死了也要看着兰考人民把沙丘治好。"

1964年5月14日，焦裕禄与世长辞。回顾他42年的光阴，短暂而又传奇，苦难而又坚韧，他是共产党人的先锋模范，他是中国人民的好儿子，他是兰考人民的好公仆。他的一生无须豪言壮语，“焦裕禄精神”始终历久弥新。

四、精神永存：清正廉洁品德高，家人亲戚难沾光

焦裕禄一生坚持艰苦朴素的作风，他的衣服都是缝了又缝，补了又补，他用过的被子和褥子上都有几十个补丁。他的儿子焦国庆说：“我父亲没有啥遗产，搬家到兰考时，除了行李和被褥，就是一些炊具。一辆大卡车什么都没有装。”焦裕禄在世时，他的儿女们从来没有因为他书记的身份获得富足的生活；他去世之后，留下的唯一遗物是一块手表，他留给妻子的嘱托也是不让妻子伸手向组织要补助、要救济。焦裕禄两袖清风，家庭清苦，但给家人留下了宝贵的精神财富。

“意莫高于爱民，行莫厚于乐民。”这句话也是“焦裕禄精神”在群众生活中的真实写照。在一个冬天的黄昏，暴风雪肆掠着大地，焦裕禄望着窗外的大雪天气，心中时刻惦念着百姓。风雪无情地刮了一夜，焦裕禄房间的灯亮了一夜，第二天他召集同志们开会，号召大家到群众中去。这天，他冒着风雪，强忍着身体的病痛，连续走访了九个村子，一个个询问村民情况。在梁孙庄梁俊才的家里，老大爷卧病不起，老大娘双目失明。老大爷问：“你是谁呀？大雪天来干啥？”焦裕禄说：“我是您的儿子，毛主席叫我来看望您老人家的。”老大爷感动得热泪盈眶，说：“新中国成立前，大雪封门，地主逼租，撵得我串人家的房檐，住人家的牛屋。还是党好，社会主义好！”焦裕禄用自己的行动诠释了亲民爱民的最深含义。他的心里装着兰考人民，唯独没有他自己。他与人民同呼吸、

共命运、心连心的伟大精神，始终深深刻在共产党人的心中。

1990年7月16日，《福州晚报》登载了时任福州市委书记习近平的词作《念奴娇·追思焦裕禄》：

> 中夜，读《人民呼唤焦裕禄》一文，是时霁月如银，文思萦系……
>
> 魂飞万里，盼归来，此水此山此地。百姓谁不爱好官？把泪焦桐成雨。生也沙丘，死也沙丘，父老生死系。暮雪朝霜，毋改英雄意气！
>
> 依然月明如昔，思君夜夜，肝胆长如洗。路漫漫其修远矣，两袖清风来去。为官一任，造福一方，遂了平生意。绿我涓滴，会它千顷澄碧。

2014年3月，习近平总书记在河南省兰考县调研时指出，焦裕禄精神“过去是、现在是、将来仍然是我们党的宝贵精神财富，永远不会过时”。

“忙日苦多闲日少”是焦裕禄一心工作的真实写照；“两袖清风无一物”是焦裕禄朴素作风的体现；“敢教日月换新天”是焦裕禄面对恶劣环境时的决心。回顾焦裕禄短暂的一生，他留给我们的太多太多，今天的兰考早已发生了翻天覆地的变化，防风固沙种下的行行泡桐，开着白紫色喇叭状花朵，染香了一片片丰收的田野，也给兰考人民带来丰厚财富。连续4年，兰考县冬春两季造林15万亩，植树近3000万株。而今，兰考县林木覆盖率达30.15%，全方位提升了森林生态系统，不但改善了人居环境和生活质量，还实现绿色贯通城乡，生态成果共享。

焦裕禄虽已去世多年，但他的精神却一直萦绕在我们每个中华儿女的心中；他的精神用无声的言语一直传承着，他的精神将在实现中华民族伟大复兴的征程上永放光芒。

中国共产党的忠实拥护者
——申纪兰

2020年6月28日，申纪兰因病于山西长治逝世，享年91岁。申纪兰去世前最后一次回到西沟，是在2020年去北京开全国两会前，她坚定地说自己无论如何也要再回西沟去看一看，看看那里的百姓。最后一次在西沟，她告诉家乡的老百姓，她要去北京开会了，嘱托大家在家一定要好好工作。去世前，申纪兰知道自己也许时日无多了，病床前，她拉着山西省平顺县纪兰文化研究室主任张娟的手，这个在她身边陪伴了8年的孩子，叮嘱了张娟两件事，一是丧事一定要从简；二是要把“共和国勋章”的经费拿出来交了党费。直到生命最后一刻，申纪兰仍然心系党，心系人民，保持勤俭节约的生活作风。

一、大山里的中国女权倡行者

1929年12月29日，申纪兰出生于山西省长治市平顺县西沟村的一个农民家庭，谁也想不到，这个小女孩会成为中国女权的倡行者。1946年，17岁的申纪兰在西沟村找到了自己相爱一生的伴侣，在举行婚礼时，新娘的一双大脚引起了来客们的注意。原来申纪兰并没有裹小脚，在那个年代里，妇女没裹小脚是一件令人惊讶的事，申纪兰的一双大脚成了村里人茶余饭后的谈资。但正是这双大脚，带着申纪兰走出西沟村，走出山西省，走出中国，走向世界。

年轻的申纪兰走起路来风风火火，由于没有裹脚，行动方便的她还跟随父母积极参加生产劳动，下地干活是常有的事。心灵手巧的申纪兰当上了本村纺花织布组组长，带领妇女们一起纺花织布，给自己做衣裳穿。除此之外，申纪兰还带领妇女们缝军鞋，支援前线作战的士兵们。结婚不久后，申纪兰的丈夫就返回部队了，申纪兰一个人在家没事做，就扛起锄头下地干活。这可了不得，申纪兰下地干活的消息轰动了整个西沟村，在申纪兰之前，没有哪位妇女出门下地干农活，田里干活的都是男人。当时村里有句俗话“好女走到院，好男走到县”，女人就待在家里干些家务活，不要出门抛头露面，男人却可以自由地走四方。

1943年，李顺达建立起全国第一个农业生产互助组，并担任组长，大家互相搭伴到地里干农活，申纪兰听说后立马申请加入，她成了这个“互助组”中唯一的女性组员。一年后，申纪兰加入中国新民主主义青年团，还被推举为西沟村妇救会主任。成为妇救会主任后，申纪兰义务帮助妇女接生，但之前村里接生方法太落后，产妇的死亡率很高，新生儿也容易夭折。在这里，生孩子真正是闯了一趟鬼门关。新生命的到来本该是高兴的，但因为产妇与新生儿死亡率较高，新生命的到来竟让人提心吊胆，心里悬着一块石头。申纪兰不忍心看着村里的妇女因为生孩子死去，于是，当县里举办新法接生培训班时，她毅然报了名。培训完回来，申纪兰免费为村里的妇女以新方法接生，大大降低了产妇与新生儿的死亡率。

新中国成立后，西沟村的互助组也迎来了新变化，原来的互助组变成了初级农业生产合作社，而申纪兰也成了合作社的副社长。此时，申纪兰迎来了第一个难题：春耕在即，但全社只有22个男劳动力可以下地干农活，因此发动妇女参与生产劳动是当务之急。急于春耕的申纪兰赶紧招集社里20多名妇女开会，打算动员大家一起下地干活，结果到了开会时，会场只来了几个人。一年之计在于春，错过了春耕，来年收成一定不好，大家都得饿肚子。焦急的申纪兰每天走家串户，苦口婆心，劝妇女们解放思想，走出家门参加活动，离开灶台、炕台、碾台这“三台”。申纪兰常说，劳动就是解放，斗争才有地位，你待在家不劳动，怎么要求男女平等。动员妇女可真难啊，申纪兰挨家挨户上门做思想工作，可就是没人愿意，一时间动员妇女参加农业生产劳动到了“山重水复疑无路”的境地，而转机就出现在一位名叫李二妞的妇女身上。

村里人都知道这位名叫李二妞的妇女胆小出了名，整天待在家中大门不出二门不迈。如果像李二妞这样性格的女性都出门参加劳动的话，一定能在村里起到好的带头作用，大家就都愿意下地干活了。于是，申纪兰天天上李二妞家给她摆事实讲道理，磨破了嘴皮子，终于说动了李二妞下地。其他妇女看见李二妞都能下地干活了，也都跟着一起出了门，19个妇女3天时间锄完了35亩地。可是没干几天，大家就懒懒散散的，不怎么愿意动了，还怨声载道。原来，当时妇女和男人一样干一整天活，但得到的工分只有男人的一半，村里规定两个妇女干的活相当于一个男人干的活。男人干活有10工分，而女人只有5工分。这还不算，女人辛苦干活得来的5工分，还得记在当家男人的头上，这就等于自己白忙活半天，啥也没得到，还给别人作嫁衣。妇女们觉得这不合理，申纪兰也觉得不合理，她认为要提高妇女的生产积极性，就得实现男女同工同酬。

申纪兰向社里提出“男女平等，同工同酬”的要求，让社里给妇女加工分，并记在妇女的头上。男社员听后不服气，于是申纪兰就把妇女们组织起来，和男人们开展农业竞赛。党支部听说这件事后很支持申纪兰搞这次竞赛，社长李顺达也对此事特别关心。在除草、锄地、施肥、播种等多项农事活动上经过好几次评比后，男社员终于承认妇女能顶半边天，男人能干的活，女人也能干。最终，申纪兰关于“男女平等，同工同酬”的提议被全体社员一致同意通过。这是申纪兰带领西沟村迈出的一小步，却是新中国农村发展史上的一大步。1952年秋，西沟村评选劳动模范，20个劳动模范里，妇女就占了9个。

申纪兰帮助西沟村妇女争取“同工同酬，按劳分配”的事情被《人民日报》所刊登报道，题目为《劳动就是解放，斗争才有地位——李顺达农林畜牧合作社妇女争取同工同酬的经过》，这引起了国家领导人的注意。1953年4月，中国妇女第二次全国代表大会在北京召开，申纪兰接到中华全国妇女联合会的通知，邀请她作为主席团成员出席大会。从未出过远门的申纪兰一路辗转来到首都北京，大城市的新鲜事物令她眼花缭乱，应接不暇。随后，申纪兰又作为新中国唯一的农民妇女代表，经过礼仪训练后穿着定做的旗袍，于当年6月赴丹麦首都哥本哈根出席世界妇女代表大会。

申纪兰参加完世界妇女大会后脱下旗袍又立马投入到西沟村的农业生产劳动当中。回乡当天，申纪兰光荣地加入了中国共产党，成为一名共产党员。

1954年9月15日，第一届全国人民代表大会召开，在会上，经人大代表表决通过了我国第一部《宪法》，其中规定："中华人民共和国妇女在政治的、经济的、文化的、社会的和家庭的生活等各方面享有同男子平等的权利。"正式将"男女同工同酬，按劳分配"写入《宪法》，同时，这一政策也成为我国的基本国策。

二、全国人民代表大会制度的"活化石"

人民代表就要代表人民办事，人民代表就要代表人民说话，人民代表就要代表人民的利益。这三句话是连任十三届全国人民代表大会代表的申纪兰常挂在嘴边的话。在她看来，成为人大代表，代表人民投出神圣的一票，这是党和人民给她的极高荣誉，这代表的是一种责任。

当申纪兰成为人大代表的消息传来时，有人问她："你一个妇女怎么还当上人大代表了？"申纪兰骄傲地回答说："这是党和人民对我的关心，对妇女的关心，这不是一个人的问题。"申纪兰第一次作为全国人大代表参加全国人民代表大会，十里八乡的人民群众都非常激动，这是人民当家做主了！当毛泽东主席等国家领导人与代表们握手时，申纪兰感动得眼眶湿润了。

耄耋之年，申纪兰回忆多年来的人大代表经历时，她说第四届全国人民代表大会，周恩来总理做了最后一次报告。当时代表们都很关心他，一瞧见周总理出来作报告了，大家都站起来热烈鼓掌，眼睛里含着热泪——周总理瘦了很多。即便是几十年后，申纪兰想起当时周总理最后一次为大家作报告时的情景，眼泪都止不住地往下流。

2020年5月21日，全国两会在北京召开，申纪兰这次将县、市、省的群众反映的意见带到了两会现场。在参加2020年两会期间，申纪兰因身体不适被送往医院，无缘两会闭幕式。5月28日下午，不能参加两会闭幕式的申纪兰在张娟的陪同下在病房观看了直播。在观看直播前，申纪兰特意换上了白衬衣，黑西装，把代表证拿出来戴在身上，虽然到不了现场，但她仍然像在现场一样穿戴整齐，十分庄重严肃。

申纪兰同中华人民共和国共同成长，从第一届全国人民代表大会到第十三届全国人民代表大会，她一直都是人大代表。申纪兰是党的忠诚拥护者，她总说，自己做得太少，而党和人民给她的太多……

申纪兰是跟着共和国走过来，是党和人民培养起来的。一个党员就是一面旗帜，共产党员要活到老干到老，吃苦在前，享受在后，多做贡献，为人民办实事。2009年，习近平总书记到西沟看望申纪兰并题词：太行精神光耀千秋，纪兰精神代代相传。

三、生长于西沟，心系于西沟

山西省长治市平顺县西沟村位于太行山深处的峡谷，这里因水土流失，成为干石山区，石头多土地薄，土地稀缺且十分贫瘠，2000多口人散居在40多个山窝里。当地人说这里是“光山秃岭乱石沟，十人见了十人愁。旱涝风暴年年有，庄稼十年九不收”；“金木水火土，什么都没有，谁干都发愁”。可唯独申纪兰，不怕也不愁。

面对西沟村的状况，申纪兰撸起袖子就开干。没有树，那就植树造林；没有地，那就移土成地。几十年时间里，申纪兰带领村民们植树造林2.5万亩。当年，申纪兰带着村民，早上六七点钟就出门，上山带好干粮，一干就是一天，刮风下雨都不回，直至干到天黑，播完树籽才回家。一个坑三五棵树籽，最后只有一棵存活了下来，申纪兰分析了原因之后，懂得了种树也要讲科学，要因地制宜："山上松柏核桃沟，河沟两岸种杨柳。梯田发展苹果树，溪沟发展农林木。"

"无粮不稳"，为了有地可种，20世纪50年代，申纪兰带着妇女们将七条沟的土全部炸出来，以人力将土一担一担地挑到地里，基本上每亩地都垫了一米厚的土，可谓是"万里肩担一亩田"。在西沟村，每一座山上都有她们的脚印，每一座山上都有她们的心血和汗水。现在，西沟村的地都成了好地，平平展展的。

"远抓林，近抓农。修好路，吃饱肚，村办企业迈大步""无工不富""无商不活"，申纪兰又带着西沟村的村民们开办企业。西沟村盛产核桃，于是就开办核桃厂，把核桃做成核桃露，品牌名就叫"纪兰核桃露"，一开始申纪兰还觉得核桃露瓶子上写她的名字，别人喝完就扔了，那多不好，后来她又想，抛头颅洒热血都不怕，这还怕什么，就同意以自己的名字给核桃露命名了。

绿水青山就是金山银山，申纪兰带领村民办厂不久，国家就开始要求绿色发展，一些高能耗、污染大的企业都要求一一关停。经济发展要与生态环境保护协调发展，因此申纪兰把西沟能耗高、污染大的企业关停，走上了绿色发展之路。西沟村开始以"农光互补"现代化农业大棚种香菇，每个棚里囤放着至少两万根香菇棒，大棚里还有光伏发电，现在的一亩地比以前的好几亩地都值钱。现在的西沟村，"山上是银行，沟底是粮仓"，不能远离家门出去找活计的农村妇女可以在家附近找活干，贫困户也可以在村子的企业里找到谋生的工作。

几十年来，申纪兰总能带领西沟村的群众找准奋斗方向。1973年，申纪兰被任命为山西省妇联主任，但她却辞去正厅级职务，一心想着西沟村的发展，她知道那里更需要她。她说："不是西沟离不开我，是我离不开它。我是一名共产党员，哪里有困难就到哪里去。"她还嘱托大家要艰苦奋斗，勤俭节约，穷家难当，省一分是一分，省得多了就能办个事。申纪兰一生勤俭，最反对铺张浪费，她知道中国共产党为了带领全中国人民摆脱贫困付出了多少艰辛努力，得来的钱没有一分是捡来的，都是靠人民的双手一点点挣来的。

2018年12月18日，党中央国务院授予申纪兰同志"改革先锋"称号；2019年9月17日，国家主席习近平签署主席令，授予申纪兰"共和国勋章"；同年9月25日，申纪兰被评选为"最美奋斗者"。"纪兰精神"一直在中国的大地上闪耀着光辉，激励着后人去奋斗，去创新……

家是玉麦，国是中国
——卓嘎和央宗

这是一个偏僻荒凉的地方，一年中有一多半时间被大雪封山；这是全国人口最少的行政乡，一度只有3个人。这里住着卓嘎和央宗姐妹，她们已在这里孤独地生活了34年。这是常人难以想象的，但对她们来说，34年时间只是平凡的一段岁月。

一、阿爸的故事和“三乡人”

“中国是老阿爸手中缝过的红旗。”

20世纪50年代，对西藏来说是一个风云变幻的年代。在金珠玛米（解放军）没到来之前，在玉麦生活的村民们不仅要为地方政府支乌拉差役，为官家转山的人提供食宿，还要在每年藏历新年后翻过日拉雪山，到山外去乞讨，直到大雪封山前才回来。而大家每年出去乞讨，是为了给留下来放牧做苦差的家人多省下点口粮。

终于，延续千年的乌拉差役被中国共产党废除了，徭役的日子一去不复返。玉麦的人们迎来了翻身当家做主人的日子。阿爸桑杰曲巴当上了玉麦乡乡长，玉麦村民们自由了，他们成了自己的主人。

1962年秋天的时候，桑杰曲巴的大女儿卓嘎已经1岁了。中印边境自卫反击战打响，桑杰曲巴参加作战到了前线，他和其他人一起背着部队的给养弹药，从扎日到塔克钦再到玉麦，几经辗转。战争结束后，生活逐渐恢复了平静，桑杰曲巴的二女儿央宗出生了。

党和政府的关怀就像阵阵春风吹到了玉麦村，在日拉雪山另一侧的曲松村给村民们盖起了房子，分了土地、粮食和牲畜。过去玉麦村民们的日子艰苦难过，只有搬出来才能过上好日子，于是桑杰曲巴和其他几户人家搬到了曲松村。

在曲松的日子过得舒适安稳，但桑杰曲巴心中始终有一丝牵挂："是毛主席让我翻了身、当了乡长，可我这个乡长连家也没守住。"三个月后，他带着一家人赶着牛群，翻过雪山，辛苦跋涉又回到了他心中挂念的玉麦，回到了他朝思暮想的家。一家人回来的时候，野草长满了通往屋子的小路，家里的东西也被人偷了个精光。桑杰曲巴告诉家人："只要人在，家才能看得好，这块土地才能守得住。这是国家的土地，我们得在这儿守着。"

从此，他们一家开始守在玉麦。然而，平静的日子里总有波澜。一年夏天，直升机的轰鸣声从南而来，一群蛮横无理的印度兵把印度国旗插在了玉麦的山头上，在通往山外要道上设卡，北面日拉山的牧民进出玉麦砍竹子都要接受盘问。桑杰曲巴看到这一幕，他愤怒了，用了整整两天时间爬上玉麦山头拔下了印度国旗，来到印度兵设卡的地方生气地说道："我的爷爷曾在这里放牧，我的阿爸曾在这里放牧，我们也在这里放牧，这是我们祖祖辈辈生活的土地！"

面对印度兵的威胁，桑杰曲巴急中生智想到解放军。他安顿好家人踏上了扎日区的路程，因为那里有解放军，他相信党，相信解放军。原本7天的路程他只走了4天，一次次摔倒，一次次站起来，牛皮靴进了水，就把水倒掉继续穿着，终于走出了沼泽，走出了山地，终于到了扎日区。解放军来了后，桑杰曲巴松了一口气。不久之后，他把家从半山腰的玉碓搬到了谷底的玉麦，向南推进了5公里。

有一次，桑杰曲巴从山外回来，买来了红布和黄布。年幼的卓嘎和央宗以为阿爸要缝新的衣服，在忽明忽暗的油灯下，阿爸仔细地在两块布上量来量去，在黄布上剪出星星，严肃又认真地放在红布上，一针一线地缝了起来。阿爸把姐妹俩叫到身旁语重心长说："孩子，这是中国最宝贵的东西，是我们的国旗！"这天，五星红旗挂在了他们家屋顶；这天，卓嘎和央宗懂得了五星红旗就是中国的国旗。

在玉麦的日子，虽然艰苦但卓嘎一家是幸福的，满足的。直到央宗15岁那年，阿妈和家中最小的妹妹相继去世，桑杰曲巴一下子就老了。卓嘎和央宗几次央求："到山外去吧！"桑杰曲巴都坚定地说："不能走，这是国家的土地，得有人守着！"从此，玉麦只剩下阿爸、卓嘎和央宗；从此，桑杰曲巴既当爹又当妈，照顾着姐妹俩，守着五星红旗，守着脚下的国土；从此，山外人把他们一家叫作"三人乡"。

二、爱国是自觉的

"三人乡"的日子有多苦？

房间中央的地上垒起的三块石头，他们在这里生火做饭。

大雪封山的日子里没有粮食，他们就吃着早早攒下的萝卜和土豆。

放牧的时候没有袜子可穿，鞋子里放的干草一天要换上好几遍。

可日子再苦，桑杰曲巴依旧会雷打不动地巡山，用他的脚步丈量着脚下的玉麦，他热爱这片土地，热爱祖国。累的时候看着挂起的五星红旗，听着风从耳边呼呼吹过，疲倦就烟消云散了。

他们一家对国土最好的守护就是放牧，这放牧一放就是桑杰曲巴的一辈子，就是卓嘎和央宗的整个青春岁月。央宗现在还记得阿爸每次在巡山前的叮嘱："我这一去，两天就能回来。要是第三天还没回来，你们不要找我，赶紧翻过日拉山去曲松报信。"阿爸去巡山的时候，卓嘎和央宗就守着家。白天的时候有牛群陪伴，晚上有时藏獒吠得厉害，姐妹俩就躲在屋子的阁楼里，直到天亮。

20世纪80年代初，邮递员白玛坚牵着马翻过日拉山，成为定期进出玉麦的人。当邮件送到玉麦乡时，卓嘎清楚地记得父亲翻开报纸脸上的欣喜，他迫不及待地阅读，遇到重大消息时还会读给卓嘎和央宗听。到了90年代，有了太阳能，家里的灯泡能微弱地亮好几个小时，天气好的话，电视也能看一两个小时。每当阿爸看新闻时，就会自豪地跟卓嘎说："电视上的国家领导人如果能来玉麦，我一定能认出来。"

山上的杜鹃花开了又谢，山中亦是斗转星移，而桑杰曲巴的身体也渐渐不行了，当了29年乡长的他把重担交给了卓嘎，妹妹央宗也成了副乡长兼妇女主任，姐妹俩一干就是20年。

她们继续定期巡边，因为她们记着阿爸说过的话，经常去转一转，他们就不敢来了。1996年，玉麦乡有了第一位党支部书记，山外迁来了两户人家，玉麦乡再也不是“三人乡”了。卓嘎和央宗姐妹俩分别在35岁和27岁的时候成了家。

再后来，央宗的儿子出生了，名字叫索朗顿珠。生活条件的改善体现在索朗顿珠快乐的童年上，他玩着从山外买来的玩具枪，在跟随大人们放牧遇到大风时就会被外公用防磨的垫子紧紧裹住。每当这个时候，他都会感觉自己幸福极了。

2001年9月，玉麦有了件天大的喜事——通往山外的公路通了。这一年，卓嘎沿着这条公路，去了趟毛主席的故乡；这一年，桑杰曲巴沿着这条公路，去了趟让他魂牵梦萦的拉萨；也是在这一年，77岁的他在风雪交加的冬天走了。在生命的最后一刻，他把全乡人叫到床前叮嘱他们：“我在这里住了一辈子，你们不要因为玉麦苦，更不要因为我走了就离开这里。这是祖辈生活的地方，更是祖国的土地，一草一木都要看好守好。”

阿爸的遗言深深地印在了卓嘎和央宗的脑海里，她们记在心里，也体现在行动上。卓嘎说：“以前爱国是自发，现在爱国更多的是自觉。”家是玉麦，国是中国，国是他们脚下的土地，国是在家门口高高飘扬的五星红旗。

三、收到了总书记的回信

温暖春风送到了玉麦

扎日神山下的玉碓和玉麦啊，
是个吉祥的地方。

玉碓灵草满山，
玉麦秀水遍地。
进出玉麦千难万险，
留在玉麦草丰水美。
我要做一只轻盈的小鹿，
在这吉祥的乐园快乐地生活。

卓嘎和央宗守边放牧时总会唱着玉麦民歌。在艰难生活的磨砺下，姐妹俩就像是草原上的格桑花一样美丽、坚强。她们守护的这片土地上有着无尽的资源和宝藏，而卓嘎和央宗就是这里最珍贵的宝藏。

卓嘎和央宗的故事已经传遍了大江南北，她们抵边放牧、抵边巡逻的坚守，也像阵阵春风吹到了习近平总书记的心里。在党的十九大召开之际，卓嘎和央宗给习总书记写信汇报了她们在阿爸的带领下不畏风雪、不惧困难，扎根玉麦为国家守边，同时也讲述了玉麦乡从当年的“三人乡”到现在的9户32人的变化，表达了她们要继续同乡亲们一起报答党恩、放牧守边的决心。十九大闭幕后，卓嘎和央宗迎来了人生中的重要日子，她们收到了习近平总书记的回信。玉麦乡沸腾了，不论是干部群众还是驻边战士，都纷纷赶来，一遍遍读着总书记的回信，激动之情溢于言表。卓嘎更是泣不成声：“没想到习总书记这么快就给我们回信了？”

习近平总书记的回信让卓嘎和央宗想起了父亲当年的谆谆教诲：“‘祖国疆域的一草一木，我们都要看好守好。’这也是父亲当年和我们说过的话。”半个世纪前，正是由于桑杰曲巴带着卓嘎和央宗一家三口孤独地守护着玉麦，在长年的坚守中，如今的玉麦边防巩固，欣欣向荣。

卓嘎继续说道："父亲当年的心愿今天都实现了，现在的玉麦通路通水通网络，越来越多的人开始关注玉麦。特别是习近平总书记在十九大报告中指出，要加大力度支持民族地区、边疆地区加快发展。相信有习近平总书记的关怀，有党中央的关心，玉麦老百姓的生活会越来越好。"

四、玉麦乡有了新变化

自从公路通了，玉麦的变化一天一个样子，原来玉麦这个闭塞的小山村，开始跟上了山外发展的脚步。

党和政府的关怀就像冬日温暖的太阳，照在玉麦每个人的身上。边民补助、生态补偿和草场补助政策等大大改善了玉麦人民的生活。公路上，驰骋的"铁牦牛"（汽车）在玉麦9户人家有了7辆。看着可喜的变化，卓嘎和央宗的心里高兴极了。有4户家庭做起了小生意，他们开起了餐馆和家庭旅馆，自制的竹器、藤镯等拿到市场上出售也能获得不少收益。

2016年，玉麦每家每户都有了Wi-Fi，不论给在外的孩子寄零花钱还是在商店购买东西，村民们都可以直接用手机来支付。

2018年，玉麦迁入了47户，全乡户数达到56户。玉麦曾经"三人乡"的局面一去不复返。玉麦生态小康示范村建设也全面铺开，人们住上了安全舒适的"农家别墅"，玉麦人民告别了"小水电"的历史，玉麦被纳入了隆子县通电工程，成为大电网覆盖范围。一个人民安居乐业、欣欣向荣的边境小镇正在由蓝图变成美好现实。

发展仍在继续，守护仍在继续。索朗顿珠成了玉麦乡的第一个大学生，索朗顿珠毕业后回到家乡，参加了公务员考试，带着从大山外学到的知识回到了大山。

“玉麦紧邻著名的扎日神山，山美、水美、林美。我要让更多的人到玉麦来看看，给他们讲讲波啦（外公）的故事，讲讲阿妈的故事……当年，阿妈和姨妈听了波啦的话，守在玉麦大半辈子，现在，我也要听阿妈的话，守护好家乡这片山水。”索朗顿珠看着扎日雪山，走上了同外公与母亲同样的路，心里坚定而又充实。

守护仍在继续，温暖仍在继续。玉麦山谷的杜鹃花开了又谢，山里的竹子郁郁葱葱，长年苍绿。回望玉麦，雪线下是辽阔的牧场，牧场的远方是望不到边的原始森林。卓嘎和央宗仍日复一日，坚定地守护着玉麦。

家是玉麦，国是中国。祖国的土地，一寸也不能少。

击退万亩沙，留下一抹绿
——王有德

每年3月12日是我国的植树节，将植树活动作为节日来纪念，是为了让保护生态环境成为每个中国人的生活常态。有这么一位中国共产党人，他四十年如一日地坚持干一件事，在这件事上，他付出了自己的全部心血与汗水，将自己的爱与情都倾注其中。这位坚定不移、咬定青山不放松的共产党人，就是宁夏灵武白芨滩国家级自然保护区管理局原党委书记、局长王有德，而他一直坚持的事情就是治沙造林。通过不断地在沙地上植树，以植被固沙来防止土地沙漠化。

一、小时候的经历是他心中永远的痛

宁夏回族自治区位于我国西北内陆地区，属于温带大陆性气候，在其东边有毛乌素沙漠，西边有腾格里沙漠，北边有乌兰布和沙漠。多年来，为了保护宁夏及周边的生态环境，我国在防沙治沙上投入了不少精力，许多措施都取得了良好的效果。

1954年，王有德出生于宁夏灵武马家滩的一个贫苦家庭，而恰在这一时期，国家在毛乌素沙漠西南边缘的宁夏灵武白芨滩建立起了白芨滩林场，治理当地的土地沙漠化问题，以保护宁夏银川河东机场的安全，防止铁路、公路被风沙掩埋。王有德肯定没想到，自己大半辈子都和这个与自己同时新生的白芨滩林场紧紧联系在了一起。

“我这一辈子，见的沙子最多，最恨的是沙子，最放不下的也是沙子。”如今王有德老家的房子几乎和地面融为一体了，最开始修建的窑洞因为人们的离去缺乏打理已经全部坍塌，被风沙掩埋了。修在地面上的房屋还稍微好一点，但整体也坍塌得不成样子，只有零星几堵土墙还稀稀拉拉地立在空旷的戈壁当中。原住房周围一片荒凉，看不见一丁点儿绿色，不远处就是沙漠，一眼望去只有起伏的沙丘为这片天地增添了一点可看的景色。

在王有德小时候，这里虽然干旱，但柠条、沙柳这样的绿色植物还是有的，放眼望去，虽不如南方植被那样茂密，但也可以看见一抹绿色蔓延至天边。是从什么时候起，让这本来就脆弱的生态环境被破坏得更加彻底的呢？大概是村民们为了生计不顾环境的时候吧。为了煮饭、烧炕、取暖等，人们不得不砍伐植被，过度放牧，滥垦耕地，在沙地里挖掘名贵中药材等等。渐渐地，这里的植被愈来愈稀少，两百多种动植物从这里消失，住在这里的人们也越来越贫穷。

王有德至今还清楚地记得，自己小时候就没有吃饱饭过，经常挨饿。王有德的父亲是乡里的乡长，按理说家庭不会很贫穷，但他家一共有七个孩子，除了自己家里的五个孩子，王有德的父母又收养了二爹的两个孩子。家里的两个大人要负责喂饱七个孩子，在那种环境下可不是件容易的事。所以王有德小时候，家中极度贫穷。

小时候，一吹风，整个天就黑乌乌的，风卷着沙子遮天蔽日，当时的说法是“秋上一场风，一直刮一冬。三天一场风，七天一场沙。刮得地上不长草，沙子满天跑”。大风把沙子直接刮进窑洞，将门和窗都掩埋了。人们如果想在一场大风后出门，那门打开后，就先得将沙子刨一刨才能出得了门。在风沙的侵袭下，村民们再也忍受不了恶劣的环境，以及由这环境带来的贫困，先后20多个村子，6个生产大队，3万多人被迫迁移。王有德一家也搬到了离故土40公里外的地方。

因为土地沙化带来的环境问题是造成当地贫困的主要原因，小时候的贫苦生活是王有德心里的结。他不愿意后人像他们一样，因为土地沙漠化而过得贫苦，不愿意后人在一片黄沙中成长，他希望孩子们能一睁眼看见的是一片绿色。因此，他在长大后选择了一心治沙，并且拼尽了全力。

二、面对困难，他毫不退缩

毛乌素沙漠又叫鄂尔多斯沙地，是中国四大沙地之一，位于陕西省榆林市长城一线以北。毛乌素沙漠的西南边缘靠近宁夏回族自治区，1953年，国家在宁夏灵武白芨滩建立了白芨滩林场。1985年，白芨滩林场成为国家自然保护区，王有德调任白芨滩防沙林场副场长，前往白芨滩管理站上任。王有德终于等到了这个治沙的机会，可以在岗位上和自己的“仇人”大肆拼杀一番。然而，当王有德满怀信心，怀着饱满的治沙热情来到白芨滩林场，却没想到，自己的满腔激情迎来的却是一盆把人的心都浇得透心凉的冰水。

初来乍到的王有德对工作环境的第一印象是，他可能不大受人欢迎。当时的王有德还比较年轻，才30岁出头，大家都觉得他就算来到了这里也做不出个啥。虽然王有德的激情得不到当地职工理解，但他想治沙造林的热情却丝毫不减。没人欢迎，他就自己到沙漠与林区中调查了解当地沙化情况与治沙成果，还走访职工，了解职工的基本情况。在白芨滩林场里共有159名职工，雇用的大多数是周边村民，国家每年拨款10万元。当时治一亩沙地的成本要好几百元，而补贴只有50元。王有德当时面临的局面就是资金短缺。

没有资金，白芨滩的造林任务就停了下来。职工们没活干，待在林场懒懒散散的，每天就是蹲墙根儿，晒太阳；有了任务，也只是草草完成了事，不图质量，压根儿就不管种的树能不能活。反正干不干活、干得怎么样，他们每个月都有固定的工资可拿，不会因为树不活就拿不到钱。工人们每月靠着国家给的几十块钱勉强度日，过得十分贫困。在白芨滩林场，家家户户都有好几个一米多高的菜缸用来腌酸菜，一年四季就指着这几缸酸菜吃。住的房子是“夜景房”，晚上躺下睡觉时，能直接透过破败的房顶看见星星，点的煤油灯将墙熏得黢黑。因为白芨滩周围是沙漠，没有学校，职工的孩子都没法在周边上学，孩子要上学就只能投靠亲友。在这样的环境下，许多职工来了后都想离开。

王有德深知这样下去是不行的，白芨滩林场必须跟上国家改革开放的步伐，进行一次深入彻底的改革。不久后，王有德的改革方案新鲜出炉了：1. 精简后勤管理人员。2. 取消一线职工工资级别，实行绩效工资，按劳分配，多劳多得，少劳少得。3. 林场任务直接分配到职工手上，由他们全权负责，按树苗成活率给补助资金。王有德的政策总结起来就是：“搬走保险箱，砸烂铁饭碗，靠自己救自己，靠自己发展自己，挣自己的钱，干自己的活。”这一下王有德可捅了马蜂窝了，他要打破大家的铁饭碗，不干活就没有工资拿，只图完成任务的干活态度也不行，这样也拿不到钱，这不是断了很多人的活路吗？

有些职工恨极了王有德，扔他的铺盖卷，不让他在这里待；更多的人是指着他的鼻子骂他，侮辱他；也有人给他写匿名信；甚至还有人在他的枕头下压菜刀，威胁他；有的人做得更过分，直接到他家里去吓唬他的孩子和妻子。最后，王有德想了一个办法，他仿照邓小平同志提出的“一国两制”政策，在白芨滩林场提出了“一场两制”，即愿意按照之前领死工资的制度的职员还按以前的来，愿意执行新制度的职工就按新制度执行。

治沙先治穷，吃不饱、穿不暖、住不好，职工怎么能有心情好好栽树？王有德有大大小小几十个厚厚的笔记本，里面都是他记的账目，资金不足，要养活一大场子人，还要治沙造林，不可不精打细算。王有德对栽一棵树的时间、人力成本一一进行了计算，看怎样能更省钱，就连C20混凝土的砂浆、砂灰、石子的配比他都知道。他还亲自带领职工干活，什么脏活、累活、苦活他都冲锋在前，挖管沟、上煤末……一年下来赚了十多万元。

荒漠种植，沙柳是首选，因为这种植物根系发达，枝条丛生，不怕被沙压。长出来的沙柳条越砍长得越好，但是这些沙柳条都被人拿来当柴烧，或者直接丢弃在沙漠里。王有德看着这些沙柳条，心想要将其变废为宝，不能就这样浪费了。他和工人们硬是将这些沙柳条背回了林场，并且成立了柳条厂，让工人们用这些沙柳条编筐，他去外面找销路，编的果筐给各大林场，编的柳笆帘子给煤矿，一个筐能卖八九角接近一块钱。令王有德印象深刻的是岳彩珠夫妇，以前这夫妻俩每人日工资两元八角两分，用沙柳条编筐后，夫妻俩一天编20多个筐，能挣20多块钱，以前一个月总共也才80多块钱，编筐后两个人的工资能有好几百，人均年工资从不到一千元涨到三四千元。

三、“沙漠绿，场子活，职工富”

在沙漠里成功将一棵树种活，比养一个娃娃还难。北沙窝管理站是距离白芨滩最近的管理站，也是白芨滩林场发展的第一个管理站。1986年，北沙窝还是流动沙丘，王有德从1986年5月开始接手北沙窝的治沙任务，到年底的时候，树要栽上，地要开发出来，渠道要砌上，冬水要灌上，路要铺上，泵站和房屋要建上，短短几个月的时间，要干的事情却很多。剩下的几个月，王有德和工友们吃住在一起，虽然北沙窝离家只有3公里，但他仍然选择和工友一起住帐篷。北沙窝的风沙大，大家吃的饭里都是沙子。就在这种艰苦的条件下，王有德白天与工人一起干活，甚至比工人干得还多，到了夜里躺在床上，他还要思考着第二天的工作安排。

7月至9月是北方最热的几个月，但也是治沙最好的时节，这个季节没有风，王有德和工人们住的帐篷就搭在沙漠里。这里的环境就像蒸笼一样，头上是烈日，脚下是烫脚的沙漠，五六十摄氏度的沙漠里，热气上下蒸腾。三伏天里要砌水渠，25公斤重的水泥板，别人背一块，王有德背两块，脊背磨破了皮，皮肤发红、发烂又流血，脚也被太阳晒烂了。冬天零下五六摄氏度，水里都是冰碴儿。水泵站与渠道终于修好了，四台泵抽水进一个渠道，把渠道给冲垮了。为了挽救经济损失，王有德带领工友们拿麦柴、稻草像抗洪抢险一样站在水里用身体把水堵住。那段时间，王有德就像是沙子做的人一样，全身上下，鞋子里、衣兜里都是沙子，走到哪儿沙子撒到哪儿。王有德和工人们辛苦了一年，到第二年时，春满人间，树枝抽芽，一切努力都是值得的。

20世纪90年代，王有德在林场建起了砖厂、预制板厂、苗木公司。白芨滩的苗圃林里有侧柏、海棠、油松、紫叶李、丁香，一百多个品种的树苗，一棵树苗就值一百多块钱，王有德称之为“绿色银行”。治沙造林也要“懂科学、动心思、想办法”。经过多年的实践摸索，王有德探索出了“六位一体治沙模式”，即外围以扎草方格的方式，用柠条、沙柳等灌木丛防风固沙；在渠干、公路周边建防护林；内部建果林；搞养殖业；种牧草；做沙漠旅游。“长年累月抓管护，一年三季抓造林”，王有德治沙造林，真正做到了沙漠绿、场子活、职工富。

四、生命不息，治沙不止

治沙40年，王有德带领工友，营造防风固沙林63万亩，控制流沙近百万亩，在毛乌素沙漠西南边缘构建了东西长48公里、南北长38公里的绿色屏障，阻碍沙漠的南移西扩，逼退沙漠20多公里，从沙进人退到人进沙退，庇护了黄河灌溉区的百万顷良田。宁夏灵武白芨滩原来的流动沙丘北沙窝也和以前大不同了，40年前栽种的树木茁壮得连一个成年人都抱不住。

2014年，王有德退休后，在企业家的帮助下成立了宁夏沙漠绿化与沙产业发展基金会，通过社会募捐获得治沙造林的基金。每年在植树节当天举行捐款仪式。基金会自成立以来，每年都可获得一两百万捐款，用于治沙造林。王有德还在银川河东机场东侧申请了一万亩荒沙地进行绿化，他不拿工资，自愿投身治沙工作，发挥自己的治沙才能。看着一棵棵树苗把沙漠染绿，他的心里充满了幸福感。

在治沙造林的同时，王有德作为基层党组织负责人，还狠抓党员队伍建设，不断发展党员。白芨滩林场最开始只有一个党支部，10多名党员，现在已经拥有6个党支部，70多名党员了。王有德作为共产党员，不断探索防沙治沙新模式，从不轻言放弃，践行党的绿色发展为理念，无愧“改革先锋”之称号！

为民筑起绿色屏障
——杨善洲

2010年7月，一位年过八旬的老人站在郁郁葱葱的大亮山林场里抚摸着一棵棵松树，深情地对树说："孩子们，我以后不能照顾你们了……"3个月后，这位老人带着对祖国和人民深深的眷念，离开了他热爱的这片土地。

这位老人名叫杨善洲，云南省保山市施甸县的大亮山林场，正是他用自己的双手一棵棵种植出来的。他亲切地把这些树木比作自己的孩子，但这不仅仅是他的孩子，更是这位老人给中国大地留下的一片绿荫和一种精神。

"绿了荒山，白了头发，他志在造福百姓；老骥伏枥，意气风发，他心向未来。清廉，自上任时起；奉献，直到最后一天。60年里的一切作为，就是为了不辜负人民的期望。"这是2011年感动中国人物的颁奖词，只言片语道尽了杨善洲不为荣华、甘于奉献的精神品质，也道尽了一位基层好干部的一生。

一、他的心里始终装着人民

1927年1月4日，杨善洲出生在云南省施甸县一个贫苦家庭中，7岁的他就开始承担起了家中农活，主动为父母分担家中重担。1937年，杨善洲进入私塾学堂读书，农忙时他就到地里干活，只要一有时间就拿着课本看个不停。新中国成立后，杨善洲在陡坡乡河尾村参加了乡农会和武装联防队，担任小队长。1952年11月，杨善洲光荣地加入了中国共产党。

作为一名共产党员，杨善洲60年如一日地坚持共产主义理想信念，牢记党的宗旨。他曾说："我1952年入党，其实没想过入党，觉得自己条件不够，是组织上看我表现不错，把我确定为重点培养对象。随着思想觉悟的提高，越来越觉得加入中国共产党是一种正确的选择。共产党的宗旨是全心全意为人民服务，远大目标是使整个中华民族富裕起来，这正是我一直想做的事情。入党后，我很快找到了人生方向和奋斗目标。"杨善洲始终用他的行动来践行对党的忠诚之心。

杨善洲从1955年任施甸区区委书记到1988年从保山地委书记岗位上退休，这30多年的时间里，他真正尽到了一名共产党员的义务，履行了一位基层干部的职责。在工作期间，杨善洲始终保持着农民本色。他除了平时在工作岗位认真负责，更多的时候他都下乡下地与群众一起在田间劳作。他做过9年石匠，工农出身的他对老百姓的苦难感同身受。他走家串户体察农民的疾苦，给受了冤屈的百姓主持公道，自己掏钱给困难户力所能及的帮助。

"每次下乡，他都把锄头带在身边。"担任了11年杨善洲秘书的朱正光回忆，让他印象最深刻的就是杨善洲虽然担任了地委书记之职，可他更多的时间都是和农民待在一起，“他有一半的时间都在基层，每天天不亮，我们就出了地委大门，天黑之后才回来。地委开会都在晚上”。这样早出晚归的工作杨善洲一点都不觉得累，他认为与农民群众一起劳动是了解基层、了解农民疾苦的重要方式。

“我们处理的任何小事都可能是关乎群众切身利益的大事，不管什么时候，都不能马虎行事，不能伤了群众的心。”在杨善洲眼里，群众的事从来都不是小事。有一次，驻桥汉庄的地委工作组接到了宗家山的杨春兰老人的申诉。老人在去卖猪的半路上被人拦截，对方一口咬定是老人偷了他的猪，并扯着老人来地委工作组讨要公道。地委工作组轻信了对方的话责令杨春兰老人将猪还给对方，并罚款80元。杨春兰老人在工作组喊冤。杨善洲得知此事后，马上要求地委工作组与地委信访办公室进行调查核实。经调查后发现，杨春兰老人要去卖的猪是别人偷了转卖给他的，他自己毫不知情。真相大白后，工作组还老人一个清白，并妥善处理了此事。杨善洲体贴入微，将老百姓的每件小事都放在心上。

二、退休后，坚守大亮山

1988年，61岁的杨善洲退休了，他拒绝了组织安排他搬到昆明安度晚年的好意，执意回到家乡施甸县植树。杨善洲回到家乡植树的原因非常简单，他说：“担任地委领导期间，有乡亲不止一次找上门，让我为家乡办点事情。我是保山地区的书记，哪能光想着自己的家乡。但毕竟心里过意不去呀，是家乡养育了我。于是我向他们承诺，等退休后，一定要帮家乡办点实事。”

坚守着一定要为家乡办点实事的信念，杨善洲把目光放在了早年因为炼钢炼铁、大规模毁林开荒导致植被稀疏的大亮山。杨善洲的家就在大亮山脚下的姚关镇陡坡村，少年时，母亲经常带着他上山采草药，那时候的大亮山郁郁葱葱，抬头一眼望去是看不到头的高大树木。现在的大亮山让杨善洲心痛，同时也更加坚定了他要为大亮山造一片林的决心。

早在退休前，杨善洲到大亮山实地考察，家乡的人们听说他要在这里种树，都纷纷劝阻说："你到别处去种吧，这地方连野樱桃和杞木树都不长。"但杨善洲还是义无反顾地回来了。退休后，杨善洲马不停蹄地赶到大亮山，在一穷二白的时候成立了大亮山国社联营林场，开始了艰苦创业。

直到现在，仍有很多人还能想起当年杨善洲初上大亮山的情形。他住在用树杈搭起的窝棚里，脚上穿着草鞋，极其节俭。后来，有了省里资金的支持，林场盖起了一排简易的油毛毡房，杨善洲和林场工人们一住就是10年，没钱置办家具怎么办？他们就地取材自己动手，办公桌、板凳、床铺都是自己动手做的。林场没通电的时候，晚上漆黑一片，工人们就买了马灯，在黑夜中摸索前进。10年后，油毛毡房终于被砖瓦房代替，而房子周围也由开始破败不堪的荒凉景象变为现在树木林立、欣欣向荣的风景。

林场开始的那几年是最困难的时候。没有肥料怎么办？大家就提着粪箕到村里路上去捡牛马猪粪作为底肥。没有资金购买树苗怎么办？杨善洲便把平时在家中爱护有加的盆栽移植过来，可这毕竟是沧海一粟，最后，他想了一个解决办法——去街上捡果核。杨善洲每次回到城里，他就去捡别人随意丢掉的果核，用麻袋装好放到家中，积攒到一定数量再用马驮到山上去。

原保山地委书记在街上捡果核，这成了当时城里轰动一时的新闻。有一次，杨善洲在街上捡果核时没注意撞到了一位年轻小伙子的自行车上，小伙子大发雷霆，张口就骂。这时，有人把他拉到了一边，告诉他这位老人是原保山地委书记。小伙子愣住了，他没想到眼前这位老人竟然是“草根书记”杨善洲。

每年的端阳花节是保山的传统节日，这一天人们都会载歌载舞庆祝节日，这一天也是果核最多的，杨善洲发动林场的工人们，一起到街上捡果核，再运到山里。岁月变迁，原来一颗颗小小的果核已然成为一片枝繁叶茂的果园。

林场如何发展，如何壮大？这始终是杨善洲日夜都在考虑的问题。党的十四大以后，杨善洲意识到必须要改变传统的经营模式，要提高经济效益。杨善洲与林场领导商议之后，从广东、福建引进龙眼树苗，开辟了龙眼水果基地。同时办起了茶叶基地，建起了茶叶精制厂，搞起了多种经营。没过几年，大亮山的家业扩大了，经济效益也提高了。

三、朴素的家风

大亮山上，杨善洲的全部家当是一张床、一张书桌、两个小凳子、一个火盆，墙边堆放着雨伞、蓑衣、马灯、手锤、砍刀等一些工具……一眼望去，没有一件闲置的家具，全是日常生活的必需品。而他在施甸县大柳水村的老家，也是家徒四壁。在杨善洲为理想而奋斗的峥嵘岁月里，是妻子张玉珍默默守护着这个家，而伴随他们女儿成长的除了艰苦的生活条件外，还有杨善洲严格的家风。

1975年的夏天，家里的房子年久失修，到了下雨天张玉珍就开始发愁，由于漏雨，全家老小无法在家中居住。张玉珍没办法，便专程去找杨善洲。杨善洲从身上掏出仅有的30块钱对妻子说："你先拿这30元回去，买几个瓦盆接一下漏雨，暂时艰苦一下。"张玉珍回到家中对孩子们说："你们的父亲确实没办法，他很穷，我们以后再也不能去给他添麻烦了，家里的日子我们先凑合着过吧。"

妻子的善解人意成了杨善洲坚持理想的助力。1995年，妻子考虑到杨善洲进城办事方便，便在施甸县城附近买了一块地，勉强把房子盖了起来。但家中也为此欠了不少债，妻子问杨善洲能不能凑点钱还债。杨善洲东拼西凑拿出了9600元，并对妻子说："别人不理解我，你还不理解我？我真的没钱！"看着杨善洲无奈的神情，妻子只能咬咬牙把刚建起来的房子卖掉了。

杨善洲在工作方面的艰苦延续到家里就是朴素的好家风。"我认为当党的干部，如何为党多做点工作，关键是处理好工作与家庭的关系，尤其是从区到县再到地区，都担负着领导工作，自己不以身作则，就会影响全体干部职工。"杨善洲在退休报告里这样写道，同时，他也是这么做的，他的一生艰苦朴素，带给家人的也是清清白白、平平淡淡的生活。他的妻子坐过4次林场的车，他为此交了370元的汽油钱。他说："办林场后，领导考虑到我老了，出外办事不方便，就专门为我配了车。但车子是办公用的，不是接送家属子女的。虽然不在岗位了，但原则还是要坚持。还有，我当领导有小车用，那些买不起车的，买不起摩托车的人怎么办呢？想想这些，我觉得当个领导已经够'特殊'的了，还想多占其他的便宜，就不应该了。"

对待自己的子女，杨善洲永远都是要求严格，从不利用职务之便给自己的孩子创造条件。杨善洲的二女儿没考上高中，杨善洲便要求女儿回家务农。他说：“我为什么不随便给他们创造条件？就是要叫他们知道杨善洲永远是个农民，我没有什么特殊之处。我要叫他们学会自己养活自己，不要把我当作一棵遮阴的大树。当官不是永久的职业，学会当好老百姓，学会走好自己的路，这才是长久之计。”

“别人的东西，即使是一分钱的也不能要。”这是杨善洲对三女儿说过的话，父亲的这句话也让她受用终身。上初中时，她路过一片甘蔗基地，在里面工作的阿姨给了她三根甘蔗，她高兴地把三根甘蔗拿回了家。杨善洲看到家里有甘蔗，就问哪里来的。女儿回答是农场的阿姨给的。杨善洲脸色一沉对女儿说：“赶快送回去。不是早跟你们说过，不能要别人的东西，哪怕一分钱也不能要。”

每逢有亲戚朋友找杨善洲办事，他总是说：“我手里是有权，但它只能老老实实用来办公事，在我这里没有‘后门’这回事。”1993年，杨善洲的孙子杨福李到大亮山林场打工，后因为受不了山上的艰苦不想干了。按照林场与杨福李签的合约，干不满5年就要罚款。林场的人找到杨善洲，为他的孙子说情：“孩子年少，罚金就算了。”杨善洲不同意，盯着林场的人对杨福李做出了罚款300元的处置。公事公办一直是杨善洲的作风，他的良好家风也一直在延续着。

四、大亮山有他而自豪

已是惠泽在，犹有余香存。曾经光秃秃、一眼望去满是荒凉的大亮山现在已经是林木葱郁，生机勃勃。而亲手把大亮山变成一片绿荫的杨善洲却倒下了。

2009年4月，杨善洲把价值3亿元的大亮山林场的经营管理权无偿上交给国家。他说："这一笔财富从一开始就是国家和群众的，我只是代表他们在植树造林。现在实在干不动了，我只能物归原主。"

2010年10月10日，杨善洲由于严重的肺部疾病，告别了人世，并留下遗言：不请客、不收礼、不铺张、不浪费。这位一心为人民奉献的共产党员在生命弥留之际，都在嘱托家人要保持朴素作风。按照杨善洲生前的意愿，家人把他的骨灰分别安葬在了三个地方：大柳水，他出生的地方；清平洞，是他最敬佩的爱国将领邓子龙点兵的地方；大亮山，是他最牵挂的地方。

"杨善洲，杨善洲，老牛拉车不回头，当官一场手空空，退休又钻山沟沟。二十多年绿荒山，拼了老命建林场，创造资产几个亿，分文不取乐悠悠……"直到今天，保山市施甸县还在传唱着关于杨善洲的民谣。关于杨善洲的事迹，历史会铭记，人民会铭记，大亮山的一棵棵树会铭记，他的精神也化为大亮山的阵阵凉风，吹拂着每一位来到大亮山的人们。

斯人已逝，精神永存。今天，杨善洲的故事依旧在传颂，杨善洲的精神也一直被传承。人生的价值并不能用生命的长短来衡量，把一生交给党是杨善洲对党深情而又坚定的告白，是共产党员不忘初心、奋斗终生的亮丽本色。

为民服务，党员本色
——才哇

一条辫子在宽阔的脊背上甩着，黑红的脸上满是疲惫，一双眼睛却异常炯炯有神，这就是我们坚强的康巴汉子——青海省玉树州结古镇扎西达通村第三社社长才哇。

一、抗震救灾中的平民英雄

2010年4月14日，本是和往常一样的一天，却被一场突如其来的地震改变了一切。20多秒的大地震动，让青海省玉树县结古镇刹那间被夷为平地。

地震来临时，住在哥哥家的才哇被巨大的震颤震得懵晕，回过神以后他便立即冲出家门，开车赶往扎西达通村。他要回家，作为村干部，他知道，这一刻他要和他的村民们在一起！平日的家园已然不在，一路上，才哇看到的全是坍塌的房屋与受伤的群众。那些损毁的房屋下，是一个个急需帮助的鲜活生命，于是才哇决定停下来，参与救援。

“救人，快救人!”“顾不得那么多了，先救眼前的人!”才哇一边呼喊的同时一边用双手在废墟里刨挖着，丝毫不敢停歇，并带领大家一起为生命而战。他开着车把在路上碰到的3名受伤群众送到了开阔的赛马场，然后折回了自己的村子。地震已将扎西达通村第三社43户村民的房屋变成了一片废墟，很多人被埋在下面。

才哇的女儿打来电话告诉父亲：“家里的房子全塌了，妈妈、姐姐和侄子都被压在了下面。”才哇短暂迟疑后选择了留在这里继续救援。时间在一分一秒地过去，女儿又一次打来电话，告诉他3位亲人遇难的消息。他挂掉电话，继续投入地在废墟中救人。又有3人被他徒手刨了出来，其中两人生还。这之后才哇急忙往家中赶去，但路边是许多受伤的村民，这也是生命！才哇又将4名重伤者送到医院。在来回救助了30多名伤员，自己村的村民与周围群众的情况稍许稳定后，那份因忙乱而无暇顾及对亲人的思念和关切终于涌上心头。在与村委会其他干部简单沟通、安排好下一步工作后，才哇急忙往家中赶去。而这条本不算长的回家之路，他用了几乎一天的时间。

回到家中，从废墟中挖出来的3位亲人的遗体呈现在眼前，撕心裂肺的巨大痛苦迅速穿透了才哇的身心，忍不住失声痛哭。在那个夜晚，人们点燃了千盏酥油灯来告慰逝去的生灵。

“活着的人还得好好活下去。村里的房子好多都塌了，没有塌的也成了危房，现在这里很危险。我们马上要转移到赛马场去，那里比较安全!”震后第二天，玉树赛马场边的一处空地上，才哇带领人们把几十顶帐篷整齐地围成一个四方形的院子，形成结古镇群众安置点，几十户扎西达通村第三社的村民成了一家人。

二、比亲人还亲的人

距离地震发生已过去10天，这个坚强的康巴汉子在这期间睡眠时间总共不超过10小时。每当有救灾物资到来或者村民来找他时，才哇都“精神抖擞”。他说：“倒塌了那么多的房子，死伤了那么多的人，还有很多活着的人需要安置，哪里有时间感到累?”

玉树地震中，他失去了3位亲人。才哇说：“一个10余万人的镇子被无情的地震灾难摧毁，这是大灾。大灾面前就要舍小家、顾大家，尽量帮助更多的人!”

安排好一切后，才哇在扎西达通村临时村委会协调组织村干部为受灾的群众领取和发放救灾物资。2010年4月17日，青海省委书记强卫到结古镇视察，他向才哇了解村里的情况后得知扎西达通村263户村民的房子在地震中全部塌毁，当强书记问才哇：“你家里面怎么样?”因才哇不懂汉语，旁边一位村干部回答道：“才哇家里死了3口人……但他一直没顾上，一直在为村里的事情忙活……”当听到才哇失去3位亲人却未能顾及料理家人后事，依然选择奋战在救灾现场的感人事迹后，强书记拉着才哇的手，哽咽着说道：“我特别感动，特别要感谢你。地震夺去了你的3位亲人，而你顾不上自己的家庭，整日整夜为村民奔波、忙碌。在你的身上，充分体现了一名共产党员的优秀品质!”

扎西达通村第三社的一位村民告诉来采访的记者：“在地震发生前才哇就解决了20个人的就业问题，每年给村里每户人家发放50袋牛粪，每人500斤口粮。作为村干部，他和普通工人拿一样的工资。才哇带领三社的村民办了两个村社集体厂子，不仅为人厚道，做事明白，还是一个心里装着乡亲，能给乡亲们办实事的好社长……这次地震灾难发生后，他所做的一切，群众更是看在眼中，记在心里。”

在赛马场受灾群众临时安置点，扎西达通村第三社69岁的村民次成也告诉来采访的记者，他与老伴才卓玛已年近七旬，无劳动能力，也无收入来源，这几年都是才哇把粮食、燃料送到他们老两口手中，照顾他们的生活。“地震发生后，是才哇带人帮我们搭起了帐篷，给我们送来方便面和炒面。”才卓玛老人抢着说：“是三社在养着我们。才哇重情重义，他比我们的亲人还要亲!”

三、初心不改，为民服务

震后一年，结古镇迎来风雪笼罩的初春。2011年4月19日，此时的才哇是结古镇扎西达通管委会的一名普通工作人员，大家都亲切地叫他“阿吾才哇”。在藏语里，“阿吾”是对年长男性的尊称。因才哇对各家各户的情况了如指掌，在做受灾群众房屋损失统计、救灾物资及补助发放和新居建设准备等工作时游刃有余。

震后不久，才哇把村里的10名待业青年组织成了一个协警队，以维护治安秩序。他让儿子放弃开卡车的工作，加入协警队，为管委会义务工作；他让女儿成了管委会的收发员。他坚持着“五加二”“白加黑”的工作时间，而这份辛勤也不断鞭策着身边的年轻人。管委会工作人员才仁青梅说：“有阿吾才哇在身边，我们一分钟都不敢懈怠。”

在每日紧张工作的背后，才哇也常常伤感。“过去每年夏天7月的时候，我们三社的村民都会集体去爬山、郊游。以后再去的时候，有7个人再也见不到了。我现在不敢想象以后大家又聚在一起的情景。”他说，“每次爬到山坡上回望结古镇，心中总会有深深的伤感。它来的时候很容易，消失却很漫长。”2010年4月17日，当才哇的3名亲人在扎西达通天葬台随着近千名地震遇难者遗体火化时，忙着为村民奔波的才哇没能送别亲人最后一程。2011年4月14日，玉树三大寺院在扎西达通天葬台举行法会祈福诵经时，才哇因为工作仍未能参加。直到2012年4月17日，他终于来到亲人被火化的地方，默默挂着经幡，拨弄手中念珠，久久站立，饱含泪水却说不出一句话……

2020年是玉树“4·14”抗震救灾十周年。这个粗犷的康巴铁汉虽然穿着没变，脸上却平添了许多岁月的痕迹。谈及地震后的这10年，才哇充满喜色：“这10年，带给我们的变化太大了。我们建了青稞面粉生产厂、综合砂厂和砖厂，我们的生态畜牧业合作社里有马、有羊，村集体经济多得很。”伴随越来越好的发展态势，2017年建起了马厂，2018年又建成了羊厂，约有21匹马，200多只羊，30多头牛，收入逐年上升。最让才哇骄傲的是他们2017年创办的西杭嘎阳藏家乐。“我们那时候看到州上很多地方都有藏家乐，而且收入都不错，就在加吉娘山顶盖了我们自己的嘎阳藏家乐。每到夏天，来的客人很多。”在嘎阳藏家乐里，可以吃到正宗的藏餐，还能举办婚宴、满月宴等宴会，最为特殊的是院子里的露天游泳池，吸引众多周边人来游玩。到夏天开始营业时，扎西达通村第三社的47户村民都会自觉分组，轮流管理藏家乐。“2018年，村里给我们分红100多万元，2019年分红80多万元。每户村民分红3479元，每个村民分红1674元，还给村民分了250公斤粮食。这些收入主要来自村集体经济，村里有宾馆、汽车修理厂、肉食厂，还有40多个门面。”在这不同寻常的10年里，扎西达通村第三社通过发展村集体经济，村民的生活越过越好，日子越来越有盼头。不仅仅是扎西达通村，地震后的10年，玉树经济社会发展实现重大跨越，自我发展的动力和后劲越来越足。习近平总书记对玉树“让发展越来越好、让群众生活越来越好”的嘱托正在这里实现。

而那个心中有爱、肩上有责、胸有担当的才哇，10年时间里，带着村民一同走出地震的阴影，一起奔向光明的未来。谈到才哇，第三社的村民扎西达哇感慨良多：“我们社长就是我们的主心骨，也是我们的‘大家长’。这10年来，他很少照顾自己的家，几乎都在为我们忙活，村里的人都尊敬他。我在合作社里拉运牛奶，夏天去藏家乐上班，还去种青稞、芫根、土豆，除能分到吃的粮食，每个月还有800元的固定工资，我很知足。我们社长要干什么，我们就跟他干什么，我们相信他。”自才哇建起了合作社，扎西达哇再不用外出打工，不必和家人分开了，并且家人也在合作社干活，农闲时还能和其他村民唱歌跳舞，这样的日子是他想要的幸福生活。“我被救出来后，社长就四处联系，把我送到了西宁的铁路医院，住院的时候，社长还专门来看望，给了我300元钱，让我好好养身体。我们的社长真的是一个好人。”已经60多岁的扎西永措，在地震中胳膊受伤，两根肋骨断裂，是才哇和村民们从废墟中将他扒出来的。在村民们的心中，才哇早已成为他们最信任的人。

才哇，这个一心为民的康巴汉子，虽然说着自己年纪大了，想要“退休”了，但仍在为村民奔波着，为未来的发展筹谋着。他的心中，饱含着对乡亲们的柔情与牵挂。只要才哇还在，他便仍在为人民服务，这是他作为共产党员不变的优秀品质。

守岛夫妇——王继才与王仕花

2019年9月，由著名雕塑家吴为山创作的“时代楷模”王继才铜像在江苏省灌云县开山岛落成。整尊塑像重约580公斤，高2.4米，长1.92米，宽1.1米，以站姿眺望着大海，右手手臂举起指向远方，左手紧紧握着望远镜的镜筒，再现了这位英雄生前为国守岛，默默坚守数年的情景。

说到时代楷模王继才，可以用这几句话概括：

排除万难，坚守孤岛，为国戍海。

没想到，一件事可以做一辈子。

没想到，孤岛上的黑夜竟如此漫长。

没想到，孤岛的生活艰苦程度超乎想象。

而在我国黄海前哨的开山岛，面积只有两个足球场大的地方，有一对夫妻在这里坚守了32年，他们就是——王继才和王仕花。

一、王继才的决定

20世纪30年代，日本侵略者向中国发起了侵略战争。虽然开山岛的面积只有0.013平方公里，但它的战略地位十分重要，它是黄河的前哨，不守住它，国门就会洞开。

1986年，26岁的王继才是当时的民兵营长、生产队长，受父亲和舅舅的影响，他一直有个参军入伍的报国梦，但一直无法实现。直到有一天，当地武装部王政委找到王继才，希望他能够为国家守护重要国防战略岛开山岛。因为自己的从军梦，也因为一颗爱国心，王继才痛快地答应了。当家里的亲人知道这个消息后，纷纷表示不同意，只有父亲和舅舅表示支持。

王继才的父亲王金华是一名在新中国成立前就入了党的老党员，当年打过游击，大部队来了之后就做了后勤。新中国成立后，组织原本安排他担任公社书记一职，但王金华认为自己是文盲，主动选择了一个普通岗位。经历过战争才会感受到和平的来之不易，是中国共产党为人民带来了和平稳定。王金华始终对党抱有热爱之心，并且教育子女要相信组织，热爱国家。父亲语重心长地对王继才说："我们这一辈人遭遇了战争，虽然最后胜利了，但很多人都牺牲了！活下来的是幸运的，但也要为死去的人负责。死去的很多人连后代都没留下，活下来的人的后代就更要去守护这份胜利！平时总说爱国、报国，别一动真格的就怂了！"

王继才真正上了开山岛后，才明白守岛究竟是件多么艰难的事情。在这个岛上，什么也没有，日常生活的物资都需要运输。没有淡水，没有动物，没有蔬菜，而最让王继才难受的是没有人——整座岛上只有他一个人。王继才说："一天到晚没个说话的人，就是来回山前山后跑。"在这个白天和黑夜同样漫长难挨的荒岛上，以前从不吸烟喝酒的王继才，一个月内连续喝了60瓶酒，吸了30包烟。

上岛的第40天，孤独和寂寞让铁汉王继才放声痛哭……

二、从一个人的岛到两个人的岛

在王继才登岛48天后，妻子王仕花辞掉教师的工作决定陪王继才一起守岛。当时，王仕花是村里最后一个知道王继才要去守岛的人。王继才临走前告诉王仕花他要外出一段时间执行任务。没想到这个“一段时间”竟然长达48天，王仕花左等右等不见王继才回来，不断追问之下，家里人才告诉她，王继才去守护开山岛了。

王仕花坐上了去开山岛的船，一路上，海风吹拂着她的脸庞，她在心里想一定要好好“教训”一下王继才。然而，等王仕花看到王继才的样子时，再多的情绪也只剩下了心疼。他又黑又瘦，胡子拉碴，整个人都没有精神，脏衣服胡乱在地上堆着，空酒瓶和烟头数不胜数。王继才说：“抽烟能解闷。刚上岛，整个山里就我一个人，瘆得慌，就想着喝酒壮壮胆，但是没想到根本喝不醉。”

王继才和王仕花的缘分从一次相亲开始。王仕花到今天还记得第一次见王继才的样子：“当时就觉得他老实可靠。”王仕花家中要比王继才家殷实很多，但王仕花还是坚定地选择了王继才，就像知道丈夫在守开山岛之后，她依旧义无反顾地辞掉了工作上了开山岛。王仕花知道开山岛不能没有王继才，但她的丈夫也不能没有她。

王仕花将两岁的女儿托付给了婆婆，独自踏上寻夫路。当王继才看见王仕花上岛时，既高兴又生气，他怪妻子辞职那么大的事也不跟自己商量，但也对妻子这个决定感到欣慰。从此，王仕花陪伴着王继才风雨同舟守卫孤岛32年。

王继才和王仕花的决定得到了父亲的默默支持。1986年9月下旬的一天，王仕花加入守卫孤岛后不久，一条鱼尾港的渔船靠上了开山岛的码头，带来了王继才父亲给儿子准备的给养。他们整理东西时，王继才发现袋子里不仅有衣物、粮食，还有一个小袋子，袋子里一面五星红旗被叠得整整齐齐，一张纸条上写着：守岛就像守阵地一样，要有信念，人在旗在！

王继才说："国旗插到哪里，哪里就是我们的国土。"32年，1万多天，岛上的每一天从两个人的升旗仪式开始。王继才负责展开国旗，用沙哑却坚定的嗓音喊出"敬礼"，王仕花应声敬礼。32年中的每一天，鲜艳的国旗都随着海风飘动着，小岛因红旗而有了色彩。

一个人的岛变成了两个人的岛，王继才和王仕花开始了守卫孤岛的生活。他们两个人就像一支队伍，一起劳动，一起巡逻。但两个人在孤岛的生活是艰难的，他们的物资不像之前海防连守岛那样有充足的后勤保障。运送淡水太贵太耗时，在运输了几回之后，王继才说太贵了不用送了，他们二人就开始储存雨水。下雨的时候，王继才就把雨水窑的盖子打开，水里的小虫子王继才也有解决的妙招——把泥鳅放进去，就可以净化水。

1987年，王继才和王仕花的儿子出生了，这是让王继才对妻子最愧疚的一件事。他们的儿子快出生时，王继才没有提前送妻子去医院，直到临近生产时，大风连刮了3天，渔船靠不上岸，王继才只能自己把剪刀用火烧了烧，将脐带剪断。当听见儿子来到世上的第一声啼哭时，王继才坐在地上痛哭起来……

儿子的出生给他们单调艰苦的生活带来了希望，增添了一抹亮丽的色彩。可生活依旧艰苦，有时候海况不好，渔船无法靠岸，岛上就会面临着断粮的危险。最严重的一次，岛上烧的柴火、吃的食物都没了。面对这种绝地求生的困境，王继才只能去海里抓捕又腥又臭的生海蛎子。

王继才对王仕花说："你来了这里就是一个家了。从明天起，咱们开始种树，种菜，还种花。守岛就要守好，要让国旗飘扬起来！让岛像家一样，让岛上一片花香，夏天要能在树下乘凉，秋天乡亲们来了能有甜甜的果子尝……"为了实现种树的愿望，王继才夫妇托人从岸上捎土，捎种子，捎树苗，他们一直努力种树，直到儿子志国会爬了，种下的苦楝种子终于长出了嫩绿的小苗，现在这棵树已经30多岁了。

岛上的夜晚十分难挨，要靠着蜡烛、煤油灯照亮。岛上的空气潮湿，王继才和王仕花的双脚总在海水里泡着，时间长了他们两个都患上了严重的风湿性关节炎和严重的湿疹，腿上经常旧伤未愈又添新伤。医生跟他们说，要想把病彻底治好，就得离开开山岛。王继才坚定地摇了摇头，誓将这份艰巨的任务执行到底。可唯有一件事一直让他牵肠挂肚，那就是他的孩子们。

王继才的大女儿王苏为了照顾家中的弟妹而早早辍学，小小的她扛起了家中的重担，家里许多事务都落在了大女儿的肩上。守岛的人不仅仅是王继才和王仕花，他们坚守的背后离不开家人的支持，而大女儿就是出力最多的人。守岛的第八年，他们的儿子王志国6岁了，到了该上学的年龄，王仕花开始为儿子上学做准备，她收拾好东西，做好了离岛的准备，等王继才去找当地武装部的王政委说明理由。结果王继才回来说："王政委病了，我去医院看他，癌症晚期，没多少日子了。没等我开口，他定睛地看着我说，小王啊，我听说了，你把岛守得很好。你要好好守，你不干可能就没人干了。我相信你，别给咱老王家丢脸！你没看见王政委那信任的眼神，我没张开辞职的口啊！我答应政委了，要守下去！”

于是，王继才和王仕花放弃了离岛的想法，继续守着孤岛。开山岛距陆地12海里，这12海里使开山岛被大海环抱，孤悬其中，海浪涌起时，都能把王继才夫妇养的羊卷走，这让他们的生活变得更加困难。也是这12海里水路，隔绝了小岛的孤寂和陆地上的繁华，是王继才和王仕花舍弃小爱、一心为国的见证。

三、留给子女一辈子的精神财富

与父母一起升国旗，是王志国童年最重要的回忆。王志国刚刚学会走路时，父母就带他一起升旗。7岁以后，他到镇上读书，回岛的次数越来越少，但是王志国每次上岛，王继才和王仕花总会让他一起升旗。王志国在外求学的时候，孤岛上的父母是他内心最深的牵挂。当王志国研究生毕业时，收到好几家科研单位的录用通知，他满怀喜悦地回到开山岛报喜：“这几家工作单位的收入待遇都很不错。”王继才听后生气地对王志国说：“我听了半天，你三句不离钱，这样下去是不行的。我看你还是到部队去吧，不要钻到钱眼里去！”接下来几天，王继才没再多说，只是带着王志国在岛上巡逻、瞭望、维护设备，并特意带王志国升了一次国旗。

王志国突然懂得了父母对他的期望，于是走上了父亲走过的路。他选择入伍，成了武警某边检站的一名警官。王继才知道后喜上眉梢，他激动地说，儿子守边防，他守海防，都是为国家的安全做贡献。大女儿王苏说："他（父亲）说只有大家，才有小家。你不守，我不守，谁去守啊？这辈子什么财富没留给你们，我留给你们的是精神财富。"

王继才和王仕花的守岛生活一贫如洗，当王志国上高中要交5000元择校费时，他们却拿不出这笔钱。然而，即使生活如此贫困，当他们面对非法分子的贿赂时，仍义正词严地拒绝了。开山岛独特的地理位置对于违法犯罪分子来说是很好的避风港，偷渡者一度想把开山岛当作中转站，曾有"蛇头"找到王继才要给他10万元现金作为交易，被王继才断然拒绝，并很快向边防部门汇报了情况。

2018年7月27日，意外猝不及防到来。王继才在执勤时突发疾病，经抢救无效，生命永远定格在58岁。他用他的一生兑现了初上岛时的诺言："直到守不动为止。"32年前，王继才义无反顾舍小家守护这座孤岛；32年后，他把一生奉献给了这里。

王继才走了，王仕花依旧选择守护孤岛，但她并不孤独，她相信丈夫只是换了一种方式守护孤岛。她向灌云县人民武装部提交了继续守岛的申请，她说："老王常说的一句话，就是要一直守到守不动的那一天。老王没有走完的路，我继续为他走下去。"

王继才走了，像王继才一样的人来了。

四、守岛仍在继续

"听着国歌，注视着冉冉升起的国旗，责任感、使命感油然而生。"绍正刚说道。

2018年，灌云县人民武装部在全县范围内征集守岛民兵。500多人报名，第一批遴选10人，绍正刚就是其中之一。今年45岁的绍正刚曾在部队服役，退役后在灌云县丰镇计生办工作。第一次上岛时，他没想到岛上条件那么艰苦，天气潮湿阴冷，房间里灯光暗淡，全岛仅靠4块太阳能电池板供电。

“遇上连阴雨就更糟糕了，既没电，给养也送不上来，饭吃不上，手机也看不了，每天就是大眼瞪小眼。”但即使这样，绍正刚从未想过“放弃”二字。“既然决定要向王继才学习，就要像个样子！遇到点苦就后退，这不是当兵人的做法。”

在岛上生活的日子久了，每天沿着王继才和王仕花走过的路巡逻，参加升旗仪式，绍正刚慢慢懂得了王继才和王仕花能坚持这么久的原因，那源于一种信念，对国家国土捍卫的信念，对祖国和人民的热爱。

“岛上条件好了，就更应该传承好王继才夫妇的守岛精神。”2019年成为守岛民兵的林子桥说，“作为王继才的接班人，我们一定要守好自己这一棒。”

灌云县的民兵如种子一般，他们怀揣着一份坚定的信念，传承着王继才守岛卫国的精神。

斯人已逝，但开山岛还在那里，还有王仕花告慰丈夫的守护；守岛民兵还在那里，每一天让五星红旗高高飘扬；呼啸的海风还在那里，仿佛日夜低吟着那些感人的故事。

情系于民，为民谋利

——买买提江·吾买尔

“我最光荣的事就是把一切献给党，一辈子都致力于让我们布力开村村民日子越过越好。”

——买买提江·吾买尔

一、民族团结与共同富裕

买买提江·吾买尔出生于1952年12月，在他3岁时，父亲便过世了，雪上加霜的是第二年母亲也随之改嫁。于是，吾买尔是吃着村里维吾尔族、哈萨克族、汉族等各族人民的百家饭长大的。在成长过程中，他与乡亲们感情深厚，怀着一颗感恩的心，勤恳地服务于各族村民。1972年，吾买尔先后担任伊宁县温亚尔乡布力开村团支部书记、治保主任、民兵连长，并于1973年7月加入中国共产党。1981年1月任村党支部书记，1998年4月任伊宁县温亚尔乡党委副书记兼温亚尔乡布力开村党支部书记。

作为一名吃百家饭成长起来的年轻干部，吾买尔当然清楚民族团结的重要性，他说，只有民族团结，经济才能发展。当上村支书之后，吾买尔把“不让一个人受穷，不让一个人掉队”作为自己的工作宗旨，全力带领村民奔小康。在布力开村，各族群众和谐相处，从没有红过脸，更没有过歧视现象。在布力开村也曾发生过非法宗教活动，一些不明真相的年轻人参与分裂活动，使得村里维稳形势严峻。当时的吾买尔与村里的党员干部不畏恐吓，规范管理宗教事务，配合政法部门打击分裂势力，并做好年轻人的思想工作，使布力开村成功地创建了平安村。吾买尔清醒地认识到，“民族团结是各族人民的生命线，没有民族团结就没有稳定，没有稳定就没有发展，没有发展最后吃亏的还是老百姓”，于是他更加坚定了同“三股势力”做斗争的决心。当时的吾买尔每天都带领党员干部巡逻执勤，开展宣传教育，在群众家值守，保卫了村子的稳定。吾买尔认为，分裂势力永远都只是极少数人，民族团结才是各族群众最大的期盼。村中回族村民马玉林对他评价道：“买书记这个人做事比较公道，虽然我们不是同一个民族，但是我们全村的人都对他非常敬佩。”

买买提江·吾买尔注重民族团结与共同富裕。2010年，他一方面带头照顾和资助汉族群众，带头学习汉语，开办“双语”幼儿园和中青年农民“双语”技能培训班；另一方面带领群众发展林果业和蔬菜种植业、禽畜养殖业，建起面粉厂、砖厂、建材公司，村民人均年收入增加了1万多元，村集体每年收入二三百万元，全村有了300多辆私家车，成为远近闻名的新农村建设示范点。吾买尔感慨道：“今后五年，我们的目标，一个是壮大集体经济，一个是就业。以后还有一个目标，就是养殖区和生活区分开，建设新农村。”有了集体经济收入，吾买尔又带领大家实施民生工程，短短几年间已累计投入数百万元用于基础设施建设：修建篮球场、老年活动室和学前“双语”幼儿园；铺路、修桥，建防洪堤、防渗渠，改造低产田等。另外，吾买尔还鼓励发展畜牧业和养殖业，带领大家养奶牛致富。2011年，全村人均收入达到了9341元，成为远近闻名的富裕村。截至2015年底，布力开村1120户村民全都盖起了有网有电话的新房，铺上了总长42公里的柏油路，全村三分之一的人家买了小汽车。在民族团结的大道上，布力开村的村民们实实在在享受到团结带来的好处。

“我们布力开村的环境比较好，地多，是各民族团结非常好的一个村。在我看来各民族都是一家人，我们需要团结，需要和谐，只要有了各民族的团结，才会有经济的发展。我们要像爱护我们自己的眼睛一样爱护民族团结。只要各民族团结了，我们布力开村的明天才更加辉煌，更加灿烂。在我们布力开村，大家都是一样的，都是公平的。”布力开村由5个民族构成，但买买提江·吾买尔切实做好了民族团结工作，正如他自己所说：“我作为一个党支部书记，工作公平、公正，就是要一碗水端平。我们各民族都团结起来，互相帮助，互相爱护，以后日子会越来越好。”

二、人民认可，干部威信

群众的心中都有杆秤，一碗水能不能端平，大家看在眼里。只要出于公心，干部在群众中就会有威信。

布力开村是一个5000多人的多民族村。买买提江·吾买尔于2001年因身体不适离任。但自2003年以来，村中群众上访增多，村委会财务混乱，村集体土地胡乱承包，干部损公肥私现象严重，2006年被伊宁县列为集中整治重点村。面对这些情况，已退休在家的老党员买买提江·吾买尔焦急万分。在温亚尔乡党委的建议下，他临危受命，选择复出。他回忆道：“当时家人、邻居都劝我别干了，容易得罪人。我3岁时父亲去世，从小吃着百家饭长大，这种恩情我不能忘记。还有一件难忘的事深藏在我心里，那是多年前的一次选举，寒冬腊月，乡亲们投完票后，五六百人在外面等着，直至听到我当选后才离开。我知道那是乡亲们信任我，我也离不开他们。”

重新上任的第一天，吾买尔与村里的党员干部逐户走访，发现了问题的关键：一方面村干部办事不公正，私占集体土地；另一方面，村干部不为群众办事，反而用集体的钱吃喝享乐。吾买尔的妹妹曾经找到他，希望他帮自己的儿子划一块宅基地。他明确告诉妹妹，这不符合政策，不能办。村民李永强为了发展养殖业，提出多要一块宅基地，得到了吾买尔的支持。“这是为了让李永强起示范作用，带动其他村民增收致富。如果我妹妹家也搞发展农业的致富项目，我同样会帮助申请的。这是原则问题。”在买买提江·吾买尔的影响下，其他村干部也都严格要求自己，党支部在群众中重新树立了威信。有了乡亲们的真心拥护，吾买尔工作得更起劲了。

这几年，吾买尔和其他党员一起找项目、跑资金，发展集体经济。他和村委会干部首先从乡亲反映强烈的土地承包问题入手，果断收回一些村干部及其亲属占有的机动地，通过公开竞价拍卖的形式，将这些土地承包出去。这样一来，布力开村的集体经济收入有了大幅增加。

经济发展了，接下来，吾买尔深知“腰包鼓了，脑子也不能空”。于是，在他的带领下，村子里开辟了文化活动场所，购置了书籍和文娱活动器材，兴建了排球场、篮球场等。村里每年都举办农民职业技能比赛、运动会和各类知识竞赛。这样，布力开村坚持学习和体育锻炼的人多了，游手好闲的人少了。在文化教育的熏陶下，不少年轻人积极申请入党，立志为民服务。

2012年，布力开村换届选举，60岁的买买提江·吾买尔再次被推选为新一任村党支部书记。接受采访时，吾买尔表示：“说实话，当时我得罪了一部分人，但95%以上的村民支持我们，这就够了。”当有老百姓问吾买尔：“这地如果你的朋友也用了，你的亲戚也用了，你能下得了手吗？”他回答道：“我为的就是老百姓的利益，为的就是广大群众的利益，谁干违法的事情我都绝不容他。”

在村民眼里，买买提江·吾买尔是一个敢管会管的村干部：工作方式不粗暴、群众易接受、从群众角度考虑问题。时间久了，大家对他也就越来越信任与尊敬。“只有脑子没私心，班子才能有威信。群众心中有杆秤，你公平的话，大家都会感谢党；你要是不公平，他们就要骂你，骂我们就是给党抹黑。”吾买尔经常这样告诫属下。

在买买提江·吾买尔的带领下，布力开村原本村干部“不敢管、不爱管、也不想管”的状况得到改变，“集中整治重点村”的帽子被顺利摘除。

三、生命不息，服务不止

“我是共产党员，虽然年纪大了一些，但村民和党组织信任我，让我再挑重担是一件光荣的事。我不能当逃兵，群众需要我，我就要一直干下去。”

按规定，2012年，年满60岁的吾买尔本应该“解甲归田”，但因村里的发展、稳定离不开这位“幸福舵手”，各族群众离不开这位智慧长者，退休之事便一拖再拖，直到2018年9月，他才真正退了休。

因为党的主题教育，买买提江·吾买尔的退休生活再次发热。他表示："我有45年的党龄，当了近30年的村党支部书记，党开展主题教育，我虽然退休了，但是也不能落后啊！"于是，他接连数次走上面向全乡乃至全县党员干部的讲台。

对于主题教育，买买提江·吾买尔有着自己的认识："新中国成立70多年来，尤其是改革开放以来，国家的发展日新月异，老百姓的生活有了翻天覆地的变化。但正是因为这种巨大的变化，会让一些党员忘记自己的初心，忘记自己工作是为了什么、为了谁。所以，习近平总书记在这个时候向广大党员干部发出号召，开展主题教育。在主题教育中重提初心，让党员干部牢记使命，是一件非常有必要的事。"

无论面向什么样的群体，在什么样的场合，买买提江·吾买尔只要讲起主题教育，他总会提到两个人，一位是白求恩，毛主席曾经对这位外国友人高度评价，赞扬了他的国际主义、共产主义精神；还有一位就是张思德，他时刻牢记为人民服务，体现了崇高的共产主义理想。吾买尔常常在主题教育中讲，这两位同志为这个时代的党员干部定义了什么才叫全心全意为人民服务，只有铭记这些为人民付出所有乃至最宝贵生命的同志，才能更明白共产党员的初心是什么，才能更好地激励大家，在今后的道路上走得更踏实。吾买尔向年轻的党员干部嘱咐："虽然我是个退休的老人，但是2020年是精准扶贫的重要节点，咱们还要跟全国人民一起同步进入小康社会。大家肩上的担子都很重，所以不管是在岗的，还是退休的，所有的党员干部都要加把劲，才能让老百姓的日子过得越来越好！"

化作春泥更护花——黄文秀

她的一生，定格在精彩绚烂的30岁，在最美丽的年纪化作春泥，守护着百色的大山。她是百色大山里最美的朝霞，在脱贫攻坚的战场，她是铿锵的玫瑰。她从北京师范大学毕业后，放弃了更好的工作机会，选择把双脚扎进泥土，为群众的事情忙前忙后。她舍小家为大家，忍痛告别卧病在床的父亲，在雨夜奔向受灾群众，面对前路未知的危险，她依旧选择前行，却被突如其来的山洪卷走，淹没在洪水之中……

一、大山出来，学成归乡

1989年，黄文秀出生在广西壮族自治区百色市田阳区巴别乡。在偏远乡村长大的她，从小目睹了贫困带给乡亲们的种种困扰，深切感受着生活的困难和不易。她立志要走出大山，因为她非常好奇外面的世界究竟是什么样子的。虽然黄文秀在贫苦的家庭中长大，但她依旧乐观开朗，在同学们的印象中，黄文秀的身上总散发着热情阳光的感染力，她喜欢弹古筝，还写了一手好字。

在高中老师们眼中，黄文秀永远都是来得最早、走得最晚的勤奋学生，曾有一位老师评价道："她打的饭菜总比别的孩子便宜些，虽然家庭生活困难，但是每当班里同学遇到难题，她总会帮助别人，非常有爱心；她有一股不服输的精神，有时候事情做不好，她都会铆着一股劲去做；她还一直梦想改变家乡贫穷的面貌……"

十多年前的课堂上，黄文秀当着全班同学和老师说出了自己的理想："家乡穷，我接受了教育资助，想考个好大学，以后争取回老家工作。"黄文秀在求学过程中，始终不忘自己的初心，她刻苦努力，积极上进，如愿考上了大学。

进入大学后，黄文秀攻读思政专业。大一军训结束后，她就递交了入党申请书。不仅如此，刚入学的黄文秀有了明确的目标，积极参与班里活动，勤工俭学。每年暑假，黄文秀为了节省车费，都选择留在学校，一边兼职一边补课，为家里减轻负担。而每次推荐需要资助的学生时，黄文秀却又总是把名额让给其他同学。

2013年，黄文秀本科毕业后，进入北京师范大学攻读硕士研究生。读研期间，黄文秀仍记着自己的初心，更加关注农村教育和扶贫工作。2015年，她参加了首届"启功教师奖"的评选调研，走访了很多山村，更加深刻地体会到山村教育的困境。2016年，黄文秀从北京师范大学毕业后又考取了广西的选调生，她回到家乡，投身于基层扶贫事业。黄文秀的研究生导师说："她本来有很多选择，以她的能力留京或出国都没问题。"然而，在黄文秀的心中始终牵挂着家乡那个还未脱贫的小村庄，那是她出生的地方，她无论如何都要回去。在一次次的选择中，她始终听从内心的声音，无论自己飞得多高，走得多远，家乡都是她此生的归宿。

二、主动请缨，一心扶贫

“只有把个人的追求融入党的理想之中，理想才会远大。一个人要活得有意义，生存得有价值，就不能光为自己而活，要用自己的力量为他人、为国家、为民族、为社会做出贡献。”黄文秀在自己的入党申请书里是这么写的，同时她也是这么做的。黄文秀回乡的决定得到了父亲的大力支持，父亲意味深长地对她说：“你入了党，就要为党工作，回到家乡来，做一名干干净净的人民公仆。”

从北京回到百色，黄文秀心中充满了干劲。她先后任职百色市委宣传部副主任科员、田阳县那满镇党委副书记（挂职）。2018年，黄文秀决定响应党的号召，到最需要的地方去，到贫困山村的第一线去，到百色最偏远的乐业县百坭村担任驻村第一书记。

百坭村村支书周昌战至今还记得，当年3月他和这位驻村书记第一次见面的情景：“刚一见面，我心里就咯噔了一下，怎么是个女孩子。”开始工作，黄文秀就提出要住在村部，说这样方便村民能随时找到她，但一开始，来找她的人并不多。

初来乍到，百坭村的村民对黄文秀并不看好，“穷了那么多年，能脱贫吗?”“一个女娃娃，能行吗?”“这么年轻，一看就没有经验。”面对村民的质疑，黄文秀在驻村日记里认真反思了自己，但她依旧选择继续前行。她向有经验的老干部请教，调整了工作方法，学起了方言，脱下外套主动帮村民们干农活。

刚上任时，由于百坭村建档立卡贫困户居住地分散在不同的几个山头，对于不熟悉地形的黄文秀来说，这是一件艰苦且充满挑战的事情。她的摸底工作一度进行得异常困难，贫困户第一次不让她进门她就去两次、三次；贫困户不在家时，她就跑到田里，一边帮他们干活一边聊天。时间久了，村民们渐渐对她敞开了心扉。经过不到两个月的摸底工作，她已将村子里的路熟记于心，并且手绘了百垠村贫困户的“民情地图”，基本掌握了全村的概况。黄文秀到任之前，百垠村的贫困发生率为22.88%，经过一年的努力，2018年百垠村顺利脱贫88户418人，贫困发生率降至2.71%。

但脱贫的过程并不容易，黄文秀深知群众要脱贫，增加收入是硬道理，村里经济发展了，人民群众的收入提高了，驻村扶贫的作用才能充分体现出来。在黄文秀的帮扶下，百垠村村民统茂增由原来的贫困户变成了村里的致富带头人。百垠村的气候、土壤非常适合种植砂糖橘，之前砂糖橘的屯种有300亩，但由于疏于管理，产量一直没上去。黄文秀到村后，和干部们商议推选种植大户统茂增带领村民继续种植砂糖橘，没想到被统茂增一口回绝，原因是交通不便，种植技术也不成熟。于是黄文秀跑前跑后到政府去申请修路资金，又跑到农业部门请来专家给种植户培训技术。黄文秀的行动统茂增看在眼里，感动在心里，他说：“跑了这么多次，真的被她感动了。”

在黄文秀等村干部的努力下，仅仅一年，百垠村的砂糖橘产量从6万斤飙升到了50万斤。看着累累硕果，村民们喜上眉梢的同时却有一丝担忧：卖不出去怎么办？就在这时，几位批发商“空降”百垠村。原来，黄文秀一直昼夜不停地奔波，通过电商服务站，联系卖家，发布广告，帮助村民们解决销售问题。这一年，村民们的收入大大增加，统茂增说：“她没来前，我们几乎看不到希望。现在，村民的生活有了很大的改善！”

黄文秀对村民的事情，总是力所能及去帮助。得知贫困户梁家忠正在为两个孩子的学费发愁，她立刻帮忙申请了“雨露计划”政策资助，两个孩子上学省了1万元学费。得知村民的孙子1岁了还没有上户口，黄文秀又跑前跑后帮孩子上了户口。贫困户韦乃情是黄文秀的结对帮扶对象，他到现在都还记得黄文秀仅在2018年就到他家中探访了12次，除了嘘寒问暖，黄文秀还帮他申请扶贫贴息贷款，使他种上了20亩油茶，并为他的养老补贴和医疗报销等问题奔波。2018年，韦乃情家顺利脱贫。

三、“长征”路上，永不停歇

山路太远，黄文秀时不时地跑到镇里、县里去开会，为了提高工作效率，她拿自己的私家车当作公车用。2019年3月26日，黄文秀驻村满一年，她的汽车仪表盘里的里程数正好增加了2.5万公里，当天，她发了一个朋友圈：“我心中的长征！”黄文秀把她的扶贫路看作长征：“长征中，战士连死都不怕，在扶贫路上，这点困难怎么能限制我前行……不获全胜，决不收兵！”

黄文秀在她的“长征”路上克服了一个又一个困难。

路况不好，黄文秀心急如焚。百坭村有5个屯交通困难，虽然多年前已经通了砂石路，但每逢雨季，雨水毁路，满地泥泞，在陡峭路段连摩托车都无法通行，不仅影响村民们正常出行，还制约村里产业发展。为了解决道路问题，黄文秀带着“村两委”研究修路对策，订方案、拿主意，到镇里、县里申请修路资金，组织人员扎扎实实地修路。到2019年，已经修好两条路，其余的3条也列入乐业县第一批财政专项扶贫资金安排。

产业短缺，黄文秀虚心学习。为了解决村里产业短缺问题，黄文秀带领村干部和群众到别村去学习经验，找适合百坭村发展的产业，请来农业专家现场指导，充分发挥党员干部的带头示范作用。现在的百坭村种上了杉木、砂糖橘、八角、枇杷等特色林木，杉木从8000余亩发展到2万亩，砂糖橘从1000亩发展到2000亩，八角从600亩发展到1800亩，还种植了500亩枇杷。除此之外，黄文秀打通市场，建立了百坭村电商服务站，让产品有地可卖，切实增加村民收入，改善了村民生活。

脱贫攻坚，黄文秀模范带头。从2018年3月黄文秀开始驻村工作后，她便兢兢业业、任劳任怨，经常加班加点埋头苦干。面对群众有时找不见村干部办事的困境，她严抓村干部坐班、值班制度，从自己开始，以身作则，模范带头。渐渐地，群众的满意度提高了，村里的大小事情也能很快解决了，村民们紧紧团结在一起，一心脱贫克服困难。

农渠被毁，黄文秀一心抢救。每逢雨季，百色大山里的农田总会被雨水冲毁。2019年6月，村里灌溉200多亩农田的渠道被山洪冲毁了。黄文秀听到消息，第一时间带领村干部到现场查看灾情。为了尽快解决问题，不耽搁生产，她当晚便组织大家汇报受灾情况，连夜商量抢救对策。

2019年6月17日，属于黄文秀的“长征”路结束了，但她不忘初心、永远奋斗的精神却一直延续了下来……

四、芳华虽短，精神永存

“我有许多的想法，给百坭村设计一首村歌，用《成都》的调子，但真的水平有限，一直填不出词。”黄文秀曾这样动情地说。或许因为忙，歌词一直没有填出来，但黄文秀却带领大伙给百坭村添上了蓄水池、篮球场、明亮的街灯。大家信赖她，都想跟着这位第一书记做更多的事情。

然而天有不测风云，谁也没想到，他们再也见不到这个美丽爱笑的女孩了。

2019年6月17日晚，暴雨倾盆而下，黄文秀心里牵挂着百坭村的村民们，在家人的劝阻声中，她义无反顾踏上了回村的路。就像她当年寒窗苦读数年，走出了大山，面前虽有更多更舒适的工作机会，但她还是选择回到大山一样。

凌晨1点，黄文秀给家里微信群发了一段视频。此时，她正被困于洪水之中，进退两难，情况十分危急。在单位的工作群里，同事们也纷纷给她留言让她赶紧回去，只是他们再也没有收到黄文秀发回的微信消息了。

6月18日中午，搜救人员发现了黄文秀的遗体。没人知道黄文秀遭遇山洪的时候经历了什么，这对于一个爱笑又阳光的女孩是多么的残忍，她还没有看到百坭村全村脱贫，还没有看到全国打赢了脱贫攻坚战，她的心里该有多么遗憾啊！

6月22日上午，百色殡仪馆里，黄文秀的骨灰被安放在一片鲜花之中，上面覆盖着鲜红的中国共产党党旗。前来送别黄文秀的亲友和百坭村的村民将告别大厅挤得水泄不通，遗照中的黄文秀微笑着，而缅怀她的人们却满眼含着泪。人们回忆着黄文秀生前的点点滴滴，伤心便涌上心头。

当噩耗传来，很多被黄文秀生前照顾过的乡亲们泪如雨下，说他们失去了一位好女儿，一位好姐妹，一位真正把他们当作亲人的好干部。“如果她能亲眼看到全村村民奔小康该多好！”百坭村村民统茂增哽咽道：“文秀书记最遗憾的就是还没走完她的扶贫路。她走了，我们会更加努力，完成她的心愿。”

黄文秀牺牲后，当地干部到她家慰问时才了解到，她家3年前才刚刚脱贫，她的父亲身患癌症，做过两次大手术，母亲行动不便，有先天性心脏病。而家庭的这些难处，黄文秀从未跟人说起过，她从来都是把自己的困难咽进肚子里。父亲希望黄文秀做一个干干净净的人民公仆，她做到了，直到生命的最后一刻，她心里记挂的还是百坭村的村民们。黄文秀父亲说：“我为有这样的女儿感到欣慰。她为党的工作而牺牲，是党培养了她，她为党的事业做出贡献，我为她骄傲！”

黄文秀走后，她在村部的宿舍被村民小心翼翼地保护起来，房间里的一切东西原封不动，就好像她不曾离开一样。村民们用这样的方式怀念着黄文秀。同时，脱贫的路上，他们也在一直努力着。村干部接过了黄文秀的接力棒，百坭村制定了文秀扶贫产业路“139”产业发展规划，成立了百色秀起福地百坭农业发展有限公司，注册了“秀起福地”“百坭”等商标，依托特色产业打造了山茶油、山泉水、茶叶、砂糖橘等系列农副产品，帮助村们继续销售农产品，让村民们过上了踏踏实实的舒坦日子。

黄文秀一心为民，以一点一滴的行动，获得了百坭村村民的信任和支持，得到村民们的赞誉。2019年12月31日，习近平总书记的新年贺词再次拨动了人们的心弦：“一年来，许多人和事感动着我们。一辈子深藏功名、初心不改的张富清，把青春和生命献给脱贫事业的黄文秀……”

在中国的广袤大地上，一位位“黄文秀”遍布在各个村落，他们在基层努力工作，为中华民族的伟大复兴贡献着自己的力量。热血与青春，跋涉与牺牲，他们奋斗过的这片土地和生活在此的人们，将会永远铭记。